U0613194

农业农村现代化调研报告
2020—2022
（华中卷）

Report of Agricultural and Rural Modernization Surveys
2020—2022
（Central China）

华中农业大学经济管理学院
华中农业大学宏观农业研究院　编著

中国农业出版社

北　京

图书在版编目（CIP）数据

农业农村现代化调研报告．华中卷：2020—2022 /
华中农业大学经济管理学院，华中农业大学宏观农业研究
院编著．—北京：中国农业出版社，2023.6
　　ISBN 978-7-109-30764-3

Ⅰ.①农…　Ⅱ.①华…②华…　Ⅲ.①农业现代化—
调查报告—中国—2020—2022②农村现代化—调查报告—中
国—2020—2022　Ⅳ.①F320.1

中国国家版本馆 CIP 数据核字（2023）第 093658 号

农业农村现代化调研报告．华中卷：2020—2022

NONGYE NONGCUN XIANDAIHUA DIAOYAN BAOGAO. HUAZHONGJUAN：2020—2022

中国农业出版社出版
地址：北京市朝阳区麦子店街 18 号楼
邮编：100125
责任编辑：王秀田
版式设计：杨　婧　责任校对：周丽芳
印刷：北京中兴印刷有限公司
版次：2023 年 6 月第 1 版
印次：2023 年 6 月北京第 1 次印刷
发行：新华书店北京发行所
开本：700mm×1000mm　1/16
印张：19
字数：330 千字
定价：88.00 元

致　　谢

本报告以华中农业大学经济管理学院、华中农业大学宏观农业研究院组织的 2020—2022 年在河南、湖北、湖南三省农村调研所获取的数据为基础撰写。调研的顺利实施和持续开展得到了华中农业大学研究生院、华中农业大学科学技术发展研究院等单位的资助和大力支持。

感谢调研样本县（市）的农业农村局、农业农村工作委员会（名单如下）对师生组成的调研队伍进入当地开展入户调研的有力支持！

河南省安阳县农业农村局　　　　　湖北省建始县乡村振兴局

河南省南召县农业农村局　　　　　湖北省罗田县农业农村局

河南省确山县农业农村局　　　　　湖北省枣阳市农业农村局

河南省新乡县农业农村局　　　　　湖南省浏阳市农业农村局

河南省新郑市农业农村工作委员会　湖南省安仁县农业农村局

河南省偃师市农业农村局　　　　　湖南省华容县农业农村局

湖北省当阳市农业农村局　　　　　湖南省耒阳市农业农村局

湖北省谷城县农业农村局　　　　　湖南省隆回县农业农村局

湖北省洪湖市农业农村局　　　　　湖南省新晃侗族自治县农业农村局

前　言

　　2021年中央1号文件提出全面推进乡村振兴，加快农业农村现代化。加快推进农业农村现代化是推进中国式现代化题中应有之义，没有农业农村现代化，就没有国家现代化。农业农村现代化进程，直接关系到社会主义现代化目标的实现进度和质量成色。当前，农业现代化依然是"四化同步"的短板，城乡发展不平衡、农村发展不充分仍是社会矛盾的主要体现，农业农村仍是社会主义现代化建设的突出短板。开展推进农业农村现代化相关工作，离不开对我国农业农村现代化发展现状的观察和调研。

　　为了深入观察我国农业农村现代化发展现状，更有针对性地支持国家和地方实施乡村振兴战略的科学决策和支撑"三农"问题的前沿学术研究，华中农业大学经济管理学院、华中农业大学宏观农业研究院连续于2020年、2021年和2022年组织师生在河南、湖北、湖南三省的108个行政村开展农业农村现代化调研（Agricultural and Rural Modernization Surveys，ARMS），并在2019年调研的基础上增加了反映农业农村现代化发展现状的内容。本调研报告主要依据这三年调研所获得的数据撰写。

　　这三年的调研沿用了2019年调研的样本农户，其中2022年的调研还在原来的基础上在每个样本村新增了2户农户，即每个样本村访问了12户。新增农户的抽样沿用2019年调研时采用的随机抽样方法。

　　调研报告的内容共涵盖行政村与农户基本情况、土地确权与流转、农户生产经营投入与产出、农业机械使用、新品种与新技术采用、农业农村数字化、生产经营风险、饮食消费、能源消费与废弃物处理、调研心得体会等十个方面。根据这些内容，本调研报告分为九个章节。第一章为农村概况，涉及农村劳动力供给、农村土地确权与流转、样本村灌溉及生活用水资源、华中三省农村集体经济与特色农业发展的相关内容，总体描述了农村的基本情况。第二章为农户生计资本概况，根据"生计资本"的组成部分，分别从自然资本、人力资本、家庭社会资本、女性赋权四个方面描述农户的基本经济社会特征。第三章为生产经营情况，在分析生产经营主体的基础上，分别对种植业投入产出、农机设备使用、农业绿色技术使用及种植业生产风险进行了分析和介绍。第四章为农业农村数字化，分别对农户互联网使用和农业软件使用、数字素养、农户电商采纳行为进行描述。第五章为金融与风险管理，分别对家庭收入支出、农户个体的数字金融水平、种植风险的防范与补偿、农业保险参保趋势进行详细的介绍，提供有关农户面临的收支生产风险以及风险管理等方面的描述。第六章为农村收入、居民饮食消费与健康分析报告，对农村居民24小时饮食消费、一个月饮食消费进行描述，分析农村居民收入、饮食消费与健康之间的关系。第七章为能源消费，分别对能源消费结构、炊事能源使用现状及其空间和时间特征、取暖方式、制冷方式与热水设备等进行了详细的描述。第八章为调研组织与实施方法，较为详细地介绍了农业农村现代化跟踪调研前中后各个环节是如何组织、开展、进行的。第九章为调研参与见闻与体会，为参与人员在调研组织与管理、质量控制及实践过程中的心得体会。

本报告不仅利用当前调研所获数据对现状进行描述，还包含了与历史数据的比较和演进动态的描述。

目　　录

第一章　农村概况

本章就此次调研样本村的基本情况进行描述统计分析，涉及样本村以下五个方面的内容。第一部分，农村劳动力基本情况，主要分析当前华中三省农村劳动力供给、劳动力工资收入、外出务工，以及农村社会保障等情况。第二部分，华中三省农村土地流转状况、土地经营投资，以及农村耕地可持续利用等相关情况。第三部分，聚焦农村农业相关基础设施供给情况，特别关注农村水资源和水利设施的供给情况。第四部分，主要关注村集体经济、合作经济，以及乡村特色农业经营的发展情况。最后，综合本次调研所获得的样本村信息提炼出一些政策启示。

一、华中三省农村劳动力供给情况 *

1. 农村人口与劳动力供给变化

农村人口规模及劳动力占总人口的比重开始下降，这一趋势意味着影响中国发展的巨大的人口压力将趋于缓和，长期以来高度紧张的人地关系将有所缓解（张永丽等，2013）。然而，农村劳动力不断减少对于我国农村发展同样带来挑战（叶兴庆，2018；朱启臻，2018）。有研究表明，我国人口数量已经显著越过刘易斯拐点，很多地区开始逐渐出现农业劳动力短缺的现象，这种情况可能会影响农业生产（盖庆恩等，2014）。本次调研，通过对比华中三省108个样本村从2015年到2021年，村人口总数、劳动力规模以及劳动力人口占总人口的比例来看当前农村人口和劳动力供给情况。

从图1-1可以看出，华中三省农村人口规模整体在2018年左右达到最高，平均每个村的人口规模在2 300人左右，之后出现缓慢的降低趋势。农村劳动力人口与村总人口呈现同样的变化趋势，数据显示农村16～65岁的劳动力人口数也在2018年后出现缓慢的下降趋势。尽管如此，农村劳动力人口数占总人口的比例从2015年到2021年仍然维持在54%以上，变化幅度并不

---

　　* 执笔人：李凡。

是很大。

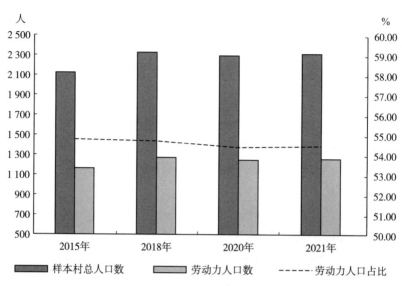

图 1-1　华中三省农村人口、劳动力规模及劳动力人口占比

进一步分省来看，表 1-1 的数据显示了河南、湖北和湖南三省之间农村人口规模、劳动力人口数的变化，数据显示，河南地区农村人口规模变化最明显，平均每村人口减少了约 100 人，劳动力减少了约 60 人，村内劳动力比例降至 50% 以下。而湖北和湖南省样本村农村人口规模略微有所提高，村内劳动力人口数也略微提升，劳动力人口占村总人口比例提高到约 55%。其中，湖南省样本村人口数显著大于湖北和河南省村内人口数，河南省虽然属于华北平原地区，土地平坦，但由于人口规模基数较大，且多年来一直为主要人口流出省份，城镇化快速推进，农村劳动力减少比较明显。

表 1-1　华中三省分省样本村农村人口、劳动力规模和劳动力人口占比

	村总人口数（人）		村内劳动力人口数（人）		劳动力人口占比（%）	
	均值	标准差	均值	标准差	均值	标准差
河南省						
2018 年	2 046.28	1 043.52	1 063.23	642.91	51.31	13.51
2021 年	1 978.09	966.59	1 004.37	641.41	49.10	14.63
湖北省						
2018 年	1 822.44	990.54	960.94	588.78	51.63	13.69
2021 年	1 839.97	1 012.89	968.88	676.91	54.58	12.75

（续）

	村总人口数（人）		村内劳动力人口数（人）		劳动力人口占比（％）	
	均值	标准差	均值	标准差	均值	标准差
湖南省						
2018 年	3 110.11	1 809.10	1 850.64	1 183.22	54.74	14.01
2021 年	3 112.17	1 804.27	1 772.89	1 210.88	55.80	12.54

总体而言，尽管关于我国农村人口快速老龄化的讨论较多，但从调研的数据来看，总体上，农村劳动力数量及其在总人口中的占比在过去 5 年间都比较稳定。农村面临的农业劳动力短缺的问题，可能更多的是由于农村劳动力人口大量外出务工造成的劳动力在农业生产和非农就业之间的分布问题。

2. 外出务工与农户收入情况

随着中国城市经济的快速发展，以及非农就业机会的不断增加，农村富余劳动力越来越多地流入城市，在总人口缓慢增长的背景下，从事农业生产的劳动力在 30 多年减少了约 3 亿人。在农村，劳动力适度流出从事非农就业可以有效缓解农业劳动力富裕（或"过密化"）的问题，从而提升农业整体劳动生产率。然而，当农业劳动力过度或过快流失时，农村土地可能会因为劳动力短缺而无法得到最优开发利用，从而降低农业总体产出。

当前我国农村劳动力外出务工基本上已经是农村人口实现收入增加的基本途径，农业收入占农村居民收入的比例不断降低。特别是近几年由于人口总体缓慢增长和人口结构的老龄化，第二、第三产业对劳动力的需求进一步提升，非农就业收入相对于农户农业收入具有压倒性优势，在这一背景下，农村有相当一部分劳动力外出务工从事非农工作。

图 1-2 展示了调研的华中三省地区农村总体外出务工人数和外出务工人数占总劳动力的比例。从中可以看出，尽管 2020 年初因为新冠疫情可能造成了短暂的农村劳动力滞留农村的情况，但从全年来看，农村劳动力外出务工的规模和比例都显著提升，农村劳动力外出务工的比例更是提高到接近 70％，这一比例显著地高于 2015 年和 2018 年的情况。

农村劳动力外出务工比例快速上升的同时，农村居民的人均收入快速增长。图 1-3 展示了调研的 108 个样本村居民汇报的不同年份的人均收入，以及非农收入占其中的比例。从图中可以看出，进入 2020 年之后，华中三省农村人均收入显著提升，从 2018 年的不足 10 000 元一跃超过年均 14 000 元。除了人均总收入的显著提升外，非农收入的比例也显著提升，从 2015 年占比约

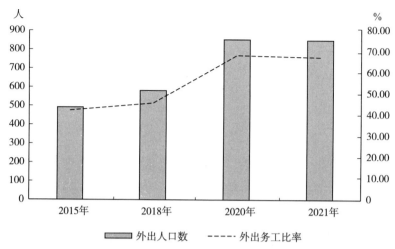

图 1-2 华中三省农村人口外出务工规模和比例

50%增加至约 60%，提升了近 10 个百分点。

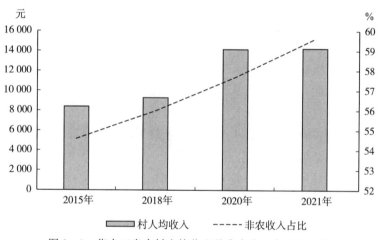

图 1-3 华中三省农村人均收入及非农收入占比的变化

3. 结论

通过以上分析发现，华中三省 108 个样本村与全国不同地区关于农村人口增长缓慢甚至负增长趋势一致，一方面，华中三省农村总体人口从 2018 年以后开始呈缓慢下降的趋势，农村劳动力供给也出现小幅下降的趋势。另一方面，农村外出务工、非农就业人数都显著地增长。这样的趋势在农村人口增长缓慢甚至负增长的背景下，预期未来农业劳动力会进一步短缺，在实地调研的过程中，课题组也发现农村劳动力短缺已经逐渐成为当地农业发展的重要障碍。但从农村人口整体收入来看，农村居民的整体收入相较于 2015 年获得显著提高，非农收入占农户总收入的比例显著提升，农业收入占农户家庭收入的比重平均而言已经降至不到40％。

二、华中三省农村土地确权与流转情况 *

1. 农村土地分布及土地确权

农业是国民经济的基础，土地则是保障农业生产和发展的基础。华中三省一直是我国重要的农业生产区域，无论是主粮（包括水稻、小麦和玉米）生产，还是其他经济作物（包括油菜、果蔬等）生产都是我国粮食安全保障的重要区域。此外，华中三省又是我国人口分布稠密区域，且华中三省地处南北交接处，主粮种植结构上既有小麦—玉米轮作模式，又有多轮水稻、稻—油、稻—虾等模式，耕地分布、降水等都具有较大的差异性。

项目调研的华中三省在土地分布上具有明显特征。首先，河南省总体处于我国华北平原地区，以小麦—玉米种植为主要主粮生产；同时，河南省人口数量较大，人口密度较高，尽管总体耕地面积较大，但人均耕地面积较少。从表1-2所显示的数据来看，河南地区样本农村的平均耕地面积是三省中较小的，平均每个村有约2 500亩** 耕地，样本村内人均耕地面积只有约1.13亩。其次，湖北和湖南两省总体位于长江中游，以山地和丘陵为主。从表1-2的数据可以看出，湖北省样本村的耕地总面积较大，平均每村约有4 000亩耕地，且人均耕地面积相对而言是华中三省中最高的（人均2.24亩）；而湖南省由于山地较多，村耕地规模居中，但人均耕地面积是三省中最少的（人约1.09亩）。

表1-2 华中三省2021年农村耕地数量和人均耕地面积水平

省份	村平均耕地面积（亩/村）		村人均耕地面积（亩/人）	
	均值	标准差	均值	标准差
河南省	2 568.76	3 373.23	1.13	0.79
湖北省	4 091.89	3 611.01	2.24	1.52
湖南省	3 200.06	2 362.18	1.09	0.76

进一步分析农村土地确权情况。农村土地确权是国家为完善农村土地管理，保障农村居民土地基本权利的重要政策。2011年农业部发布《关于开展农村土

---

* 执笔人：吴曦。

** 1亩＝1/15公顷。

地承包经营权登记试点工作的意见》，此后，全国各地逐渐开始对农村农户土地进行测量，确权并登记颁证。土地确权对于保障农户土地承包权，进一步促进农户土地流转，提高土地利用率都具有重要的积极作用（程令国等，2016）。

所有参与本次调研的 108 个村在 2022 年调研时均已完成土地确权。图 1 - 4 显示了华中三省 108 个样本村分别完成土地确权工作的年份。不到 10% 的村子是在 2015 年以前完成了土地确权的工作，大部分村子是在 2015—2018 年这 4 年内完成了全村的土地确权工作。

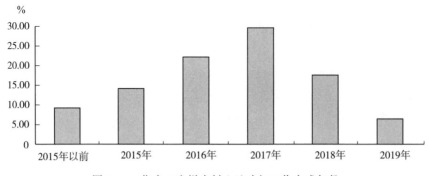

图 1 - 4　华中三省样本村土地确权工作完成年份

此外，调研数据显示，土地确权后，所有访谈到的村子均表示无论村内是否后续有因婚丧嫁娶等出现人口增减的情况，村内土地确权都不会再进行调整。不到 10% 的村子指出，如果村内有农户家庭出现绝户的情况，即农户家庭无子嗣也无村内直系亲属的情况，村集体可能会收回农户家庭的土地归为村集体土地；但超过 90% 的村子表示目前并未出现类似情况，且还需要具体等待国家明确的政策。

2. 土地流转

在农村人口不断大量外出务工和农业从业人数大量减少的背景下，通过土地流转，发展耕地租赁对于降低土地细碎化，提高土地利用，从而保障农业产业健康发展是重要手段（钱龙、洪名勇，2016）。截至 2016 年 6 月，全国有 1/3 的农村承包土地进入了土地流转市场，有统计数据指出，全国有超过 6 600 万户农户参与了土地流转。

图 1 - 5 描述了华中三省农村土地流转情况，从图中可以看出，华中三省农村从 2018 年到 2021 年，绝大多数样本村（超过 75%）都有规模不等的土地流转。由于村级调研数据主要是由各村干部收集而来，村内农户之间（以及村与村之间）自行签订口头合约等形式的土地流转（或季节性土地流转等）可

能并未通过村委会进行协调登记，因此，调研农村实际发生的土地流转数量可能比统计数据显示得更高。

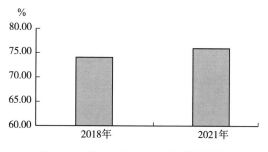

图 1-5　华中三省农村土地流转情况

进一步分析村干部所掌握的农村土地流转规模，以及发生土地流转农户间流转的规模。总体而言，表 1-3 显示了有土地流转的村子，其土地流转面积以及户均土地流转面积在 2018—2021 年的变化。数据显示，从 2018 年的平均414 亩扩大到平均流转 887 亩，流转规模基本上扩大了 1 倍以上。再对比流转户平均的流转规模，可以看出户均流转规模也发生了显著的变化，从 2018 年的平均每户流转 5.93 亩增加到平均每户流转 7.23 亩。

分省来看土地流转在河南、湖北和湖南三省间的变化情况，可以发现三省村级层面土地流转的规模从 2018 年到 2021 年都发生了显著的变化，其中变化最明显且流转面积增加最多的是湖南省，尽管户均土地流转面积并没有显著的增加，但平均村流转面积从原先的 570 亩增加到约 1 200 亩。河南省和湖北省的土地流转面积都有增加，但河南省总体增加幅度较小，流转户的平均流转规模从 5.3 亩增加到 7.2 亩；湖北省的户均流转规模从 6.2 亩增加到约 8 亩。

表 1-3　华中三省总体（及各样本省）农村土地流转情况

	村土地流转面积（亩）		流转户平均流转面积（亩/户）	
	平均值	标准差	平均值	标准差
华中三省总体样本统计				
2018 年	414.44	442.17	5.93	6.80
2021 年	887.34	1 092.73	7.23	9.95
分省样本村统计				
河南省				
2018 年	413.45	311.18	5.29	4.30
2021 年	699.37	620.89	7.24	10.37

（续）

	村土地流转面积（亩）		流转户平均流转面积（亩/户）	
	平均值	标准差	平均值	标准差
湖北省				
2018 年	226.36	414.89	6.22	4.62
2021 年	677.62	911.11	7.76	8.12
湖南省				
2018 年	569.98	525.51	6.39	9.94
2021 年	1 181.17	1 388.91	6.79	11.25

3. 土地分级与耕地质量变化

土地确权和土地流转基本上都是从土地数量的角度来直接反映农村土地资源的基本情况，耕地质量改善对于确保我国粮食安全和农业可持续发展同样重要。对土地进行适当的耕地质量分级可以较好地根据不同地块情况实施耕地质量改善措施。因此，项目组进一步调研了当前我国农村土地质量改善等相关情况。

首先，调研组收集了华中三省农村土地是否按质量进行分级管理的情况，如图 1-6 所示。华中三省 70％的村干部表示本村并没有实施过任何土地质量分析的措施。其余 30％的村干部表示其所在的村子之前有过土地分级，其中 12％的村干部所指出的土地分级操作是 20 世纪 80 年代农村在家庭联产承包责任制时期所进行的土地质量分级，这一时期的土地分级主要是为了保证农村耕地在进行包产到户分配时的公平性。有 5％的村干部指出本村在 20 世纪 90 年代开展的土地分级。只有大约 13％的村干部表示自己所在的村子在 2000 年以后实施过耕地质量分级措施。

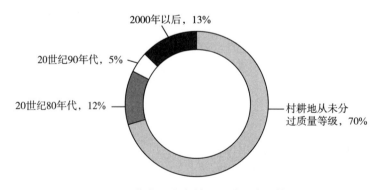

图 1-6 华中三省农村土地质量分级情况

其次，调研组收集了样本村在过去 10 年间有多大比例的耕地实施了不同方案的土地改造措施，包括中低产田改造、高标准农田建设以及耕地休耕等措施。从图 1－7 所展示的数据分析看，首先，覆盖面最广的是高标准农田建设。数据显示有超过 25％的村子实施过高标准农田建设项目，在这些实施过高标准农田建设的村子，平均有超过 40％的村内耕地实施了高标准农田建设措施。其次是中低产田改造项目，约 15％的样本村在过去 10 年间实施过中低产田的改造项目，在项目村平均有 35％的耕地进行了改造。最后，只有不到 10％的村实施了土地休耕措施，休耕的面积大约能占到村耕地面积的 20％，且所有实施了休耕措施的村子都集中在河南地区。课题组从实地的访谈中发现，这些地区的耕地休耕主要是政府指导下的作物季节性休耕，从而降低农业灌溉对地下水的开采程度。

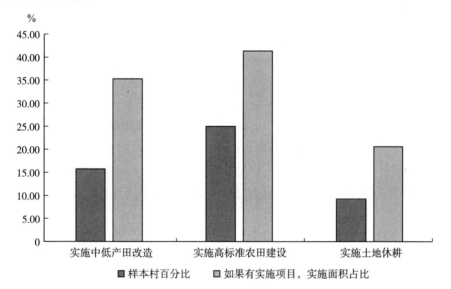

图 1－7 华中三省农村实施不同耕地改善措施的比例

4. 总结与建议

通过以上分析发现，首先，华中三省农村人均耕地面积较小，尽管河南地处华北平原，耕地总体面积大，但由于人口和村子数量众多，村平均耕地面积和人均耕地面积实际上都不大。其次，农村土地确权工作已经完全结束，确权后农村土地流转规模显著提升。湖南省土地流转面积增加最为明显，这可能主要由于湖南省与广东省接壤，湖南省外出务工人口较多，且湖南省耕地多为山地丘陵等，因此农户土地转出积极性更高。但从土地质量提升角度来看，虽然 2018 年以来土地质量提升项目都有所增加，但华中三省农村实施土地质量提升措施明显不足，只有约 40％的村子实施了高标准农田建设项目，大量土地只进行了中低产田改造或未实施任何土地质量提升的项目。

三、样本村灌溉及生活用水资源情况 *

1. 农业灌溉水资源利用

土地和水资源是农业生产的两大基础性资源，对于农业生产起到决定性作用。粮食安全要实现可持续性，就必须落实对资源的节约，提高其利用效率。已有大量关于农业土地资源可持续开发利用的调查研究，但关于农业农村淡水资源利用的调查研究相对较少。一方面，淡水资源具有较高的公共物品特性，很难避免农村不同主体在淡水资源利用时出现的搭便车问题。例如，湖南、湖北地区河流和湖泊的分布较广，沿河或沿湖泊农户数量较多，农户随意抽取河流湖泊淡水进行农业灌溉或建立小型水库，这一切往往很难监测和规范管理。另一方面，保障农业生产用水仍然是当前水资源利用的主要目标。规范农户用水行为（例如，防止过度抽取或防止因化肥农药过量使用造成水体污染等）往往很难在执法层面落实。

首先，灌溉用水短缺问题。从样本村干部的回答可以看出，过去 3 年华中三省农村整体灌溉用水资源的供给得到了有效改善，村内发生农业灌溉缺水的情况有效缓解（从 2018 年约 38％的发生率降低到 31％）。但从绝对数量上来看，仍然有约 1/3 的农村确实发生过因缺水而影响农业生产的情况（图 1-8）。

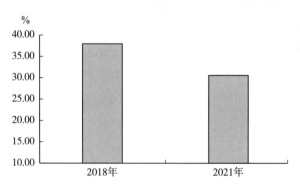

图 1-8　华中三省农村灌溉缺水问题的发生率

进一步分析村干部对本村农业灌溉用水水质的评价状况。图 1-9 展示了

---

* 执笔人：李想。

2018 年和 2021 年村干部分别关于本村内地表水和地下水水质良好的评定，从中可以看出，2018—2021 年，农村地表水水质总体良好率较低，只有约 54% 的村干部汇报本村地表水水质良好。这一结果意味着华中三省有将近一半的农村村内地表水水质可能不适应农业灌溉或可能因地表水水质问题造成进一步土壤污染的问题。再看地下水水质的评价结果，2018—2021 年地下水水质良好的比例有所改善，尽管改善的幅度并不是很大。2021 年，有约 65% 的村干部汇报本村地下水水质良好，这就意味着还有约 35% 的村子地下水水质可能存在不同程度的污染。

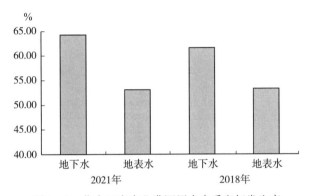

图 1-9　华中三省农业灌溉用水水质良好发生率

从农业灌溉用水来源来看，华中三省存在显著差异。首先，从总体来看，2018—2021 年，农业灌溉用水总体变化不大。灌溉用水的主要来源是地表水，约占总灌溉面积的 55%，地下水占比约 25%，有大约 5% 的耕地既会用到地表水，也会用到地下水。除此之外，还有不到 15% 的耕地完全取决于降水，既没有地表水，也没有地下水进行灌溉。

从分省来看农业灌溉用水来源，三省之间差异显著。河南地区农业灌溉用水主要来源于地下水，2018 年有超过 60% 的耕地需要抽取地下水进行灌溉，在对地下水抽取实行一定的限制后，仍然有超过 50% 的耕地完全依赖抽取地下水来保障农业灌溉，大概 20% 的耕地完全依赖地表水进行灌溉，只有 5% 左右的耕地可以既抽取地下水也可以抽取地表水进行灌溉；而湖南省农业灌溉则主要通过抽取地表水来实现，有超过 77% 的耕地是完全依赖抽取地表水来实现农业灌溉，地下水只占约 6% 的比例。湖北地区农业灌溉用水虽然没有类似湖南省那样严重依赖地表水，但仍然有超过 66% 的农业灌溉用水完全依赖地表水（表 1-4）。此外，对比湖北省 2018 年和 2021 年抽取地下水比例的变化可以发现，湖北地区农村地下水的抽取有增多的趋势。这一变化，一方面可能是由于气候变化导致部分地区地表水水量下降，因此需要通过抽取地下水来弥补地表水量不足的问题；另一方面，也可能与地表水污染等问题相关，还需要进一步统计针对农村水资源和水污染更加详细客观的测量数据。

表1-4　华中三省（分省）灌溉用水来源分布

	地表水灌溉（%）		地下水灌溉（%）		两种水源都用（%）	
	均值	标准差	均值	标准差	均值	标准差
全部样本村						
2021年	55.47	48.26	22.64	39.65	4.89	18.60
2018年	53.83	48.03	23.37	40.80	6.60	22.82
分省来看						
河南省						
2021年	22.77	40.82	51.95	48.22	5.00	20.07
2018年	20.50	37.26	61.50	46.92	3.39	12.42
湖北省						
2021年	66.05	44.92	10.36	27.25	1.36	3.44
2018年	58.72	48.31	4.61	18.48	11.25	31.02
湖南省						
2021年	77.58	41.45	5.61	20.05	8.31	24.88
2018年	82.27	36.49	4.00	17.39	5.16	21.03

2. 农村居民生活用水

农村居民生活用水是农村淡水资源管理的另外一个重要方面。首先，调研组收集了华中三省农村居民生活用水主要来源情况，图1-10显示了华中三省农村在2018年和2021年的居民生活用水来源，可以发现，尽管井水（包括机井和一般井水）占的比例仍然较大，但农村居民自来水的供给率显著提高，且所有有自来水供给的农村100%都实现了24小时供水。全村的自来水供给覆盖率从2018年的52.78%提升到2021年的75.19%。

相应地，农村居民生活用水水质的满意度也反映了过去4年农村生活用水状况的改善（图1-11），从2018年约30%的农村干部对本村的生活用水水质比较满意提升到约45%的农村干部比较满意。尽管农村干部对本村生活用水水质满意度有了显著的提升，但相关数据也明确说明仍然有超过50%的农村干部认为本村生活用水水质有问题，并没有达到让农村居民满意的程度。

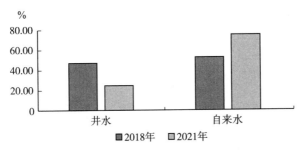

图 1-10　华中三省农村居民生活用水来源 2018—2021 年变化情况

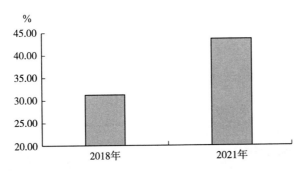

图 1-11　农户生活用水水质的满意度

3. 农村水资源管理

最后一部分，调研组特别关注了当前华中三省农村水资源的管理。由于地表水资源的分布具有明显的地域性，即使在湖北省和湖南省等长江中游也会因为村子所处地理位置的不同，对地表淡水资源的获取情况也不同，而对地下水的开采则更加难以规范。

首先，调研组询问了所有样本村是否成立了本村内水资源管理协调委员会（例如村用水协会、村水长等）等相关机构。图 1-12 显示相关农村用水管理协会数量的确有一定的增长。然而，整体而言，这一比例仍然太低，只有不到20％的村子成立了相关水资源管理协会，大部分农村并没有组织成立水资源管理协调的机构。

其次，对比 2018—2021 年农村已经成立了村水资源管理协调委员会的村子，从图 1-13 中可以看出，基于村民自发选举产生的村水资源管理协调委员会的份额显著增加，2021 年超过 50％以上的村水资源管理协调委员会是由村居民选举产生。村委会直接任命的水资源管理协调委员会比例基本没有变化。这一结果说明，在部分村子农村居民已经开始意识到合理开发管理协调农村用水的重要性，且主动积极地参与到了村用水管理协调工作中；但华中三省大部

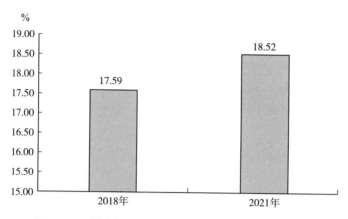

图 1-12　样本村中成立水资源管理协调委员会的占比

分农村居民目前还缺乏基本的集约式用水的意识，也没有表现出相应的参与农村用水管理协调的诉求。

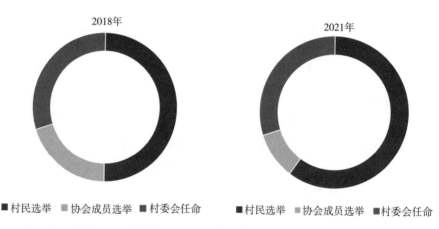

图 1-13　样本村水资源管理协调委员会产生对比情况

4. 总结与建议

通过以上描述和分析可以发现，华中三省农村淡水资源情况总体有所改善。农业灌溉用水总体满意度提升，灌溉缺水比例降低，缺水问题主要在河南地区，当地灌溉水资源主要来源于地下水的抽取。农村居民生活用水满意度提升，自来水接入比例提升明显，但总体水平仍相对较低，还有超过一半以上的农村居民没有接入自来水。农村淡水资源的质量问题也存在较大隐患，尽管从村问卷中很难直接客观地调研关于农村水质的情况，但从农村居民对水质满意度的评价来看，问题依然严峻。此外，虽然农村对淡水资源的管理有一定程度的提升，但整体而言，还没有从根本上形成对淡水资源开发利用的管理协调机制。总结这些问题可知，华中三省特别是河南省在村水资源管理，尤其在灌溉和居民生活用水方面还需要采取进一步的改善措施。

四、华中三省农村集体经济与特色农业发展情况 *

1. 农村集体经济发展

发展农村新型集体经济是坚持中国特色现代化农业道路的具体要求，也是落实科学发展观、统筹城乡协调发展和构建和谐社会的制度性保障。乡村振兴战略中，产业兴旺是重点，是实现乡村振兴的基础。对于乡村产业发展，要实现市场中企业主体与农村、农户的对接，发展农村集体经济就成为不可缺少的桥梁（黄梦思、孙剑，2016）。当前农村集体经济的发展呈现出多种形式，其中以村委会、经济合作社和不同类型的专业合作社为主体。

通过对比本次村级调研与 2018 年调研数据（图 1-14），结果发现，华中三省农村发展集体经济的比例得到显著的提升，从约 30％的村子有不同类型的集体经济到 2021 年一跃超过 55％的村子都有不同类型的集体经济。

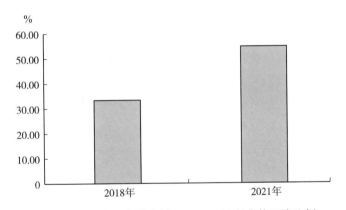

图 1-14　华中三省样本村 2018—2021 年集体经济比例

进一步分省来看（图 1-15），调查结果显示在区域上农村集体经济发展差异巨大。河南省 36 个样本村中集体经济的比例实际上从 2018 年到 2021 年存在小幅下降的趋势；而湖北省和湖南省农村集体经济比例大幅提升，特别是湖南省在 2018 年时相较于其他两个省份最低，但到 2021 年时却是三省中农村

＊ 执笔人：李凡。

集体经济比例最高的省份。

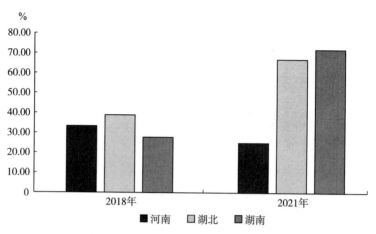

图 1-15　华中三省分省比较 2018—2021 年集体经济比例变化

按集体经济类型来看，调研组将已有农村集体经济分为经济合作组织、专业合作组织和村委会集体经济。经济合作组织即主要以经济股份化合作、通过出资等经济手段组成的合作组织；专业合作组织即主要通过共享专业生产技术、专用投入品等基于基本专业技能的合作组织；村委会集体经济则是基于村委会全体村民的集体经济。通过对比图 1-16 调查结果的变化可以发现，在过去的 3～4 年，基于经济合作的农村集体经济组织实现了高速的发展，比例从 2018 年的不到 15% 跃升至将近 60%；其余两种集体经济形式农村专业合作组织（例如各种类型的专业技术合作社等）和村委会集体经济组织则出现了较大幅度的下降。

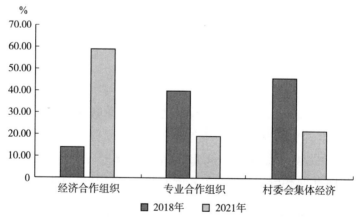

图 1-16　分类型对比不同集体经济 2018—2021 年比例变化情况

2. 农村特色农业发展

发展特色农业是促进欠发达地区农村农业产业发展，缩小城乡差距的重要途径。中国加入世界贸易组织（WTO）后，从中央政府到各个地方政府都不断地提出要发展各种特色农业。然而，要实现农村特色农业发展面临多重困境。一方面，发展特色农业项目，农户的参与是基础，需通过构建农户间的合作行为、确定生产标准、市场接入等从而形成市场议价能力。然而，当前以农户为基本单位分散的农业经营模式，很难规范不同农户的生产经营行为。另一方面，发展特色农业还需要坚持市场原则。尽管经营规模扩大可以带来较高的经济效益，但如果产品同质化过高，产品质量无法保证，单一农产品经常造成特色农产品并没有得到市场良好的价格反馈，最终导致农户失去生产经营积极性的问题。

华中三省农村调研的数据显示（图 1-17），农村特色农业项目的比例在2018 年到 2021 年期间有所降低。在调研的 108 个样本村中，2018 年有超过50 个村子汇报本村有发展特色农业项目，这些项目从茶叶、油菜到水稻—小龙虾等，规模不同、经营方式不同。但到 2021 年调研时，仅有 30 多个村子汇报本村内仍然有不同类型的特色农业项目，有超过 20 个村子在 4 年间停止了原有的特色农业经营项目。

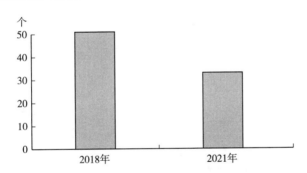

图 1-17　华中三省调研农村特色农业项目数 2018 年到 2021 年变化

图 1-18 进一步对比了 2018—2021 年有特色农业经营项目的村子，其不同经营模式的变化情况。总体来看，联户经营和单户（个体）经营特色农业的村子在比例上有所降低，但由企业经营特色农业项目的样本村的比例得到了较为显著的提升。我们再按照特色农业项目发起主体对 2018 年和 2021 年特色农业项目进行对比分析，结果与图 1-18 所显示的信息基本一致。从图 1-19 可以看出，总体而言，以村民为发起主体的特色农业项目占绝对的主体，尽管其比例有所减少。由村民发起既包括由本村村民自主发起的合作社或其他类型的

具有合作属性的经济组织，也包括由村委会组织协调，村民自愿参与的特色农业项目。但最明显的变化是由企业发起的特色农业项目所占比例明显增加。然而，仔细对比两期数据，我们发现造成企业发起特色农业项目比例增加的直接原因并非有大量新增加的特色农业项目，而是由于村民发起的特色农业项目往往项目寿命较短，而由企业或由政府发起的特色农业项目能够获得持续的投入，因此在宏观经济环境较艰难的 2020—2021 年有较多的村民发起的特色项目停止从而造成比例的改变。

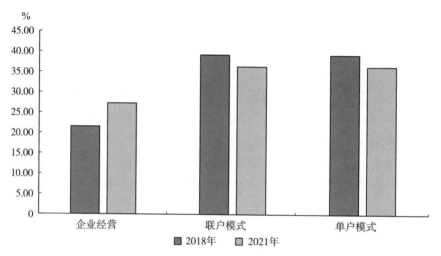

图 1-18　华中三省农村特色农业项目经营组织形式 2018—2021 年变化情况

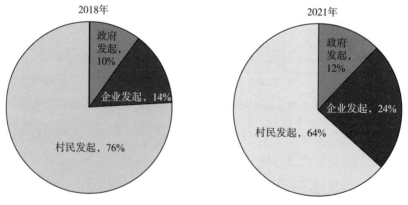

图 1-19　华中三省农村特色农业项目发起主体 2018—2021 年变化情况

3. 总结与建议

通过以上针对农村集体经济和特色农业项目的分析总结数据发现，当前我国农业发展正处于重要的转型期。伴随农村劳动力的大量外流和全国人口增长放缓，农业生产模式必然要进行适当转型，发展集体经济已成为未来一段时间农业产业增长的重要组织方式；但农业产业发展仍然需要以坚持市场经济导向为基础，类似具有"一村一品"等特征的农村特色农业项目可能会面临市场竞争和供需结构不合理的挑战，从而导致产业发展受限。因此，无论是发展农村集体经济还是特色农业还需要结合华中三省农村自身地理、产业和市场的特点进行具体定位，制定具体的发展策略才有可能适应市场竞争，实现产业兴旺。

五、研究结论与政策建议

要实现乡村振兴，农业高质量发展、农民增收，最终实现全社会的共同富裕，依托农村劳动力、发展农业产业是未来我国乡村振兴的基础；而如何实现对耕地和水资源等自然资源的可持续利用又关乎我国农业产业是否能够实现高质量可持续的发展。既要保证国家粮食安全，又要坚持人与自然的和谐相处。在这一背景下，通过梳理对比分析 2018—2021 年我国华中三省 108 个村级层面的调研数据，可以发现当前农业农村发展面临以下三个方面的挑战：第一，从中长期来看，农村劳动力仍将向城市流动，农村人口老龄化，农业劳动力短缺在未来很长一段时间将成为农村常态。但短期内，农村老龄化的速度并不会急速增加，华中三省农村农业劳动力相对较富集。这与我国西部地区，特别是西北地区（包括甘肃、宁夏、青海等），可能差异较大。第二，尽管华中三省自然降水条件较好，无论是农业灌溉用水，还是居民生活用水状况都有改善，但对水资源的管理并没有从制度上得到根本改善。而且，农村淡水资源的质量问题存在较大隐患，农村居民对水质满意度的评价依然较低。第三，农业生产方式正在发生转变，新型经营主体，特色农业项目逐渐发展，村民发起特色农业项目虽然占主体，但整体市场基础不稳，受疫情及其他因素影响，可以看出由村民发起的特色农业项目有减少的趋势，其抗击市场风险、气候变化等自然风险能力仍然较弱。这些不同类型的风险也降低了农民转型成为新型经营主体的动力。与此同时，如何保障农民享受发展带来的收益，又直接关系到我们如何来组织和实现农村经济的分配。虽然农村集体经济为我国下一阶段农业发展模式进行了探索，但仍然需要更多科学研究的论证、实时动态发展变化的观察以及政策经验的积累为现代农业发展提供指导。

梳理分析这些变化，我们提出以下政策建议：第一，粮食安全是我国战略安全的根本，提高农业生产力、提升机械化水平从而降低农业发展对劳动力的需求是国家未来需要在农业科技研发和推广领域关注的重点。第二，可持续高质量的农业发展模式需要国家在耕地资源、水资源保护（以及生态资源等）方面加强监管，尤其是在土地流转、耕地地力保护以及高标准农田建设投资等方面需要进行进一步的宏观指导和投入。第三，特色农业项目还需要坚持市场导向，积极促进以企业和农户自身发起的特色农业项目发展，降低政府在特色农业项目中的比重，允许更多企业和个体资本进入，进一步发展集体经济。第四，农业社会化服务、村集体经济和合作经济的发展都需要聚焦农业产业整体的提升，关注产业链的竞争力与韧性，而非个体企业或小规模区域。通过引导农业产业链多主体参与，最终实现共同富裕的乡村振兴目标。

第二章 农户生计资本情况

生计资本包括以农户土地经营、土地流转与投资为代表的自然资本，以劳动力、健康、教育与就业为代表的人力资本，以社会关系、社会组织与社会活动参与情况为代表的社会资本，以及家庭女性成员与家庭决策相关的女性赋权状况。

作为生产资本的重要组成部分，代表生产资料与生产者的自然资本与人力资本并称最重要的生计资本。农村自然资本指在农村这个空间和一定的时间中，农村的自然资源以及农村的自然环境，在可预见的未来能够产生的自然资源流和服务流的存量（曹宝等，2009）。本次调研中，人力资本由一系列劳动经济学指标进行衡量，这些指标与家庭劳动力、健康、教育、就业相关。人力资本作为资本的一种重要存在形式，可以用来分解和分析劳动力为家庭经济收入所做出的贡献。

20 世纪末社会资本理论逐渐被经济学、社会学、政治学等学科关注，成为多个学科共同关注的热点和前沿问题，越来越多的证据说明了社会资本对增长、公平和缓解贫困等发展成果的作用（Dasgupta and Serageldin，2005）。社会资本理论的发展为经济工作者研究农村社会经济问题提供了一个全新的视角（程昆等，2006）。本次调研将社会资本作为单独一部分进行总结与报告，体现农村家庭社会资本在其经济活动与行为中的作用。

女性赋权本身的重要价值及其对于实现其他可持续发展目标的积极作用已被广泛认可，女性赋权也已成为国际发展经济学研究的热点话题之一，女性赋权表现之一在于女性在家庭事务和生产生活中决策权的提升。本次调研将女性赋权作为独立于其他家庭资本的一部分进行总结与报告，凸显出女性劳动者在农村以及农户家庭决策中的重要作用。

本章将按照以下五个部分展开：第一部分对自然资本调研状况进行描述；第二部分描述农村居民人力资本情况；第三部分就农村家庭社会资本情况进行讨论；第四部分为农村女性赋权情况；最后在第五部分进行相应的总结，并得出研究结论与政策建议。

一、农村自然资本情况*

2013 年习近平总书记提出"绿水青山就是金山银山"。发掘绿水青山的价值，正是未来新经济和自然资本理论所倡导的目标和宗旨。农村自然资本的存量相对较大，充分利用自然资本有利于后期经济的产出（陈志鹏，2018）。同时，自然资本的合理开发和利用是可持续发展的重要内容。投资自然资本开发自然资本既有促进经济增长的直接作用，又有非经济的作用：一是增加自然资本的资源供给能力，包括水、地、能、材等自然资源。二是提高经济社会系统的环境调节功能，以及提高作为人类社会背景的生态支持功能和文化愉悦功能（诸大建，2015）。

从定义上看，自然资本是指能在现在和未来有利于生计的自然资源和物质环境。对农村地区而言，土地是最重要的自然资本，对农民的生计起着基础性作用。根据调研地区的资源概况，本调研将自然资本的具体指标设置为农户家庭的耕地情况，关注农户的土地经营、土地流转与投资活动，具体调研结果报告如下。

1. 农户土地经营情况

土地作为农户农业生产的重要元素，对农业生产效率和农户收入有着重要影响。农户土地经营状况能较好地反映农户的土地利用情况，从而反映农户的收入状况。

表 2-1 显示，2020—2021 年样本农户土地经营面积之间差异很大，2020年农户经营的自家耕地平均面积为 15.1 亩，平均地块数为 6.1 块，主要来源于家庭承包的耕地，其次是承包村里的机动地和自己开荒的四边地。与 2019年的调查数据相比，2020 年农户经营的自家耕地的面积较 2018 年显著扩大，增加了 41.1%。其中主要是由于家庭承包的耕地与承包村里的机动地面积增加，分别上升了 28.2% 和 188.9%。

表 2-1　2020—2021 年样本农户经营耕地情况（按来源分）

	2020 年农户经营的自家耕地的面积（亩）	地块数（块）	家庭承包的耕地面积（亩）	承包村里的机动地面积（亩）	自己开荒的四边地面积（亩）
均值	15.1	6.1	10.9	2.6	0.3
标准差	37.8	9.4	27.9	22.6	1.7

---

* 执笔人：张泽宇；参与人：范子璇、姚力文。

（续）

	2020 年农户经营的自家耕地的面积（亩）	地块数（块）	家庭承包的耕地面积（亩）	承包村里的机动地面积（亩）	自己开荒的四边地面积（亩）
最小值	0	1	0	0	0
最大值	500	100	500	400	26

分省份来看，表 2 - 2 显示，2020 年农户经营的自家耕地面积和地块数均为湖南省最多（22.7 亩，8.0 块），其次为湖北省（15.7 亩，6.9 块），河南省最少（12.0 亩，4.1 块）。

表 2 - 2 2020—2021 年样本农户经营耕地情况（按省份分）

	2020 年农户经营的自家耕地面积（亩）			地块数（块）		
	湖南省	湖北省	河南省	湖南省	湖北省	河南省
均值	22.7	15.7	12.0	8.0	6.9	4.1
标准差	5.5	0.9	1.5	1.0	0.6	0.2
最小值	0	0	0	0	0	0
最大值	500	400	350	90	100	50

表 2 - 3 显示，样本农户 2021 年经营自家耕地平均面积为 25.7 亩，平均地块数为 8.9 块，其中家庭从村集体承包（分田到户）的耕地平均面积为 14.2 亩，平均地块数为 5.1 块。转入（租入）耕地的平均面积为 18.6 亩，与 2019 年和 2020 年的调查数据相比均显著增多。

表 2 - 3 2022 年样本农户经营耕地情况（按来源分）

	2022 年农户经营的耕地面积（亩）	地块数（块）	家庭从村集体承包（分田到户）的耕地面积（亩）	家庭从村集体承包的耕地块数（块）	转入（租入）耕地面积（亩）
均值	25.7	8.9	14.2	5.1	18.6
标准差	72.5	16.3	136.5	10.7	70.1
最小值	0	0	0	0	0
最大值	920	270	4 510	350	912

分省份来看，表 2 - 4 显示，2022 年农户经营的自家耕地面积湖南省仍然位居第一（29.2 亩），河南省升为第二（25.7 亩），湖北省下降为第三（22.1 亩），地块数与 2021 年经营自家耕地情况相同，均为湖南省最多（12.5 块），其次为湖北省（8.7 块），河南省最少（5.6 块）。

表 2 - 4　2022 年样本农户经营耕地情况（按省份分）

	2022 年经营的自家耕地面积（亩）			地块数（块）		
	湖南省	湖北省	河南省	湖南省	湖北省	河南省
均值	29.2	22.1	25.7	12.5	8.7	5.6
标准差	4.0	2.4	3.9	1.2	0.6	0.4
最小值	0	0	0	0	0	0
最大值	920	700	790	270	120	80

　　为了进一步了解农户土地的经营状况，分别对农户经营土地的肥力、地形、地类、灌溉来源和是否被撂荒情况进行分析。2020—2021 年，从土地肥力来看（表 2 - 5），肥力较高的耕地占比 56.5%，肥力较低的耕地占比 43.3%，但是二者的差异较大。从整体上来看，华中三省整体土地肥力状况较好，但是存在较大差异。从地形来看（表 2 - 6），平地地形平均占比 70.6%，其次为坡地，占比 20.0%。从地类来看（表 2 - 7），水田面积平均为 8.5 亩，面积最大，水浇地和旱地面积相近。与 2019 年的调查数据相比，水浇地面积占比有所上升，与旱地面积基本持平。从灌溉来源来看（表 2 - 8），46.3% 的耕地仅能用地表水浇灌，25.6% 的耕地仅能用地下水浇灌，6.9% 的耕地可以同时采用两种灌溉方式。

表 2 - 5　2020—2021 年样本农户经营耕地情况（按肥力分）

	肥力高的耕地占比（%）	肥力低的耕地占比（%）
均值	56.5	43.3
标准差	37.1	37.1
最小值	0	0
最大值	100	100

表 2 - 6　2020—2021 年样本农户经营耕地情况（按地形分）

	平地占比（%）	坡地占比（%）	梯田占比（%）	山地占比（%）	河滩占比（%）	其他地形占比（%）
均值	70.6	20.0	4.8	2.5	0.3	0.6
标准差	40.9	35.4	19.9	14.1	3.9	7.3
最小值	0	0	0	0	0	0
最大值	100	100	100	100	100	100

表 2 - 7　2020—2021 年样本农户经营耕地情况（按地类分）

	水田面积（亩）	水浇地面积（亩）	旱地面积（亩）
均值	8.5	6.2	6.1
标准差	30.2	24.6	20.9
最小值	0	0	0
最大值	400	350	385

表 2 - 8　2020—2021 年样本农户经营耕地情况（按灌溉来源分）

	仅能用地表水灌溉面积比例（%）	仅能用地下水灌溉面积比例（%）	二者皆可的比例（%）
均值	46.3	25.6	6.9
标准差	48.9	43.2	24.9
最小值	0	0	0
最大值	100	100	100

2022 年的数据显示，91.94% 的土地没有被撂荒（图 2 - 1），而在 8.06% 的闲置土地中，平均面积为 2.7 亩，最小为 0.1 亩，最大为 30 亩（表 2 - 9）。分省份来看，湖北省平均撂荒耕地面积最大，为 3.7 亩，其次为湖南省（1.6 亩），撂荒耕地面积最小的是河南省，平均撂荒面积为 1.1 亩。

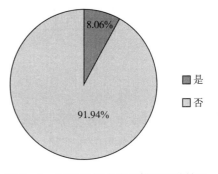

图 2 - 1　2022 年样本农户耕地撂荒情况

表 2 - 9　2022 年样本农户闲置耕地情况

	总体（亩）	湖南省（亩）	湖北省（亩）	河南省（亩）
样本量	91	24	50	17
均值	2.7	1.6	3.7	1.1
标准差	4.5	1.8	5.7	1.1
最小值	0.1	0.2	0.2	0.1
最大值	30	8	30	5

从样本农户的土地经营情况来看，农户经营的耕地面积和地块数呈现逐年

增加的趋势，但是各省之间差别较大。整个华中三省耕地条件较好，以肥力高的平地为主，但是出现了一定程度的耕地撂荒现象。土地作为农业的基石在生产中有着极其重要的地位，增加耕地面积、提高土地肥力、提升灌溉技术、减少土地撂荒是提高土地利用率的重要方式。

2. 农户土地流转情况

（1）转入土地

转入土地次数方面如图 2-2 所示，2020—2021 年，67.44％的农户是一次性转入土地的，20.93％的农户分两次转入，9.30％的农户分三次转入，2.33％的农户分四次转入。

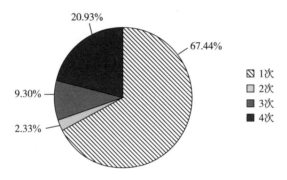

图 2-2　2020—2021 年样本农户转入土地次数

转入土地的开始时间方面如图 2-3 所示，2020—2021 年，整体来看农户每年转入土地次数呈现上升趋势，从 2017 年开始显著增长，2019 年达到顶峰，而且每年主要集中在 1 月、3 月、6 月、9 月、10 月进行土地转入。

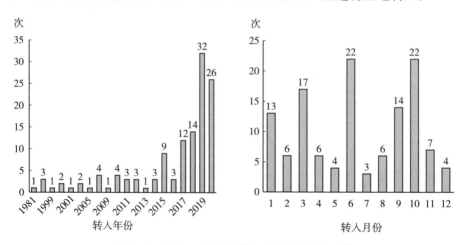

图 2-3　2020—2021 年样本农户转入土地时间

转入土地的经营情况方面如表 2-10 所示，2020—2021 年，农户最大转入面积达 420 亩，平均转入 26.2 亩，平均地块为 3.5 块。分省份来看，平均转入面积最大的省份为河南省（28.1 亩），其次为湖北省（25.4 亩），湖南省最小（17.0 亩）。平均转入地块数湖北省最多（5.3 块），其次为湖南省（3.7 块），河南省最少（2.6 块）。农户转入的土地质量用地类、灌溉来源等指标衡量。

表 2-10　2020—2021 年样本农户转入耕地面积和地块数

	面积（亩）				地块数（块）			
	总体	湖南省	湖北省	河南省	总体	湖南省	湖北省	河南省
均值	26.2	17.0	25.4	28.1	3.5	3.7	5.3	2.6
标准差	52.0	3.8	11.5	5.1	4.9	0.5	1.2	0.4
最小值	0.7	1.9	1	0.7	1	1	1	1
最大值	420	52	420	300	35	7	35	20

从地类看（表 2-11），样本农户转入的耕地主要是水浇地，平均为 15.7 亩，其次是旱地，平均 6.7 亩，水田最少。从灌溉水源来看（表 2-12），平均 53.6% 的耕地仅能用地下水浇灌，33.9% 的耕地仅能用地表水浇灌，6.9% 的耕地两种方式皆可。与 2019 年数据相比，水浇地的转入比例显著提高，仅能用地下水浇灌的土地比例也大幅增长。

表 2-11　2020—2021 年样本农户转入耕地情况（按地类分）

	水田面积（亩）	水浇地面积（亩）	旱地面积（亩）
均值	3.7	15.7	6.7
标准差	11.4	40.0	25.4
最小值	0	0	0
最大值	99	300	190

表 2-12　2020—2021 年样本农户转入耕地情况（按灌溉来源分）

	仅能用地表水灌溉 面积比例（%）	仅能用地下水灌溉 面积比例（%）	二者皆可的比例 （%）
均值	33.9	53.6	6.9
标准差	47.1	49.6	25.2
最小值	0	0	0
最大值	100	100	100

2022 年数据显示，最大转入面积为 912 亩，平均转入 48.5 亩，平均地块为 12 块。与 2019 年和 2020—2021 年数据相比，平均转入面积显著提高，同时农户之间转入面积的差距也逐渐加大。分省份来看，平均转入面积最大的是河南省（59.8 亩），其次为湖南省（47 亩），最小的为湖北省（41.9 亩）。平均转入地块数最多的是湖南省（16.7 块），其次为湖北省（9.7 块），最少的是河南省（6.6 块）（表 2-13）。

表 2-13　2022 年样本农户转入耕地面积和地块数

| | 面积（亩） | | | | 地块数（块） | | | |
	总体	湖南省	湖北省	河南省	总体	湖南省	湖北省	河南省
均值	48.5	47	41.9	59.8	12.0	16.7	9.7	6.6
标准差	106.6	6.6	8.3	11.6	25.2	2.4	1.4	0.9
最小值	0.3	0.3	0.5	0.4	1	1	1	1
最大值	912	500	912	779	269	269	100	77

转入土地的渠道方面如图 2-4 所示，2020—2021 年，样本农户中共有 126 户转入了耕地，其中 33 户从其他农户手中转入，32 户从熟人手中转入，25 户从村转入，19 户从亲戚手中转入，10 户从村小组中转入，7 户从其他渠道转入。与 2019 年数据相比，其他农户、熟人和亲戚仍然是最大的转入渠道。

2022 年数据显示（图 2-4），样本农户中共有 485 户农户转入了耕地，其中 131 户从熟人手中转入，118 户从村转入，117 户从亲戚手中转入，59 户从村小组转入，58 户从其他农户手中转入，2 户从合作社转入。与 2019 年和 2020—2021 年数据相比，农户从村转入这一渠道进行土地转入的比例大大增加。

接受转入土地的对象方面如表 2-14 所示，2020—2021 年，主要以本村为主，其次是本乡外村。与 2019 年收集的数据相比，没有来自外省、本省外县和本县外乡的对象。这可能是由于新冠疫情影响，农户更倾向于在本地进行土地流转。

2022 年数据显示（表 2-15），转入对象仍然主要来自本村，但是增加了本县外乡和本省外县的转入对象，分别增加了 5 户和 3 户。其中，湖南省增加了 3 户本县外乡转入对象，河南省增加 2 户本县外乡和 3 户本省外县转入对象，湖北省仍然只有本村和本乡外村两种转入对象。

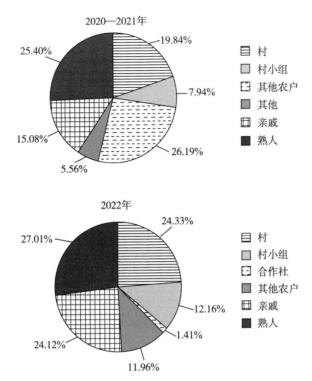

图 2-4 样本农户土地转入渠道

表 2-14 2020—2021 年样本农户经营耕地转入对象

来源	户数（户）
本村	118
本乡外村	8
总计	126

表 2-15 2022 年样本农户经营耕地转入对象

	总体（户）	湖南省（户）	湖北省（户）	河南省（户）
样本量	484	209	156	119
本村	450	201	145	104
本乡外村	26	5	11	10
本县外乡	5	3	0	2
本省外县	3	0	0	3

转入土地的流转期限方面，2020—2021 年数据显示，共有 84 户农户转入耕地的流转期限不固定，占样本农户的 66.67%（图 2-5）。其中 20 户可以一

直转包，60 户选择可随时收回（表 2-16）。与 2019 年相比，一直转包的农户占比有所上升。

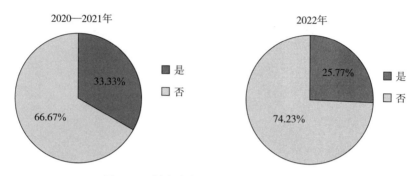

图 2-5 样本农户土地流转期限是否固定

表 2-16 2020—2021 年样本农户土地流转期限

	总体（户）	湖南省（户）	湖北省（户）	河南省（户）
一直转包	20	1	8	11
可随时收回	60	9	16	35
其他	4	0	0	4
总计	84	10	24	50

2022 年数据显示，共 360 户农户转入耕地的流转期限不固定，占比 74.23%，125 户农户转入耕地的流转期限固定，占比 25.77%（图 2-5）。

在流转期限不固定的 360 户农户中，45 户可以一直转包，309 户可随时收回（表 2-17）。可以一直转包的农户中，湖南省有 22 户，湖北省有 15 户，河南省有 8 户。可以随时收回的农户中，湖南省有 125 户，湖北省有 118 户，河南省有 66 户。

表 2-17 2022 年样本农户土地流转期限

	总体（户）	湖南省（户）	湖北省（户）	河南省（户）
一直转包	45	22	15	8
可随时收回	309	125	118	66
其他	6	4	1	1
总计	360	151	134	75

125 户流转期限固定的农户中，平均流转期限为 7.3 年（表 2-18）。湖北省的流转合同期最长，为 8.9 年，其次是河南省为 7.5 年，流转期限最短的是

湖南省，为 6.4 年。

表 2 - 18　2022 年样本农户转入土地流转期限

	总体（年）	湖南省（年）	湖北省（年）	河南省（年）
均值	7.3	6.4	8.9	7.5
标准差	7.6	6.3	10.2	7.5
最小值	0.5	0.5	1	1
最大值	35	30	35	30

转入土地的到期时间方面，2020—2021 年数据显示，到期年份主要集中在 2021 年和 2022 年，月份主要集中在 3 月、6 月、9 月、10 月和 12 月（图 2 - 6）。

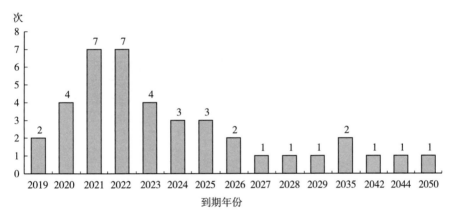

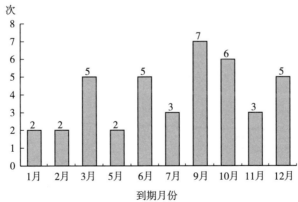

图 2 - 6　样本农户转入土地合同到期时间

转入土地的付款方式方面，2020—2021 年数据显示（表 2 - 19），126 户农户中有 59 户选择了一次性付清转入款，平均一次性支付 9 410.1 元，实物

支付折合现金平均为 4 128.8 元；有 67 户选择分期付款，平均首付现金
2 405.4元，实物支付折合现金平均 350 元，之后平均 1.1 年支付 1 次。

表 2 - 19　2020—2021 年样本农户转入土地付款方式

	一次性付款（n＝59）		分期付款（n＝67）		
	支付现金（元）	支付折合现金（元）	首付现金（元）	首付折合现金（元）	之后多久支付 1 次（年）
均值	9 410.1	4 128.8	2 405.4	350	1.1
标准差	14 709.3	5 948.2	8 549.4	193.6	0.5
最小值	120	300	100	150	1
最大值	60 000	16 640	5 600	600	5

2022 年的数据显示（表 2 - 20），转入土地的租金平均 1.4 年支付 1 次，
现金支付的平均租金为 470.8 元/亩，实物支付折合现金平均为 237.3 元/亩。

表 2 - 20　2022 年样本农户转入土地付款方式

	付款间隔时间（年）	现金支付（元/亩）	实物支付（元/亩）
均值	1.4	470.8	237.3
标准差	2.8	1 252.2	165.8
最小值	0.5	10	10
最大值	35	16 000	850

转入土地的价格调整方面，2020—2021 年数据显示，样本农户 2020—
2021 年经营耕地转入过程中，90.48%的农户不会调整价格，仅有 9.52%的农
户会调整转入价格（图 2 - 7 左）。其中，调整时间平均为 2.8 年，最短为 1
年，最长为 5 年（表 2 - 21）。进行转入价格调整的有 1 户为湖北省农户，10
户为河南省农户。

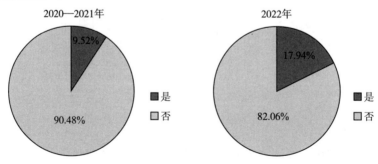

图 2 - 7　样本农户土地转入价格是否调整

表 2 - 21　2020—2021 年样本农户转入价格调整间隔

	时间间隔（年）
均值	2.8
标准差	1.3
最小值	1
最大值	5

2022 年数据显示，82.06％的农户不会调整土地流转的转入价格，17.94％的农户会调整转入价格（图 2 - 7 右）。其中，调整时间平均为 2.0 年（表 2 - 22），其中，湖南省平均价格调整间隔最长，为 2.4 年，其次为河南省（2.1 年），时间间隔最短的为湖北省（1.9 年）。与 2020—2021 年相比，调整转入价格的农户占比增多，同时调整时间变短。

表 2 - 22　2022 年样本农户转入价格调整间隔

	总体（年）	湖南省（年）	湖北省（年）	河南省（年）
均值	2.0	2.4	1.9	2.1
标准差	1.8	0.4	0.3	0.2
最小值	1	1	1	1
最大值	10	10	5	10

转入土地的交易方式方面，如图 2 - 8 所示，2020—2021 年，从 2020 年的土地转入来看，在总计 126 户农户中，有 77 户农户的土地转入行为没有签订书面合同，49 户签订了书面合同；105 户农户的土地转入行为没有通过乡或村的土地流转平台，只有 21 户通过了土地流转平台。

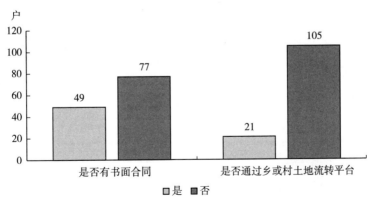

图 2 - 8　2020—2021 年样本农户转入土地交易方式

2022年的数据显示，54.23%的农户在转入土地时没有签订合同，26.19%的农户签订口头合同，19.59%的农户签订书面合同。425户农户的土地转入行为没有通过乡或村的土地流转平台，只有60户通过了土地流转平台（图2-9）。78户农户的地力保护补贴归本人所有，388户归原有土地承包者所有。分省份来看（表2-23），湖南省转入土地的地力补贴18.6%归本人所有，在3个省份中占比最多；76.2%的归原有土地承包者所有，在3个省份中占比最少。湖北省转入土地的地力补贴16.0%归本人所有，有83.3%的归原有土地承包者所有，在3个省份中占比最多。河南省转入土地的地力补贴11.8%归本人所有，在3个省份中占比最少，82.4%的归原有土地承包者所有。

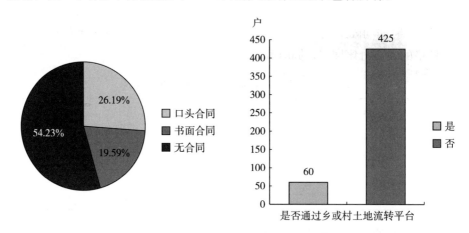

图2-9　2022年样本农户转入土地交易方式

表2-23　2022年样本农户转入土地地力补贴

地力补贴归谁所有	总体		湖南省		湖北省		河南省	
	户数（户）	占比（%）	户数（户）	占比（%）	户数（户）	占比（%）	户数（户）	占比（%）
归本人所有	78	16.1	39	18.6	25	16.0	14	11.8
归原有土地承包者	388	80.0	160	76.2	130	83.3	98	82.4
其他	19	3.9	11	5.2	1	0.07	7	5.8
合计	485	100	210	100	156	100	119	100

（2）转出土地

转出土地的次数方面，如图2-10所示，2020—2021年，78户转出土地的农户中，88.46%的农户是一次性转出土地的，11.54%的农户分两次转入。

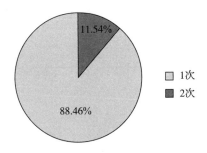

图 2 - 10　2020—2021 样本农户转出土地次数

转出土地的开始时间方面，2020—2021 年，整体来看每年转出土地次数呈现上升趋势，从 2018 年开始显著增长，2020 年达到顶峰。每年主要集中在 1 月、3 月、6 月、9 月、10 月进行土地转出（图 2 - 11）。

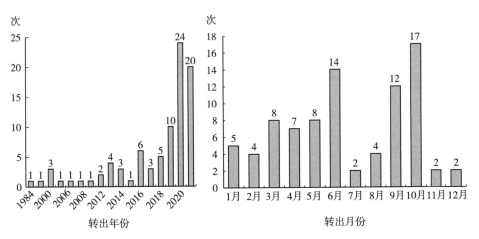

图 2 - 11　2020—2021 样本农户土地转出时间

转出土地的经营情况方面，2020—2021 年数据显示，最大转出面积达 25 亩，平均转出 3.6 亩，平均地块为 2.1 块。分省份来看，平均转出土地面积最大的是湖北省（4.4 亩），其次为湖南省（3.4 亩），河南省最小（3.3 亩），平均转出地块数最多的是湖北省（2.9 块），其次为湖南省（2.6 块），最少的是河南省（1.8 块）（表 2 - 24）。农户转入的土地质量根据地类、灌溉来源情况来衡量。从地类看（表 2 - 25），样本农户转出的土地主要是水浇地，平均为 1.9 亩，其次是旱地和水田，二者平均面积相近。从灌溉水源来看（表 2 - 26），平均 56.1% 的地仅能用地下水浇灌，27.1% 的仅能用地表水浇灌，6.9% 的两种方式皆可。

表 2-24 2020—2021 样本农户转出耕地面积和地块数

	面积（亩）				地块数（块）			
	总体	湖南省	湖北省	河南省	总体	湖南省	湖北省	河南省
均值	3.6	3.4	4.4	3.3	2.1	2.6	2.9	1.8
标准差	3.3	0.9	1.2	0.3	2.1	0.4	0.8	0.1
最小值	0.16	1	0.4	0.16	1	1	1	1
最大值	25	8	25	10	17	4	17	4

表 2-25 2020—2021 样本农户转出土地情况（按地类分）

	水田面积（亩）	水浇地面积（亩）	旱地面积（亩）
均值	0.8	1.9	0.9
标准差	1.8	2.3	3.1
最小值	0	0	0
最大值	9	10	25

表 2-26 2020—2021 样本农户转出土地情况（按灌溉来源分）

	仅能用地表水灌溉 面积比例（%）	仅能用地下水灌溉 面积比例（%）	二者皆可的 比例（%）
均值	27.1	56.1	6.9
标准差	44.3	49.5	25.6
最小值	0	0	0
最大值	100	100	100

2022 年的数据显示（表 2-27），最大转出面积 30 亩，平均转出 4.2 亩，平均地块数为 2.7 块。较 2019 年和 2020—2021 年转出面积和地块数相比均有所上涨。分省份看，平均转出耕地面积最大的为湖北省（5.6 亩），其次为河南省（4.0 亩），最小的为湖南省（3.3 亩）。平均转出土地地块数最多的是湖南省（3.3 块），其次为湖北省（3.0 块），最少的为河南省（2.1 块）。

表 2-27 2022 年样本农户转出土地面积和地块数

	面积（亩）				地块数（块）			
	总体	湖南省	湖北省	河南省	总体	湖南省	湖北省	河南省
均值	4.2	3.3	5.6	4.0	2.7	3.3	3.0	2.1
标准差	4.4	0.4	0.7	0.3	2.3	0.6	0.3	0.2
最小值	0.4	0.5	0.4	0.4	1	1	1	1
最大值	30	22	30	12	20	20	12	8

转出土地的渠道方面，2020—2021 年，样本中共有 87 户转出了耕地，其中 23 户转给熟人，21 户转给其他农户，13 户转给村，8 户转给亲戚，8 户通过其他渠道转出（主要是转给农科院），6 户转给企业，4 户转给村小组，3 户转给家庭农场，1 户转给合作社，具体比例见图 2‐12。与 2019 年数据相比，结构没有发生较大变化。

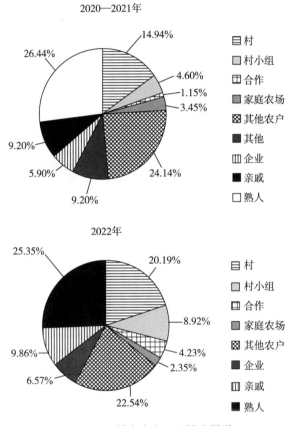

图 2‐12　样本农户土地转出渠道

2022 年，样本中有 54 户转给熟人，48 户转给其他农户，43 户转给村，21 户转给亲戚，19 户转给村小组，14 户转给企业，9 户转给合作社，5 户转给家庭农场。与 2019 年和 2020—2021 年数据相比，结构没有发生较大变化，具体比例见图 2‐12。

接受转出土地的对象方面，2020—2021 年数据（表 2‐28）显示，转出对象主要以本村为主，其次是本乡外村，同时有少量农户转出给本县外乡、本省外县和外省。其中河南省转出土地对象中非本村人占比最大。

表 2 - 28   2020—2021 样本农户经营耕地转出对象

来源	总体（户）	湖南省（户）	湖北省（户）	河南省（户）
本村	68	6	21	41
本乡外村	7	1	0	6
本县外乡	3	0	0	3
本省外县	2	0	1	1
外省	6	0	0	6
总计	86	7	22	57

2022 年数据（表 2 - 29）显示，转出对象仍然主要以本村为主，其次是本乡外村，同时有少量农户转出给本县外乡、本省外县和外省。其中河南省转出土地对象中非本村人占比最大，其次为湖北省。整体结构与 2020—2021 年没有较大差别。

表 2 - 29   2022 样本农户经营耕地转出对象

来源	总体（户）	湖南省（户）	湖北省（户）	河南省（户）
本村	164	60	49	55
本乡外村	23	4	4	15
本县外乡	10	0	5	5
本省外县	9	1	1	7
外省	7	1	0	5
总计	213	67	59	87

转出土地的流转期限方面，如图 2 - 13 左所示，2020—2021 年，共 63 户农户转出耕地的流转期限不固定，占样本农户的 72.41%。其中 16 户实行一直转包，40 户选择可随时收回（表 2 - 30）。可以一直转包的 16 户中，河南省占 10 户，湖北省占 4 户，湖南省占 2 户。可随时收回的 40 户中，河南省占 26 户，湖北省占 11 户，湖南省占 3 户。

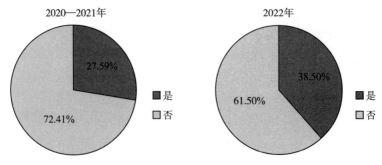

图 2 - 13   样本农户土地流转期限是否固定

表 2-30　2020—2021 年样本农户土地流转期限

流转期限	总体（户）	湖南省（户）	湖北省（户）	河南省（户）
一直转包	16	2	4	10
可随时收回	40	3	11	26
其他	7	0	2	5
总计	63	5	17	41

2022 年数据显示（图 2-13 右），共有 131 户农户转出土地的流转期限不固定，占样本农户的 61.50%。82 户流转期限固定，占比 38.50%。其中，31户可一直转包，94 户可随时收回（表 2-31）。可以一直转包的农户中，河南省占 18 户，湖北省占 8 户，湖南省占 5 户。可随时收回的农户中，河南省有 24 户，湖北省有 30 户，湖南省有 40 户。

表 2-31　2022 年样本农户土地流转期限

流转期限	总体（户）	湖南省（户）	湖北省（户）	河南省（户）
一直转包	31	5	8	18
可随时收回	94	40	30	24
其他	6	0	2	4
总计	131	45	40	46

平均流转期限为 11.1 年，最短为 0.5 年，最长为 50 年（表 2-32）。其中，各省流转期限相差很大，湖北省流转期限最长，平均为 17.3 年，其次为河南省，平均为 6.7 年，湖南省最短，平均期限为 5.3 年。

表 2-32　2022 年样本农户转出土地流转期限

	总体（年）	湖南省（年）	湖北省（年）	河南省（年）
均值	11.1	5.3	17.3	6.7
标准差	11.6	1.2	2.3	1.3
最小值	0.5	0.5	1	1
最大值	50	20	50	15

转出土地合同到期时间方面，2020—2021 年数据显示，合同主要在 2021、2024 和 2028 年到期（图 2-14 上）。月份集中在 6 月、8 月、9 月和 10 月（图 2-14 下）。

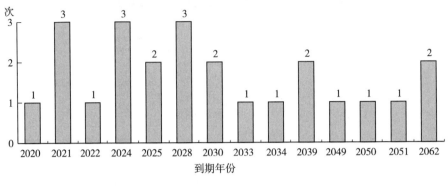

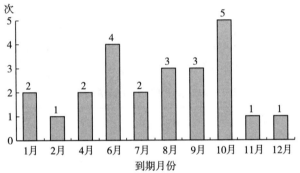

图 2-14 2020—2021 年样本农户转出土地合同到期时间

转出土地的付款方式，如表 2-33 所示，2020—2021 年，样本农户 2020 年经营土地转出过程中，87 户农户中有 25 户选择了一次性付清转出价款，平均一次性支付 2 608.8 元，实物支付折合现金平均为 1 425 元；有 62 户选择分期付款，平均首付现金 1 465.1 元，实物支付折合现金平均 645.5 元，之后平均 1 年支付 1 次。

表 2-33 样本农户经营耕地付款方式

	一次性付款（n=25）		分期付款（n=62）		
	支付现金 （元）	支付折合 现金（元）	首付现金 （元）	首付折合 现金（元）	之后多久 支付 1 次（年）
均值	2 608.8	1 425	1 465.1	645.5	1
标准差	4 024.3	1 728.9	1 593.9	381.1	0.1
最小值	300	300	12	100	0.5
最大值	16 000	4 000	7 500	1 000	1

如表 2-34 所示，2022 年，转出土地租金平均 1.1 年支付一次，现金支

付的平均租金为 940.6 元/亩，实物支付折合现金平均为 488.1 元/亩。

表 2-34　2022 年样本农户经营耕地付款方式

	付款间隔时间（年）	现金支付（元/亩）	实物支付（元/亩）
均值	1.1	940.6	488.1
标准差	0.9	4 087.7	491.8
最小值	0.5	45	100
最大值	10	50 000	2 500

转出土地的价格调整方面，如图 2-15 左所示，2020—2021 年，样本农户 2020 年经营土地转出过程中，87.36% 的农户不会调整价格，仅有 12.64% 的农户会调整转入价格。其中，平均调整时间为 2.4 年，进行价格调整的样本农户均选自河南省（表 2-35）。

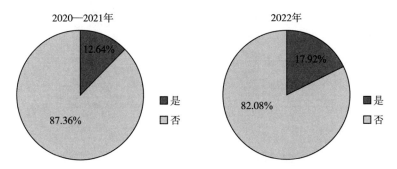

图 2-15　样本农户转出价格是否调整

表 2-35　2020—2021 年样本农户转出价格调整间隔

	时间间隔（年）
均值	2.4
标准差	3.0
最小值	1
最大值	10

如图 2-15 右所示，2022 年，82.08% 的农户不会调整土地流转的转出价格，17.92% 的农户会调整转出价格。

其中，平均调整时间为 2.5 年。河南省平均调整时间最长，为 2.6 年，湖南省和湖北省调整时间相同，平均为 2.3 年（表 2-36）。

表 2 - 36　2022 年样本农户转出价格调整间隔

	总体（年）	湖南省（年）	湖北省（年）	河南省（年）
均值	2.5	2.3	2.3	2.6
标准差	1.9	0.6	0.6	0.5
最小值	1	1	1	1
最大值	7	5	5	7

转出土地交易方式方面，如图 2 - 16 所示，2020—2021 年，从 2020 年的耕地转出来看，在总计 87 户农户中，有 48 户农户的耕地转入行为没有签订书面合同，39 户签订了书面合同；57 户农户的耕地转出行为没有通过乡或村的土地流转平台，只有 30 户通过了土地流转平台。

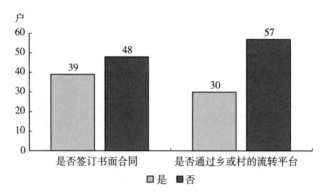

图 2 - 16　2020—2021 年样本农户 2020 年转出土地交易方式

2022 年数据显示，38.50％的农户没有签订合同，38.50％的农户签订书面合同，23.00％的农户签订口头合同。有 144 户农户的耕地转出行为没有通过乡或村的土地流转平台，只有 69 户通过了土地流转平台（图 2 - 17）。30 户农户的地力保护补贴归现土地承包者所有，167 户归原土地承包者所有（表 2 - 37）。

表 2 - 37　2022 年样本农户转入土地地力补贴

地力补贴归谁所有	总体		湖南省		湖北省		河南省	
	户数（户）	占比（％）	户数（户）	占比（％）	户数（户）	占比（％）	户数（户）	占比（％）
归现土地承包者	30	14.1	10	14.9	12	20.3	8	9.2
归原土地承包者	167	78.4	51	76.1	44	74.6	72	82.8
其他	16	7.5	6	9.0	3	5.1	7	8.0
合计	213	100	67	100	59	100	87	100

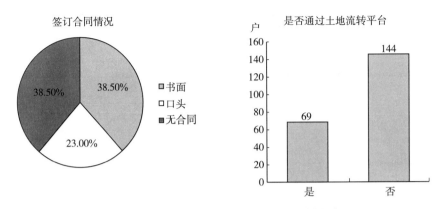

图 2-17 2022 年样本农户转出耕地交易方式

从样本农户土地流转的情况来看，样本农户流转土地面积和地块数逐年增加，但是流转渠道集中在本村的熟人和亲戚中，少有固定的流转期限和书面合同，转入价格很少调整，也较少通过乡或村的土地流转平台。在流转土地的支付方式上，分期付款与一次性付款差距较大，现金付款、实物折合现金付款和付款方式差别较大。说明我国土地流转缺乏系统、正规的流程，需要相关政策引导土地流转正规发展。

3. 对经营的土地的投资和其他活动

（1）投资活动

是否进行投资活动方面，如图 2-18 所示，2020—2021 年仅有 4.75％的农户进行了投资活动，95.23％的农户没有进行投资活动。

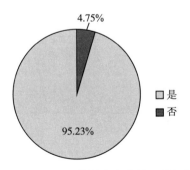

图 2-18 2020—2021 年样本农户是否进行投资活动

投资活动类型方面，如表 2-38 所示，平整土地进行了 13 次，修盖塑料大棚进行了 6 次，打井进行了 7 次，土壤改良进行了 7 次，耕地改为鱼塘进行了 4 次，建排水沟进行了 3 次，建引水渠进行了 3 次，其他耕地用途改变进行了3次，修路进行了3次，修篱笆进行了2次，建蓄水库进行了1次，购入排水设备进行了1次，建田边防护林进行了1次，兴修梯田进行了1次。

表2-38　2020—2021年样本农户投资活动的类型

类型	次数（次）			
	总体	湖南省	湖北省	河南省
平整土地	13	0	7	6
塑料大棚	6	0	4	2
打井	7	0	3	4
改良土壤	7	0	5	2
耕地改鱼塘	4	1	3	0
建排水沟	3	1	2	0
建引水渠	3	1	0	2
其他耕地用途改变	3	1	1	1
修路	3	2	1	0
修篱笆	2	1	1	0
建蓄水库	1	0	1	0
排水设备	1	1	0	0
田边防护林	1	0	1	0
兴修梯田	1	0	1	0
总计	55	8	30	17

投资活动次数方面，2020—2021年数据显示（图2-19），有83.72%的农户进行了1次投资，16.28%的农户进行了2次投资。投资活动的开始以及结束时间方面，2020—2021年数据显示，55次投资活动中，有21次从2019年开始，34次从2020年开始（图2-20）。截至调研时，有15次投资活动尚未结束（表2-39），12次于2019年结束，28次于2020年结束（图2-20）。在3月、4月、7月开始投资活动最多，在4月结束投资活动的最多（图2-21）。

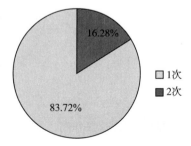

图2-19　2020—2021年样本农户投资活动次数

表 2 - 39　2020—2021 年样本农户是否结束投资活动

是否结束投资活动	次数
是	40
否	15
总计	55

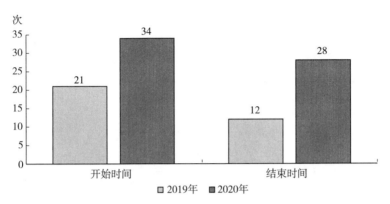

图 2 - 20　2019—2020 年样本农户投资活动开始和结束年份

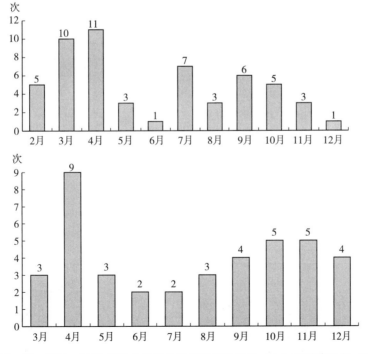

图 2 - 21　2019—2020 年样本农户投资活动开始月份（上）和结束月份（下）

投资活动决策方面，如表2-40所示，9次由政府决定，46次由农户自己决定。分省份看，湖南省所有投资活动均由农户自己决定，湖北省3次由政府决定，27次由农户自己决定，河南省6次由政府决定，11次由农户自己决定。

表2-40 2020—2021年样本农户投资活动决策

投资活动由谁决定	次数（次）			
	总体	湖南省	湖北省	河南省
政府	9	0	3	6
自己	46	8	27	11
总计	55	8	30	17

投资资金方面，2020—2021年数据显示（表2-41），总投资平均为22 925.5元，其中农户自己投资平均为14 113.3元。

表2-41 2020—2021年样本农户进行投资活动的投资金额

	总投资（元）	自己投资（元）	补贴（元）
均值	22 925.9	14 113.3	39 444.4
标准差	38 532.1	22 589.3	40 731.2
最小值	70	0	10 000
最大值	200 000	100 000	120 000

有9次投资活动获得补贴（表2-42），其中3次获得现金补贴，6次获得实物补贴（图2-22），平均补贴为39 444.4元。

表2-42 2020—2021年样本农户是否获得补贴

是否有补贴	次数（次）			
	总体	湖南省	湖北省	河南省
是	9	1	7	1
否	46	7	23	16
总计	55	8	30	17

修补加固方面，2020—2021年数据显示，对5次投资活动成果进行了修补或加固，其余50次未进行修补或加固（表2-43）。其中，3次投资活动成果在2020年进行了修补或加固，2019年和2021年各有1次投资活动成果进行了修补或加固（图2-23）。

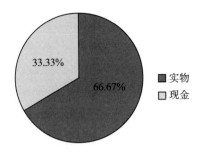

图 2-22　2020—2021 年样本农户获得补贴的方式

表 2-43　2020—2021 年样本农户是否进行修补或加固

是否进行修补或加固	次数（次）
是	5
否	50
总计	55

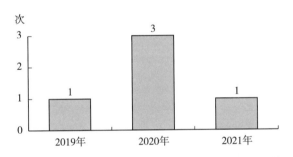

图 2-23　2019—2021 年样本农户进行加固或修补时间

2020—2021 年数据显示，48 次投资活动成果仍然使用，7 次不再使用（表 2-44）。其中，2 次从 2019 年不再使用，5 次从 2020 年不再使用（图 2-24）。

表 2-44　2020—2021 年样本农户投资活动成果是否仍然使用

是否仍然使用	次数（次）
是	48
否	7
总计	55

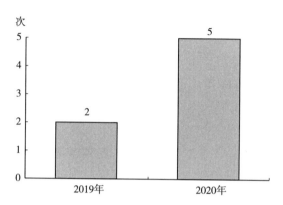

图2-24 2019—2021年样本农户停止使用投资活动成果时间

（2）其他投资活动

2020—2021年，除上述投资活动外，样本农户共进行了8次其他投资活动。具体活动及次数见表2-45。

表2-45 2020—2021年样本农户进行的其他投资活动及次数

投资活动	次数
修建化粪池	1
修建地下管道	1
鱼池整修	1
水田改旱田	1
购买耕地设备	1
水肥一体化	2
围铁丝网	1

投资活动时间方面，2020—2021年数据显示，8次投资活动中，有4次从2019年开始，4次从2020年开始（图2-25）。截至调研时，有2次投资活动尚未结束（表2-46），2次于2019年结束，4次于2020年结束（图2-25）。在7月开始投资活动最多，在8月结束投资活动最多（图2-26）。

表2-46 2020—2021年样本农户是否结束投资活动

是否结束投资活动	次数（次）
是	6
否	2
总计	8

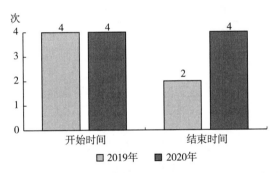

图 2-25 2019—2020 年样本农户投资活动开始及结束时间

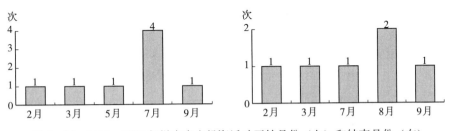

图 2-26 2019—2020 年样本农户投资活动开始月份（左）和结束月份（右）

投资活动决策方面，2020—2021 年数据显示（表 2-47），4 次由政府决定，4 次由农户自己决定。

表 2-47 2020—2021 年样本农户投资活动决策

投资活动由谁决定	次数（次）
政府	4
自己	4
总计	8

投资资金方面，2020—2021 年数据显示，总投资平均为 569 531.1 元，其中自己投资平均为 125 551.3 元（表 2-48）。有 3 次投资活动获得补贴（表 2-49），其中 1 次获得现金补贴，2 次获得实物补贴（图 2-27）。

表 2-48 2020—2021 年样本农户投资资金及来源

	总投资（元）	自己投资（元）
均值	569 531.1	125 551.3
标准差	1 112 114	247 531.2
最小值	250	0
最大值	3 000 000	700 000

表 2 - 49　2020—2021 年样本农户是否获得补贴

是否有补贴	次数（次）
是	3
否	5
总计	8

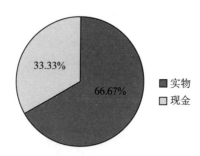

图 2 - 27　2020—2021 年样本农户获得补贴的方式

　　修补加固方面，2020—2021 年数据显示（表 2 - 50），对 1 次投资活动成果在 2020 年进行了修补或加固，其余 7 次未进行修补或加固。投资活动成果是否还在使用方面，2020—2021 年数据显示，所有投资活动成果均仍在使用中。

表 2 - 50　2020—2021 年是否进行修补或加固

是否进行修补或加固	次数（次）
是	1
否	7
总计	8

　　从样本农户的投资活动来看，较少样本农户对经营的土地进行投资或其他活动，投资时间较短，以 1 年内为主，使用期限较长，较少进行修补或加固。投资决策主要以农户个人意愿为主，政府主导的投资活动较少，给予补贴的情况也较少。农户对经营的土地进行投资是提高土地生产力的重要方式，需要鼓励、支持、引导农户进行土地投资活动。

　　4. 总结

　　综合上述分析，农户自然资本情况正在逐步改善。土地经营情况方面，家庭承包平均耕地面积逐年上升，但也伴随着因撂荒而出现的土地浪费问题；土地的肥力状况较好，地形以平地为主，主要以地表水进行灌溉。土地流转情况方面，土地流转效率有所上升，其中转入面积远远大于转出面积；流转对象集中于熟人、亲戚或其他农户；流转形式较为随意，一般为口头约定。土地投资活动方面，仅有少数农户进行土地投资活动，多为 1 年期活动，政府较少给予补贴。

二、农村居民人力资本情况 *

改革开放 40 多年来，中国经济市场化程度逐步提高，使得农村居民非农收入的增长成为其总收入增长的重要来源。在不考虑地区发展不平衡等客观原因的前提下，农民素质的高低成为影响农村劳动力是否获得较为满意的非农工作和工资收入的重要原因，其中人力资本投资不足是造成我国农民素质低下的最主要原因（陈国生等，2015）。人力资本不足、不如人意的健康状况、落后于城市的教育和培训设施使得农民不具备足够的就业竞争能力，也难以获得令人满意的非农工作和收入。开展劳动力、健康与就业分析有利于充分了解农户的人力资本与经济就业情况，为切实提高农户的收入、改善农户生活水平提出建设性意见。

本调研关注微观农户个体的基本特征以及受教育和就业等情况，具体调研结果如下。

1. 劳动力基本信息

2020—2021 年共计调研 843 户农户，2022 年共计调研 1 341 户农户。此次调研的农户数据中，受访对象的性别、民族情况见表 2 - 51 和图 2 - 28。其中 2020—2021 年男性（户主）668 人，占比 79.24%，女性 175 人，占比 20.76%，2022 年男性（户主）945 人，占比 70.47%，女性 396 人，占比 29.53%。此次受访的样本农户主要是以男性为主的户主。样本中女性受访者出现的主要原因是代替户主进行访谈调研，相关的个人信息数据被单独记录，且记录了其与户主之间的关系。受访农户中，2020—2021 年 97.39% 的农户为汉族，2022 年 93.06% 的农户为汉族，其余为侗族、满族和土家族等，总体来说民族分布较为单一，但也符合受访地区的民族分布特征。

表 2 - 51　受访对象的性别、民族情况

分类		响应频次（人次）		响应率（%）	
		2020—2021 年	2022 年	2020—2021 年	2022 年
性别	男	668	945	79.24	70.47
	女	175	396	20.76	29.53
	总计	843	1 341	100.00	100.00

---

* 执笔人：张泽宇；参与人：郑雪静、郑茨文。

（续）

分类		响应频次（人次）		响应率（%）	
		2020—2021 年	2022 年	2020—2021 年	2022 年
民族	汉族	821	1 248	97.39	93.06
	满族	4	6	0.47	0.45
	土家族	17	21	2.14	2.14
	苗族	\	1	\	0.07
	侗族	\	65	\	4.85
	总计	843	1 341	100.00	100.00

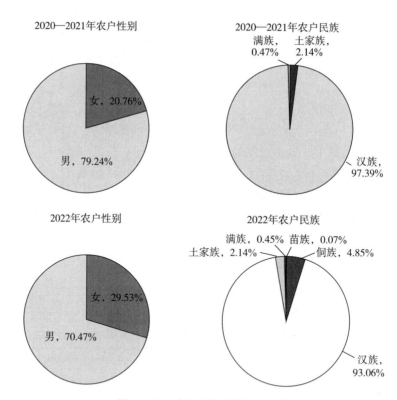

图 2-28　受访对象的性别、民族

　　表 2-52 和表 2-53 分别显示了 2020—2021 年和 2022 年华中三省样本村农户的性别、民族分布，湖南省的样本农户中受访者的男性比例更高，且三省中超过 90% 的受访者均为汉族。

表 2 - 52 2020—2021 年华中三省样本村农户性别、民族分布

		湖北省		湖南省		河南省	
		响应频次 （人次）	响应率 （%）	响应频次 （人次）	响应率 （%）	响应频次 （人次）	响应率 （%）
性别	男	279	77.29	106	88.33	283	78.18
	女	82	22.71	14	11.67	79	21.82
	总计	361	100.00	120	100.00	362	100.00
民族	汉族	343	95.01	120	100.00	358	98.90
	满族	\	\	\	\	4	1.10
	土家族	18	4.99	\	\	\	\
	总计	361	100.00	120	100.00	362	100.00

表 2 - 53 2022 年华中三省样本村农户性别、民族分布

		湖北省		湖南省		河南省	
		响应频次 （人次）	响应率 （%）	响应频次 （人次）	响应率 （%）	响应频次 （人次）	响应率 （%）
性别	男	306	67.85	343	77.08	296	66.52
	女	145	32.15	102	22.92	149	33.48
	总计	451	100.00	445	100.00	445	100.00
民族	汉族	428	94.90	380	85.39	440	98.88
	满族	1	0.22	\	\	5	1.12
	土家族	21	4.66	\	\	\	\
	侗族	1	0.22	64	14.38	\	\
	苗族	\	\	1	0.22	\	\
	总计	451	100.00	445	100.00	445	100.00

2. 健康状况

（1）身高、体重等基本健康信息

受访者的身高、体重与年龄分布如表 2 - 54 所示，其中 2020—2021 年农户平均身高 166.62 厘米，众数为 170 厘米。2022 年农户平均身高 166.95 厘米，众数为 170 厘米。本次调研抽样的受访对象中，2020—2021 年平均体重为 67.46 千克，众数为 65 千克。2022 年平均体重为 64.40 千克，众数为 60千克。

表 2-54　受访者的身高、体重、年龄

	2020—2021 年			2022 年		
	身高 （厘米）	体重 （千克）	年龄 （岁）	身高 （厘米）	体重 （千克）	年龄 （岁）
平均	166.62	67.46	57.81	166.95	64.40	57.54
中位数	168	65	58	165	64	58
众数	170	65	58	170	60	59
最小值	56	35	21	15	4	13
最大值	190	525	88	1 972	145	84
观测数	843	843	843	1 341	1 341	1 330

（2）自评健康

由于农村体力劳动的需要，受访对象的身体健康状况受到了特别的关注。数据中还包括农户自评的健康状况变量，由农户自评的健康状况反映了农户对自身健康水平的认知，属于主观数据。参见表 2-55 和图 2-29，在健康状况方面的几个分类中，"很健康"和"比较健康"的受访者占比最多，2020—2021 年为 36.06% 和 30.13%。2022 年为 20.96% 和 37.66%，绝大多数受访者的健康状况在"一般及以上"，2020—2021 年占比 83.39%，2022 年占比 84.24%。如表 2-56 和表 2-57 所示，在 2020—2021 年中，湖南省对健康水平的评估"很健康"和"比较健康"的最多，占 75.83%，2022 年中河南省对健康水平的评估"很健康"和"比较健康"的最多，占 64.64%，总体而言三省的健康自评较 2020—2021 年有所下降。

表 2-55　受访者健康状况自评

健康状况	响应频次（人次）		响应率（%）	
	2020—2021 年	2022 年	2020—2021 年	2022 年
很健康	304	270	36.06	20.96
比较健康	254	485	30.13	37.66
一般	145	330	17.20	25.62
不健康	113	189	13.40	14.67
很不健康	27	14	3.20	1.09

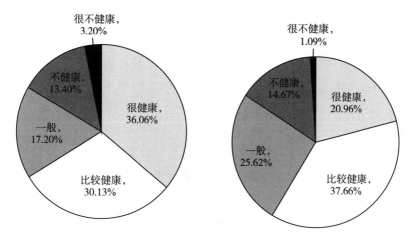

图 2-29 受访者健康状况自评

（左图为 2020—2021 年，右图为 2022 年）

表 2-56 2020—2021 年三省样本村农户健康状况自评

健康状况	湖北省		湖南省		河南省	
	响应频次（人次）	响应率（%）	响应频次（人次）	响应率（%）	响应频次（人次）	响应率（%）
很健康	113	31.30	67	55.83	124	34.25
比较健康	118	32.69	24	20.00	112	30.94
一般	57	15.79	20	16.67	68	18.78
不健康	58	16.07	9	7.50	46	12.71
很不健康	15	4.16	\	\	12	3.31
总计	361	100.00	120	100.00	361	100.00

表 2-57 2022 年三省样本村农户健康状况自评

健康状况	湖北省		湖南省		河南省	
	响应频次（人次）	响应率（%）	响应频次（人次）	响应率（%）	响应频次（人次）	响应率（%）
很健康	79	17.56	93	20.95	107	24.10
比较健康	159	35.33	168	37.84	180	40.54
一般	117	26.00	123	27.70	102	22.97
不健康	87	19.33	55	12.39	53	11.94
很不健康	8	1.78	5	1.13	2	0.45
总计	450	100.00	444	100.00	444	100.00

（3）样本农户年龄分布

2020—2021年样本农户的年龄均值约为57.8岁，中位数和众数均为58岁，2022年样本的年龄均值约为57.5岁，中位数和众数分别为58岁和59岁，且从表2-58与图2-30中可以看出，若以10年为一个区间，近三年样本中年龄段分布在50~60岁区间的居多。整体来说，样本农户以50~70岁的中老年为主，2020—2021年占比为68.21%，2022年占比为66.96%。基于农村地区劳动力向城市转移的现状，结合农村生育政策导致的老龄化初现，样本农户的年龄结构不难解释。且农户在以家庭为中心的一定范围内进行农业生产活动，由于进城务工的群体在抽样调查期间被排除在了受访对象之外，在固定村镇进行访谈式调研收集数据，得到的是相对固定在农村范围的人群数据，结合农村年轻家庭的高劳动力流转率等因素，可以得出可能导致此次调研的受访群体以50~70岁为主的年龄分布的原因，单独分析湖北、湖南、河南三个省样本农户的年龄分布结果与总体上相差不大，三个省的年龄分布较为一致，均以50~70岁的群体为主（表2-59、表2-60）。

表2-58 受访者年龄段分布

年龄（岁）	响应率（%）		累计响应率（%）	
	2020—2021年	2022年	2020—2021年	2022年
40以下	4.51	7.23	4.51	7.23
40~50	17.79	15.96	22.30	23.19
50~60	37.49	38.85	59.79	62.04
60~70	30.72	28.11	90.51	90.16
70~80	8.54	9.02	99.05	99.18
80以上	0.95	0.82	100.00	100.00

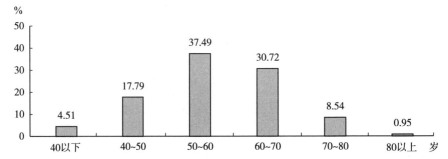

年龄段分布的响应率

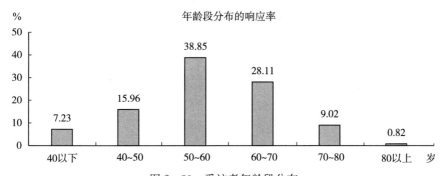

图 2 - 30 受访者年龄段分布

（上图为 2020—2021 年，下图为 2022 年）

表 2 - 59 2020—2021 年华中三省样本村农户年龄段分布

年龄（岁）	湖北省		湖南省		河南省	
	响应频次（人次）	响应率（%）	响应频次（人次）	响应率（%）	响应频次（人次）	响应率（%）
40 以下	13	3.60	10	8.33	15	4.14
40～50	66	18.28	21	17.50	63	17.40
50～60	124	34.35	42	35.00	150	41.44
60～70	126	34.90	37	30.83	96	26.52
70～80	30	8.31	9	7.50	33	9.12
80 以上	2	0.55	1	0.83	5	1.38
总计	361	100.00	120	100.00	362	100.00

表 2 - 60 2022 年华中三省样本村农户年龄段分布

年龄（岁）	湖北省		湖南省		河南省	
	响应频次（人次）	响应率（%）	响应频次（人次）	响应率（%）	响应频次（人次）	响应率（%）
40 以下	34	7.54	32	7.19	32	7.19
40～50	56	12.42	73	16.40	85	19.10
50～60	172	38.14	170	38.20	179	40.22
60～70	140	31.04	130	29.21	107	24.04
70～80	44	9.76	38	8.54	39	8.76
80 以上	5	1.11	2	0.45	3	0.67
总计	451	100.00	445	100.00	445	100.00

3. 教育水平

受教育年限方面，参见表 2 - 61，2020—2021 年样本农户平均受教育年限为 7.14 年，其中最小值为 0 年，最大值为 16 年，其中湖北省样本农户的平均受教育年限为 6.90 年，湖南省为 8.63 年，河南省为 6.88 年。2022 年样本农户平均受教育年限为 7.87 年，其中最小值为 0 年，最大值为 16 年，其中湖北省样本农户的平均受教育年限为 7.35 年，湖南省为 8.12 年，河南省为 8.15 年。如表 2-61 和图 2-31 所示，从分布上来看，近三年农户样本受教育年限主要集中在 9 年以下（小学、初中学历），2020—2021 年占比为 84.34%，2022 年占比为 80.61%，整体受教育水平普遍偏低。

表 2-61　受访对象的受教育年限

年份		频数（户）	均值（年）	标准差（年）	最小值（年）	最大值（年）
2020—2021	湖北省	361	6.90	3.21	0	16
	湖南省	120	8.63	3.27	0	16
	河南省	362	6.88	3.04	0	15
	总计	843	7.14	3.20	0	16
2022	湖北省	451	7.35	3.55	0	16
	湖南省	446	8.12	3.30	0	16
	河南省	444	8.15	3.59	0	16
	总计	1 341	7.87	3.50	0	16

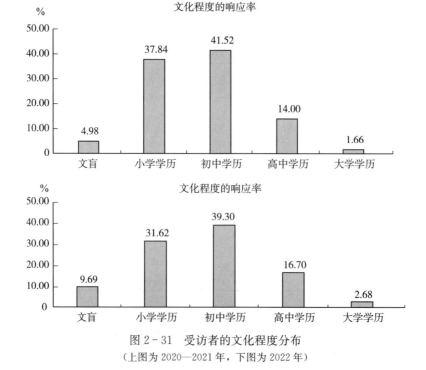

图 2-31　受访者的文化程度分布

（上图为 2020—2021 年，下图为 2022 年）

如表 2-62 所示，2020—2021 年，在所有样本农户中，接受过 9 年教育的人数占比为 57.18%，2022 年的这一比值为 58.69%，即将近半数的受访者在初中毕业后就不再上学。虽然国家大力推进九年义务教育，但是由于受教育的机会成本较高、务农的边际收益显著、农户家庭对于农业的依赖程度高于对学校教育的依赖程度等可能的原因，2020—2021 年和 2022 年分别有 42.82% 和 41.31% 的受访对象并没有完成义务教育阶段的学习。

表 2-62　受访者教育水平分布

受教育年限（年）	文化程度	响应率（%）		累计响应率（%）	
		2020—2021 年	2022 年	2020—2021 年	2022 年
0	文盲	4.98	9.69	4.98	9.69
ε(0, 6]	小学学历	37.84	31.62	42.82	41.31
ε(6, 9]	初中学历	41.52	39.30	84.34	80.61
ε(9, 12]	高中学历	14.00	16.70	98.34	97.32
>12	大学学历	1.66	2.68	100.00	100.00

4. 婚姻状况

婚姻状况方面如表 2-63 和图 2-32 所示，2020—2021 年已婚的受访者占比 93.24%，离婚、未婚、丧偶的受访者共占比不到 7%。2022 年已婚的受访者占比 91.57%，离婚、未婚、丧偶的受访者共占比不到 9%。因此样本农户中绝大多数的婚姻状况为已婚（不是户主的情况下其婚姻状态未知，因此将与业主关系为"配偶"的受访者的婚姻状况默认为"已婚"，由此筛选出有效样本数 843 个和 1 341 个）。在婚姻相关的数据中，受访农户的婚姻状况以已婚为主，反映了华中三省农村家庭结构的主体成分以稳定的婚姻家庭为主的现状。涉及未在已婚状况的农户，以婚姻状态自然结束为主，2020—2021 年离婚率仅为 0.83%，2022 年离婚率仅为 1.04%，说明从事农业生产的农户家庭的婚姻家庭关系相对稳定。在我国相关人口普查数据中，也有农村离婚率显著低于城市的相似现实状况。

表 2-63　受访对象的婚姻状况

婚姻状况	响应频次（人次）		响应率（%）	
	2020—2021 年	2022 年	2020—2021 年	2022 年
已婚	786	1 228	93.24	91.57
未婚	5	33	0.59	2.46

（续）

婚姻状况	响应频次（人次）		响应率（%）	
	2020—2021 年	2022 年	2020—2021 年	2022 年
离婚	7	14	0.83	1.04
丧偶	45	66	5.34	4.92
总计	843	1 341	100.00	100.00

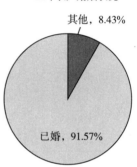

图 2-32　受访对象的婚姻状况

从表 2-64 和表 2-65 中，可以看出 2020—2021 年和 2022 年中湖南省的样本农户离婚率最高，分别为 3.33％和 2.02％，河南省的离婚率最低。

表 2-64　2020—2021 年三省样本村农户婚姻状况分布

婚姻状况	湖北省		湖南省		河南省	
	响应频次（人次）	响应率（%）	响应频次（人次）	响应率（%）	响应频次（人次）	响应率（%）
已婚	332	91.97	110	91.67	344	95.03
未婚	4	1.11	\	\	1	0.28
离婚	3	0.83	4	3.33	\	\
丧偶	22	6.09	\	\	17	4.7
总计	361	100	120	100	362	100

表 2-65　2022 年三省样本村农户婚姻状况分布

婚姻状况	湖北省		湖南省		河南省	
	响应频次（人次）	响应率（%）	响应频次（人次）	响应率（%）	响应频次（人次）	响应率（%）
已婚	410	90.91	403	90.35	415	93.47

（续）

婚姻状况	湖北省		湖南省		河南省	
	响应频次（人次）	响应率（%）	响应频次（人次）	响应率（%）	响应频次（人次）	响应率（%）
未婚	9	2.00	15	3.36	9	2.03
离婚	3	0.67	9	2.02	2	0.45
丧偶	29	6.43	19	4.26	18	4.05
总计	451	100.00	446	100.00	444	100.00

5. 就业

如表 2－66 和图 2－33 所示，2020—2021 年存在非农就业的人数为 236 人，占比 28%，人均非农收入为 29 086.6 元；2022 年非农就业人数为 1 015 人，占比 75.69%，人均非农收入为 17 773.1 元，农村劳动力非农就业比例明显上升，且三个省份中湖北省和河南省的非农就业率较湖南省更高。

表 2－66　三省样本村农户非农就业情况分布

年份	湖北省		湖南省		河南省		总计	
	响应频次（人次）	响应率（%）	响应频次（人次）	响应率（%）	响应频次（人次）	响应率（%）	响应频次（人次）	响应率（%）
2020—2021	97	26.87	26	21.67	113	31.22	236	28.00
2022	352	78.05	322	72.36	341	76.63	1 015	75.69

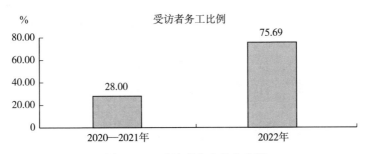

图 2－33　受访者非农就业比例

6. 总结

综合以上对调研样本农户的人力资本的描述，结论如下。

①样本农户中绝大部分为男性已婚，身体素质基本上属于正常水平。

②样本农户老龄化情况较为明显，年龄主要分布在 50～70 岁。应增强对高素质农民的培养，为社会主义新农村的建设提供力量。

③样本农户受教育水平普遍偏低，主要为小学和初中学历。应加大对农村的教育投入，支持农村教育事业的发展有利于提升农村人力资本的质量。

三、农村家庭社会资本情况[*]

社会资本指农户为了进行生计活动可以利用的社会资源和关系网络。本次调研主要关注农户以及其家庭社会资本的拥有情况和使用情况。社会关系的广度、频度和强化，以及参与合作社的情况均体现社会资本的拥有状况。

调研农户家庭的社会资本用要好的亲戚朋友在城里居住的户数、要好的亲戚朋友在政府机关工作的户数、春节互相拜年的户数以及送出礼金的数量和户数进行衡量。具体调研结果如下。

1. 社会关系的广度

在社会关系的广度上，以农户家庭为单位，农户家庭社会关系范围的代理指标有以下4个："您的家属或与您家联系密切的亲戚朋友中，有多少家在城市里生活？""与您家关系要好的朋友、同学、同事中，有多少家在城市里生活？""您的家属或与您家联系密切的亲戚朋友中，有多少家在政府机关工作？""与您家关系要好的朋友、同学、同事中，有多少家在政府机关工作？"四项指标可分为两类：一类是在城里生活。在城里生活的亲戚、朋友、同学、同事的家庭获取信息的渠道更广泛，公共物品和社会服务的获取更加便捷，社会网络更宽泛。这可能会为居住在农村的农户提供较多的农业生产信息和获取渠道。但在城里生活又有"强关系"和"弱关系"之分。"家属或与农户联系密切的亲戚朋友在城市里生活"与农户家庭的关系联接是一种"强关系"，对农户的影响较大；"关系要好的朋友、同学、同事在城市里生活"与农户家庭的关系联接是一种"弱关系"，对农户的影响可能较弱。

第二类是在政府机关工作。根据定位法测量社会资本的标准，在政府机关的亲戚、朋友、同学、同事因为工作属性的关系，可能具有更广泛的社会网络（赵雪雁，2012）。又因强弱关系的不同，具有不同的影响程度。这两类社会关系广度的具体指标分为五类：拥有户数以0户为基准，分为0户、1~3户、4~7户、8~10户及10户以上五类，代表社会关系的广度不断增强。

农户家庭的社会关系的广度，根据样本统计结果（表2-67）可知，在843个有效样本中，农户社会资本的广度大多低于50%，没有这四种代理社会

　＊　执笔人：张泽宇；参与人：郑茨文、郑雪静。

资本的农户比例从高到低为 82%、72%、53% 和 24%，总体占有量水平不高。但在城里生活的同学、同事这种弱关系的社会网络状况要优于其他关系。在分类的代理指标中，以结构属性为代表的社会关系的范围要低于以地理位置为代表的社会关系的范围。在没有社会关系的情况下，地理位置属性均高于结构属性的比例。与 2019 年相比，在城市里生活的亲戚朋友的比例显著提高，且有增加的趋势，其余的亲戚朋友资本占有量大致不变。

表 2 - 67 农户亲戚朋友资本占有量

资本类型	分类	0	1～3	4～7	8～10	10 以上
在城市里生活	亲戚朋友（户）	202	181	152	98	210
	比例（%）	24	21	18	12	25
	同学同事（户）	451	75	91	69	157
	比例（%）	53	9	11	8	19
在政府机关工作	亲戚朋友（户）	605	161	40	19	18
	比例（%）	72	19	5	2	2
	同学同事（户）	697	68	42	14	22
	比例（%）	82	8	5	2	3

2. 家庭社会关系的频度

由于春节在中国的特殊文化意义，春节拜年的人数往往能很好地代表农户家庭一定程度的社会资本。家庭社会关系频度运用农户春节拜年活动户数进行衡量，具体有以下 2 个问题：一是"最近的一个春节期间，您上门拜年的人有多少位/家？"二是"最近的一个春节期间，上门拜年您的人有多少位/家？"去拜年的人数与来农户家拜年的人数形成了一种社会关系的互动，互动的频率反映其社会关系的强度。其强度的测量分 0 户、1～5 户、6～10 户、11～15 户、16～20 户、20 户以上共 6 个层次。

在样本农户的拜年网络中，不论是去拜年的户数还是来拜年的户数均以 0 户居多。总体上看，农户去拜年户数按照从大到小的排序为 0 户、1～5 户、6～10 户、20 户以上、11～15 户、16～20 户。来农户家拜年的户数按照从大到小的排序为 0 户、1～5 户、6～10 户、11～15 户、20 户以上、16～20 户。样本农户春节期间拜年往来的户数集中在 0 户，且存在递减性。与 2019 年相比，2020—2021 年农户春节拜访次数显著减少，将近一半都没有走动（图 2 - 34）。

本次调研的有效样本为 843 个。如图 2 - 35 所示，在最近一个春节通过打

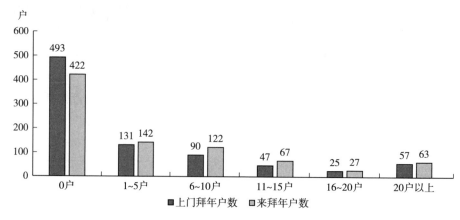

图 2-34 农户春节拜年来往情况

电话/发微信/QQ/邮件等非见面方式相互问候过的户数区间由高到低依次是1～5户、0户、6～10户、20户以上、11～15户、16～20户。

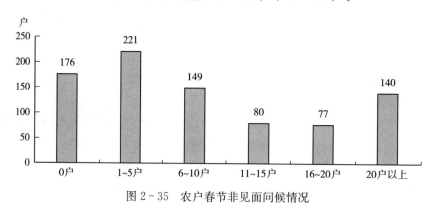

图 2-35 农户春节非见面问候情况

3. 社会关系的维护和强化

在社会关系的维护和强化上，对亲友的转移性支出可以衡量农户对社会关系的维护（蒋乃华、卞智勇，2007）。对亲友的资金与实物赠送的总价值，能反映家庭用于维护社会网络的投资，其中也包括了农户在使用社会性资源前对社会关系的强化。

农户对社会关系的维护和强化用过去一年送出的礼金数和送出礼金的户数衡量。在 2020—2021 年调研的 843 户农户中，有效样本 762 个。如表 2-68所示，平均每户在过去一年所送出的礼金数额为 10 328 元，平均送给 21 户。送出的礼金数额以 3 000 元为最多，有 76 户；有 158 户农户没有送出礼金。总体来看，调研农户在过去一年送出礼金数额在 4 500 元以下居多，也存在送出较多礼金的农户达到 90 000 元，但此类情况较少。

在 2022 年调研的 1 288 户农户中，有效样本为 1 249 个。如表 2 - 69 所示，每户在 2021 年平均送出的礼金数额为 4 800 元，平均送给 14 户。与 2019 年调查结果相似，说明每户在这三年中送礼金的数额以及送出礼金的户数都没有太大变化。样本农户送出的最大礼金额为 30 000 元，相较 2019 年有所降低。

表 2 - 68 2020—2021 年样本农户送出礼金情况统计

指标	均值	众数	最小值	1/4 分位数	1/2 分位数	3/4 分位数	最大值
送出礼金额度（元）	10 328	3 000	10	1 500	4 500	15 000	90 000
小计		76	1	13	10	34	2
送出礼金户数（户）	21	0	0	3	11.5	30	150
小计		158	158	33	27	89	7

表 2 - 69 2022 年样本农户送出礼金情况统计

指标	均值	众数	最小值	1/4 分位数	1/2 分位数	3/4 分位数	最大值
送出礼金额度（元）	4 800	2 000	0	1 000	2 500	5 000	30 000
小计		162	140	85	30	98	17
送出礼金户数（户）	14	10	0	5	10	20	120
小计		189	137	121	189	127	1

由表 2 - 70 可知，2020—2021 年中，河南省样本农户送出礼金均值为 5 729 元，平均送出 16 户；湖北省样本农户送出礼金均值为 12 121 元，平均送出 22 户；湖南省样本农户送出礼金均值为 18 210 元，平均送出 34 户，三省呈逐渐递增的趋势，说明湖南省人情往来的金额以及关系网最多，湖北省次之。2022 年的调查结果显示，趋势与前两年大致相同。将时间轴进行横向对比，2022 年礼金金额数和送出礼金户数均大幅度下降。

表 2 - 70 2020—2022 年三省样本农户送出礼金情况统计

指标		河南省		湖北省		湖南省	
		2020—2021 年	2022 年	2020—2021 年	2022 年	2020—2021 年	2022 年
送出礼金额度（元）	均值	5 729	2 952	12 121	5 399	18 210	6 046
	最小值	50	0	10	0	500	0
	最大值	60 000	66 000	90 000	45 000	60 000	50 000

（续）

指标		河南省		湖北省		湖南省	
		2020—2021 年	2022 年	2020—2021 年	2022 年	2020—2021 年	2022 年
送出礼金户数（户）	均值	16	11	22	15	34	14
	最小值	0	0	0	0	0	0
	最大值	120	80	150	120	150	100

在 2020—2021 年调研的 838 户有效数据中，有 81% 的农户认为他们在买房或者修盖房子遇到资金困难时，能借到钱完成这些工作；73% 的农户自己或直系亲属（指父母、子女及其配偶）有村干部经历（图 2-36、图 2-37）。

在 2022 年调研的 1 295 户数据中，有 1 285 份有效数据。有 82% 的农户认为他们在买房或者修盖房子遇到资金困难时，能借到钱完成这些工作；69% 的农户自己或直系亲属（指父母、子女及其配偶）有村干部经历（图 2-36、图 2-37）。

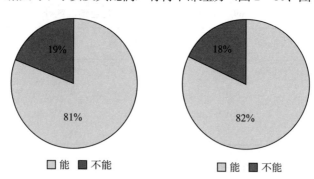

图 2-36　买房或者修盖房子遇到资金困难时，您能否借到钱完成这些工作
（左图为 2020—2021 年，右图为 2022 年）

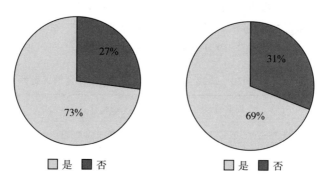

图 2-37　自己或直系亲属（指父母、子女及其配偶）是否有村干部经历
（左图为 2020—2021 年，右图为 2022 年）

4. 参加合作社基本情况

考察合作社参与情况按照"您家是否参加了农民合作社（或基地或公司）?""哪一年加入?""合作社（或基地或公司）的全称是什么?"来进行测量。其中，2020—2021 年只有 12% 的农户参加了农民合作社，且很大部分为近 5 年内参加，合作社多种多样。在 2022 年有 178 名农户参加了农民合作社，占比为 14%，相较前一年有所增长（图 2-38）。

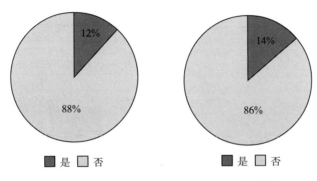

图 2-38　农民合作社（或基地或公司）参与情况

（左图为 2020—2021 年，右图为 2022 年）

在 2020—2021 年调查数据中，参加合作社百分比由高到低排列，依次是：湖南省、河南省、湖北省；在 2022 年调查数据中，参加合作社百分比由高到低排列，依次是：河南省、湖北省、湖南省。湖南省变化频率较大，由 2020—2021 年的 20.5% 降到了 2022 年的 12.6%，河南省和湖北省参加合作社的百分比相较上一年都有所上升（表 2-71）。

表 2-71　2020—2022 年三省样本农户参加合作社的情况

省份	参加合作社的百分比（%）	
	2020—2021 年	2022 年
河南省	13.6	15.0
湖北省	8.6	13.8
湖南省	20.5	12.6

5. 社会关系信任程度

测量农户对社会关系的信任程度，用"您同意在社会上绝大多数人是可以信任的吗?""一般来讲，您认为人们是可以信任的，还是在与人交往时再小心也不为过?"以及农户对好朋友、村干部、邻居、陌生人、国家政策的信任程度进行打分来测量。图2-39显示，2020—2021年有435个农户都比较同意"在社会上绝大多数人是可以信任的"。其余农户同意的频率从高到低依次是非常同意、说不上同意或不同意、比较不同意、非常不同意。可以看出，大部分农户对社会关系的信任程度比较高。2022年数据显示，有753个农户都比较同意"在社会上绝大多数人是可以信任的"，占主要部分。其余的从高到低依次是比较不同意、说不上同意或不同意、非常同意、非常不同意，与2020—2021年数据排序不同。

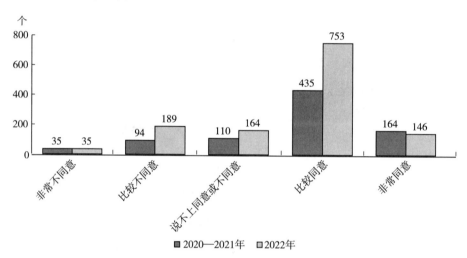

图2-39　样本农户"您同意在社会上绝大多数人是可以信任的"这一说法吗？

对于"一般来讲，您认为人们是可以信任的，还是在与人交往时再小心也不为过？"的问题，图中的分类依次为，1＝人们总是可以信任的，2＝人们通常是可以信任的，3＝通常，与人们交往时应尽量小心，4＝在和人们交往时，总是再小心也不为过，5＝无法选择。2020—2021年样本农户中，有373个农户认为在与人交往时应尽量小心；其次是认为人们通常是可以信任的（图2-40左）。

2022年样本农户中，有685个农户认为在与人交往时应尽量小心，认为"在和人们交往时，总是再小心也不为过"的农户有319个，比2020—2021年统计的人数增加了，且比例超过了认为"人们通常是可以信任的"的农户（图2-40右）。

农户对身边各种社会关系类型的信任程度用0~10打分，0分表示完全不信任，10分表示非常信任。由表2-72可知，农户对好朋友、村干部、邻居信任程度比较高，均值分别为8.0、7.9、7.9；对陌生人信任程度很低，均值为2.7；农民对我国的政策法规的信任程度最高，均值为8.8。

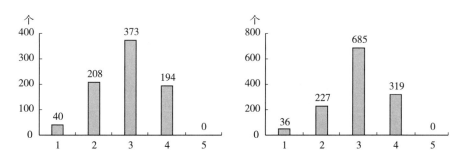

图 2-40 2020—2022 年样本农户对他人信任程度

（左图为 2020—2021 年，右图为 2022 年）

表 2-72 2020—2021 样本农户对社会关系的信任程度

指标	观察值	均值
一般来讲，您对好朋友的信任程度能打几分	833	8.0
一般来讲，您对本村的村干部的信任程度能打几分	834	7.9
一般来讲，您对邻居的信任程度能打几分	832	7.9
一般来讲，您对陌生人的信任程度能打几分	834	2.7
您对我国的政策法规的信任程度打几分	831	8.8

6. 参与社会活动情况

对于"农忙时，您和亲戚朋友是否会相互帮忙"等系列问题，回答"是"频率最高的是"家里婚丧嫁娶时，亲戚朋友是否会互相帮忙"，其次是"您家婚丧嫁娶时，其他村民是否会互相帮忙"，分别为 95.2% 和 92.2%，说明农户在婚丧嫁娶时，亲戚朋友和村民之间几乎都会互相帮忙。"农忙时，您和亲戚朋友是否会互相帮忙""农忙时，您和其他村民是否会互相帮忙"频率为 78.6% 和 76.3%。由此发现，亲戚朋友和村民之间经常会互相帮忙，而且亲戚朋友帮忙的可能性都会比村民帮忙的可能性大。频率最低的是"您家所属的家族/宗族是否有祠堂"，频率为 16.4%，说明大部分农户所属的家族/宗族都没有祠堂，但 45.9% 的农户所属的家族/宗族有家谱（表 2-73）。

表 2-73 2020—2021 年样本农户回答"是"的频率

指标	频率（%）
农忙时，您和亲戚朋友是否会互相帮忙	78.6
农忙时，您和其他村民是否会互相帮忙	76.3
家里婚丧嫁娶时，亲戚朋友是否会互相帮忙	95.2

（续）

指标	频率（%）
您家婚丧嫁娶时，其他村民是否会互相帮忙	92.2
其他村民（除直系亲属外）有重大事情做决定时是否会找您商量	53.6
其他村民（除直系亲属外）有矛盾时是否会找您协调	51.1
您家所属的家族/宗族是否有祠堂	16.4
您家所属的家族/宗族是否有家谱	45.9
您是否为 2020 年新冠疫情捐款或捐物资	38.9
是不是自愿的	38.6
您是否义务参与过村级或村级及以上的新冠疫情防控工作（如村里的消杀/生活必需品运送分发等工作）	37.8

图 2-41 显示，在 2020—2021 年的 837 个有效样本中，有 397 个农户每次都参加村委会召开的会议和集体活动，其余人数由高到低排列是有时间就参加、从不参加、自己关心的才参加。有 383 个农户从不参加休闲团体活动、体育团体活动或文化团体活动，其余人数由高到低排列是有时间就参加、每次都参加、自己关心的才参加。

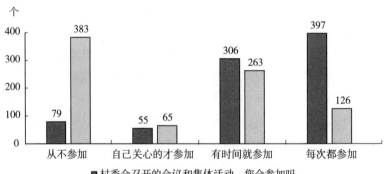

图 2-41　2020—2021 年样本农户参加活动情况

7. 总结

综合以上结果发现，总体样本农户的家庭社会资本拥有量并不丰富，对社会资本的使用也较为不足。在家庭社会资本拥有量方面，家庭社会关系的范围较小，且以血缘联接的"强关系"状况优于同学朋友的"弱关系"。在社会关系的互动上，互动频率也不高。在对社会关系网络的使用上，表现出两极分化现象，关系网络较好的家庭对社会关系维护所进行的投资也相对高于关系网络较差的家庭；此外，对社会关系的维护也侧重于对"强关系"的维护。

四、农村女性赋权情况 *

在当前中国城镇化进程不断加快、农村富余劳动力继续转移的大背景下，农户基于"男主外、女主内"的性别分工原则进行家庭生活和社会生产的分工。留守女性随之已成为目前中国农村生产生活的最主要的参与主体，留守在广大农村地区的女性的生存和生活状况却较少被关注。整个社会已逐步认识到：首先，由于大批青壮年男性劳动力进城务工从事非农生产活动，农村留守女性已经成为当下中国农业生产的中坚；其次，农村留守女性对其家庭做出的贡献不仅仅局限于其从事农业生产所获得的直接收入，还应包括为解决男性外出务工的后顾之忧而承担的家庭照料工作，她们的社会价值应该被进一步的认识、评估和肯定。其中，女性赋权是衡量女性社会价值和社会地位的重要指标。

女性赋权本身的重要价值及其对于实现其他可持续发展目标的积极作用已被广泛认可，女性赋权也已成为国际发展经济学研究的热点话题之一，女性赋权表现之一在于女性在家庭事务和生产生活中决策权的提升。在一个家庭中，女性通常是食物消费和决策的主体，相较于男性，女性更愿意把家庭资源配置在营养、教育以及健康相关的支出上，因而有助于改善家庭的饮食结构，提升家庭成员的健康水平。因此，提高女性赋权有利于农村地区人力资本的发展和累积，对巩固脱贫成果、实践乡村振兴战略具有重要意义。

1. 家庭女性决策者（女主人）基本信息

（1）子女以及兄弟姐妹个数

在2020—2021年调查样本中，问题"您家是否有成年女性？"获得了840个有效数据，其中96%以上的农户家庭有至少一位成年女性。其中，有56.02%的家庭女主人拥有2个子女，占大多数；有20.12%家庭女主人有1个子女，有3个子女的占18.01%；仅有0.75%的家庭女主人没有子女。2022年，有54.09%的家庭女主人拥有2个子女，有21.07%的家庭女主人有1个子女，有3个子女的占18.19%；仅有0.961 5%的家庭女主人没有子女。该情况与2021年相似。此外，2022年新增询问女主人兄弟姐妹的数量，获得1 246个有效数据。其中，仅有9.23%的家庭女主人没有兄弟，16.21%的家庭女主人没有姐妹，大多数家庭女主人拥有至少一位兄弟或姐妹。

＊ 执笔人：郝晶辉；参与人：周娉婷。

（2）家庭女主人收入水平

2020—2021年调研共有802个有效数据。从表2-74可知，调研农户家中女性（户主配偶或女性户主）2020年的全年总收入均值为10 888元。其中，河南省受访农户家庭女主人年均收入为12 424元，湖北省为8 430元，湖南省为13 689元。对于问题"您家女性（户主配偶或女性户主）如果外出务工一年能挣多少钱？"答案是三省家庭成年女性成员外出务工收入差距不大，其中，河南省为12 686元/年，湖北省为13 421元/年，湖南省为17 222元/年。

表2-74　2020—2021年全样本农户家庭女主人个人收入情况

单位：元

区域	变量名	样本量	均值	标准差	最小值	最大值
三省	全年收入	802	10 888	34 755	0	850 000
	务工收入	801	13 612	17 783	0	120 000
河南省	全年收入	350	12 424	48 642	0	850 000
	务工收入	350	12 686	16 158	0	99 999
湖北省	全年收入	343	8 430	13 925	0	100 000
	务工收入	343	13 421	17 427	0	100 000
湖南省	全年收入	109	13 689	25 765	0	200 000
	务工收入	108	17 222	22 936	0	120 000

由表2-75可知，2022年家庭女主人全年收入平均为12 005元，较2021年有所上升。其中，2022年将"您家女性（户主配偶或女性户主）如果外出务工一年能挣多少钱？"问题更换为"过去一年里，您家（女性决策者）个人工资性收入是多少？"全样本均值为5 674元/年，其中，河南省为7 395.073元/年，湖北省为4 540.331元/年，湖南省为5 119.959元/年。

表2-75　2022年全样本农户家庭女主人个人收入情况

单位：元

区域	变量名	样本量	均值	标准差	最小值	最大值
三省	全年收入	1 242	12 005	47 655	0	1 176 400
	工资收入	1 244	5 674	35 093	0	1 170 000
河南省	全年收入	410	18 100.43	78 785.18	0	1 176 400
	工资收入	410	7 395.073	58 470.13	0	1 170 000
湖北省	全年收入	420	9 242.088	18 565.54	0	100 000
	工资收入	420	4 540.331	13 113.96	0	150 000

（续）

区域	变量名	样本量	均值	标准差	最小值	最大值
湖南省	全年收入	412	8 756.248	16 538.76	0	127 228
	工资收入	414	5 119.959	11 906.66	0	60 000

根据国家统计局关于农村居民收入分组的标准和依据，低收入组人均可支配收入 7 869 元，中间偏下收入组人均可支配收入 16 443 元，中间收入组人均可支配收入 26 249 元，中间偏上收入组人均可支配收入 41 172 元，高收入组人均可支配收入 80 294 元。因此，华中三省的农户女主人年收入水平均值在中间偏下收入组内。

2. 家庭女主人日常活动时间安排

2020—2021 年受访农户中有 807 户的家庭女主人报告了自己的日常活动时间安排情况，日常活动分别是"您平均一天为自家干农活几小时？干农活包括种地、管理果树、采集农林产品、养鱼、打鱼、养牲畜以及去市场销售自家生产的农产品等。""您平均一天从事非农工作几小时？非农工作包括挣工资工作、从事个体、私营经济活动或不拿工资为家庭经营活动等，但不包括家务劳动、义务的志愿劳动。""您平均一天休闲娱乐几小时？休闲娱乐包括聊天、玩手机、看电视、打麻将、散步、锻炼身体等。"三个问题，以下分别简称为"农业劳动""非农劳动""休闲娱乐"。其中"休闲娱乐"问题的回答搜集到 805 个有效回答，其余两个问题均搜集到 807 个有效回答（时间配置见图 2-42）。

图 2-42 展示了全样本家庭女主人日常活动时间分配均值分布，其中农业劳动时间分配占比较高，平均每天花费 3.876 个小时进行自家农业劳动。图 2-43 为各地区女主人一天各项活动平均时间分配，三省家庭女主人均在农业劳动上花费时间最多，其中，湖北省农户家庭女主人一天从事农业劳动时间较其他两省长，平均一天 4.692 个小时。

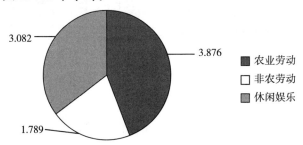

图 2-42　2020—2021 年全样本女主人一天各项活动平均时间分布
（除去睡觉休息时间，单位：小时）

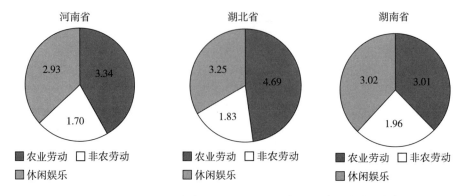

图 2 - 43　2020—2021 年各地区女主人一天各项活动平均时间分布
（除去睡觉休息时间，单位：小时）

此外，本调研还询问女主人对活动时间安排的主观满意程度。以 5 分制对满意程度进行分类，5 分为"非常满意"，1 分则表示"非常不满意"。由图 2 - 44 可以看出，农村家庭女主人对其日常活动时间安排以及休闲娱乐时间安排的满意程度较高，平均得分分别是 4.133 分和 3.865 分，2022 年满意度有所提高，平均得分分别为 4.15 分和 3.27 分，如图 2 - 45 所示。将河南、湖北、湖南三省平均主观评分进行比较，可以看出 2022 年湖南省和湖北省受访农户女主人对其休闲娱乐时间安排满意程度较高。

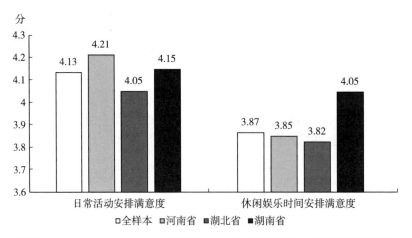

图 2 - 44　2020—2021 年农户家庭女主人对时间安排的主观满意程度评价

2022 年在原三个问题基础上新增了问题："您家（女性决策者）平均一天从事家务劳动几小时？"考虑了家务劳动对其时间安排的影响，农业劳动、非农劳动、家务劳动、休闲娱乐分布共搜集到 1 244、1 245、1 242、1 243 个有效数据。

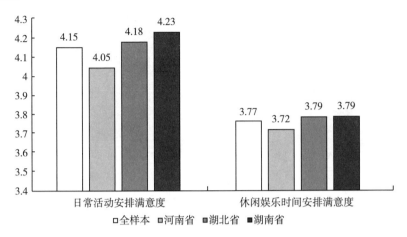

图 2 - 45　2022 年农户家庭女主人对时间安排的主观满意程度评价

图 2 - 46 报告了全样本家庭女主人加上家务劳动安排后的日常活动时间分配均值分布。三个省份时间安排大体趋同，均是家务劳动占据最多时间，平均达 4.386 小时/天。其中湖北省农户女主人一天家务劳动时间最长，达到平均每天 5.655 小时。但当询问其对"完全自由安排时间的满意程度"时，绝大多数受访女性的满意程度都较高。

3. 家庭女性决策者（女主人）参与村居活动的情况

2020—2021 年调研的 843 个农户中，共有 800 个有效观测值。对于"村里有集体活动，家里一般是谁参加"的问题，有 59.5% 的家庭由丈夫参加，27.63% 的家庭由妻子参加，12.88% 的家庭的成员均不参加（表 2 - 76）。对于"您家谁参加需要投票的村集体活动?"的问题，大多数家庭是由丈夫参加，占比高达 68.76%，妻子参加的家庭占 24.84%，仅有 6.4% 的家庭均无成员

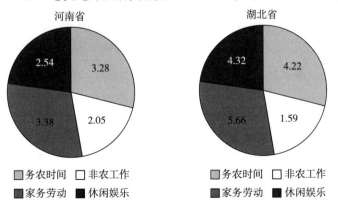

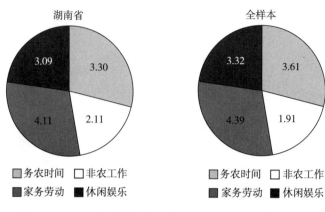

图 2-46 2022 年全样本女主人一天各项活动平均时间分布
（除去睡觉休息时间，单位：小时）

参加需要投票的村集体活动（表 2-77）。由此可见，三省农村家庭中男性相较于女性获得更多参与村集体活动或会议的机会。对于"您家女性成员是否参加了妇联或其他妇女组织？"的问题，绝大多数家庭女性都没有参与，占比达 85.34%。

表 2-76 2020—2021 年全样本农户家庭村集体活动参与情况

村里有集体活动，家里一般是谁参加	农户数（户）	百分比（%）	累计（%）
丈夫	476	59.50	59.50
妻子	221	27.63	87.13
都不参加	103	12.88	100.00
样本量	800	100.00	

表 2-77 2020—2021 年全样本农户家庭村集体活动（需要投票）参与情况

您家谁参加需要投票的村集体活动	农户数（户）	百分比（%）	累计（%）
丈夫	548	68.76	68.76
妻子	198	24.84	93.60
都不参加	51	6.40	100.00
样本量	797	100.00	

2022 年的调研对 2021 年问卷内容进行了更详细的划分，新增了"您在您的生产小组（生产队）里担任职务吗？""您在村委会里担任职务吗？""您帮忙组织村里的活动吗（包括文娱、宣传、生产生活相关的活动）？"等问题，绝大

多数农村家庭女性没有在生产队小组或村委会担任职务，未担任家庭数占比分别为 91.34％和 91.82％，但有 72.95％的受访农户女性表示会帮忙组织村里面的活动。对于"如果所在生产小组（生产队）召开会议或有集体活动，您（家庭女性决策者）总是持有什么态度或做法"的问题，绝大多数表示她们"不参加"或"参加会议，听取决议过程，但不发言"，占比分别为 43.22％和 40.82％；仅有 4.89％的农户家庭女性表示"会就某些议题发布意见，但不总是被采纳"，有 11.07％的受访女性表示"无论被要求与否，总是充分表达自己的见解"（表 2-78）。而对于村里召开的会议，农户家庭受访女性的回答与生产队小组召开会议的回答结果相似。此外，在被问及"您家由谁参与村集体活动（需要投票的表决活动)?"问题时，回答"男性决定"的农户家庭最多，占比 47.15％，其次是"男女共同决定"，占比 20.88％，回答"男女共同决定，但以女性为主"和"女性决定"的分别占比 2.09％和 15.10％。由此可见，农村女性通常采取安静聆听的方式参与村集体会议或活动。此外，男性参与村集体会议的比重远远高于女性（表 2-79）。

表 2-78　2022 年全样本农户家庭女主人在生产队会议中的表现情况

如果所在生产小组（生产队）召开会议或有集体活动，您（家庭女性决策者）总是	农户数（户）	百分比（％）	累计（％）
不参加	539	43.22	43.22
参加会议，听取决议过程，但不发言	509	40.82	84.04
会就某些议题发布意见，但不总是被采纳	61	4.89	88.93
无论被要求与否，总是充分表达自己的见解	138	11.07	100.00
样本量	1 247	100.00	

表 2-79　2022 年全样本农户家庭女主人在村集体会议（需要投票）中的表现情况

您家由谁参与村集体活动（需要投票的表决活动）	农户数（户）	百分比（％）	累计（％）
男性决定	587	47.15	47.15
男女共同决定，但以男性为主	98	7.87	55.02
男女共同决定	260	20.88	75.90
男女共同决定，但以女性为主	26	2.09	77.99
女性决定	188	15.10	93.09
无此项决策	86	6.91	100.00
样本量	1 245	100.00	

4. 女性家庭决策参与情况

（1）总体家庭事务决策情况、女主人娘家基本情况

由图 2-47 可知，2020—2021 年在被调研的农村女主人中，家庭事务大多数由家庭男性做主要决策，整体占比较大，家庭小事主要由女性决策，说明家庭决策权力的分配仍主要由男性掌握，权力格局仍不平等。对于家庭女主人，本调研还询问了其娘家经济情况以及其原家庭父母双方决策权分配情况，有 77% 女主人的娘家是男性成员做主，69.45% 的女主人表示她们的父母并不是在当地有声望的人。对于比较双方结婚前后原家庭的经济情况，绝大多数农户女主人表示娘家经济情况并没有更优，具体数据见图 2-48。

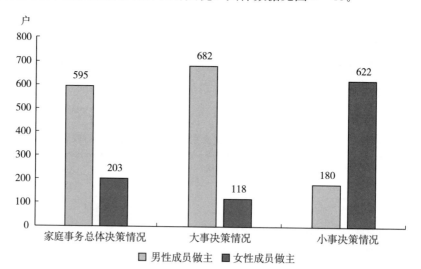

图 2-47　2020—2021 年农户家庭总体、大事、小事决策情况

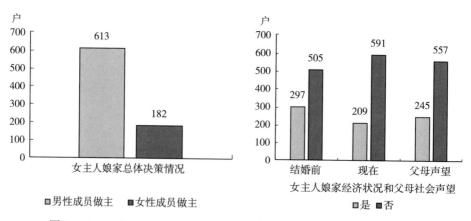

图 2-48　2020—2021 年农户家庭女主人娘家父母做主状况以及经济状况

由图 2-49 可知，2022 年调研对原 2020—2021 年问卷答案进行了细分。其中，绝大多数家庭女主人结婚前娘家经济状况以及现在娘家经济状况都与丈夫家庭差不多，其结婚时的嫁妆也与同龄人差不多，大多数的女性父母或兄弟姐妹都不在村中担任职务。

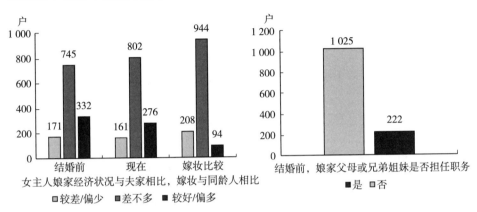

图 2-49　2022 年农户家庭女主人娘家父母或兄弟姐妹职务担任状况以及经济状况

（2）家庭决策事务具体分类

发展经济学领域通常采用女性农业赋权指数对女性赋权进行直接衡量和测度，通过女性在农业生产决策、生产性资产、财务支配、人际交往、日常消费等多个维度的决策参与度构建女性赋权得分，以此来衡量女性赋权程度。本调研询问多项家庭活动的决策权分配，并通过打分形式（1～5 分）衡量女性赋权程度。比如数值"5"代表该项活动"完全由女性决定"，数值"4"代表该项活动"男女共同决定，但以女性为主"。数值"3"代表"男女共同决定"，数值"2"代表"男女共同决定，但以男性为主"，数值"1"代表"完全由男性决定"；得分越高则表示女性赋权程度越高。

表 2-80 至表 2-83 分别呈现了总样本以及各省份具体的家庭决策权力分配格局。由表 2-80 可知，在 2020—2021 年，对于华中三省总体而言，绝大部分家庭对于家庭经营活动的决策通常采取男女双方共同决策为主，而家庭日常消费和财务管理（管钱决策）倾向于女性成员做主。在不同省份的样本数据中，由表 2-81 至表 2-83 可以看出，河南省的农户女主人对日常消费、财务管理、生育决策三项活动的话语权较大；湖北省的农户女主人对日常消费和财务管理两项活动的决策程度更高；而湖南省的农户女主人在日常消费这些活动中占据更多的主导地位。由图 2-50 可以看出，湖南省的农户女主人在多项家庭活动中的决策权较河南省和湖北省更高，包括日常消费决策、大型家电购买

决策、借钱给他人决策、生育决策、孩子上学决策方面表现出更高的话语权，河南省农户女主人则在家庭非农经营活动中具有更多的决策权力。

表 2-80　2020—2021 年全样本农户家庭事务决策分配

变量名	样本量（个）	均值	标准差	最小值	最大值
您家农业生产经营（种什么、养什么等问题）谁做主	806	2.333	1.362	1	5
您家非农经营活动（打工、做生意、手工作坊等）谁做主	803	2.262	1.260	1	5
您家家庭日常消费（食物、衣物等）谁做主	806	3.821	1.328	1	5
您家大型家电（冰箱、彩电等）的买卖谁做主	805	2.724	1.320	1	5
您家谁管钱	805	3.217	1.563	1	5
如果您家需要借钱来周转，出去借钱、借多少的决定由谁做主	805	2.481	1.391	1	5
如果别人来您家借钱，谁决定借不借，借多少	805	2.641	1.358	1	5
您家生育子女（是否生育、生育数量、何时生育）谁做主	803	2.973	0.937	1	5
您家孩子的上学问题谁做主	804	2.771	1.147	1	5
您家人情往来（婚丧嫁娶）谁做主	805	2.822	1.221	1	5

表 2-81　2020—2021 年河南省农户家庭事务决策分配

变量名	样本量（个）	均值	标准差	最小值	最大值
您家农业生产经营（种什么、养什么等问题）谁做主	351	2.339	1.409	1	5
您家非农经营活动（打工、做生意、手工作坊等）谁做主	350	2.206	1.268	1	5
您家家庭日常消费（食物、衣物等）谁做主	351	3.954	1.322	1	5
您家大型家电（冰箱、彩电等）的买卖谁做主	351	2.738	1.327	1	5
您家谁管钱	351	3.259	1.607	1	5

（续）

变量名	样本量（个）	均值	标准差	最小值	最大值
如果您家需要借钱来周转，出去借钱、借多少的决定由谁做主	351	2.473	1.475	1	5
如果别人来您家借钱，谁决定借不借，借多少	351	2.689	1.415	1	5
您家生育子女（是否生育、生育数量、何时生育）谁做主	351	3.105	0.837	1	5
您家孩子的上学问题谁做主	351	2.846	1.185	1	5
您家人情往来（婚丧嫁娶）谁做主	351	2.849	1.255	1	5

表 2 - 82　2020—2021 年湖北省农户家庭事务决策分配

变量名	样本量（个）	均值	标准差	最小值	最大值
您家农业生产经营（种什么、养什么等问题）谁做主	346	2.425	1.384	1	5
您家非农经营活动（打工、做生意、手工作坊等）谁做主	344	2.273	1.267	1	5
您家家庭日常消费（食物、衣物等）谁做主	346	3.728	1.354	1	5
您家大型家电（冰箱、彩电等）的买卖谁做主	345	2.745	1.346	1	5
您家谁管钱	345	3.313	1.544	1	5
如果您家需要借钱来周转，出去借钱、借多少的决定由谁做主	345	2.539	1.351	1	5
如果别人来您家借钱，谁决定借不借，借多少	345	2.675	1.333	1	5
您家生育子女（是否生育、生育数量、何时生育）谁做主	344	2.939	1.004	1	5
您家孩子的上学问题谁做主	344	2.747	1.121	1	5
您家人情往来（婚丧嫁娶）谁做主	345	2.867	1.198	1	5

表 2 - 83　2020—2021 年湖南省农户家庭事务决策分配

变量名	样本量（个）	均值	标准差	最小值	最大值
您家农业生产经营（种什么、养什么等问题）谁做主	109	2.018	1.071	1	5
您家非农经营活动（打工、做生意、手工作坊等）谁做主	109	2.404	1.210	1	5
您家家庭日常消费（食物、衣物等）谁做主	109	3.688	1.238	1	5
您家大型家电（冰箱、彩电等）的买卖谁做主	109	2.615	1.216	1	5
您家谁管钱	109	2.780	1.410	1	5
如果您家需要借钱来周转，出去借钱、借多少的决定由谁做主	109	2.321	1.224	1	5
如果别人来您家借钱，谁决定借不借，借多少	109	2.376	1.223	1	5
您家生育子女（是否生育、生育数量、何时生育）谁做主	108	2.648	0.940	1	5
您家孩子的上学问题谁做主	109	2.606	1.089	1	5
您家人情往来（婚丧嫁娶）谁做主	109	2.596	1.172	1	5

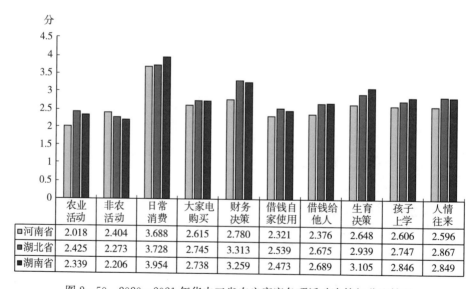

	农业活动	非农活动	日常消费	大家电购买	财务决策	借钱自家使用	借钱给他人	生育决策	孩子上学	人情往来
河南省	2.018	2.404	3.688	2.615	2.780	2.321	2.376	2.648	2.606	2.596
湖北省	2.425	2.273	3.728	2.745	3.313	2.539	2.675	2.939	2.747	2.867
湖南省	2.339	2.206	3.954	2.738	3.259	2.473	2.689	3.105	2.846	2.849

图 2 - 50　2020—2021 年华中三省农户家庭各项活动决策权分配情况

为直观地对比 2022 年和 2020—2021 年的数据,本部分除绘制表 2-84 至表 2-87 外,还绘制了柱状对比图。由图 2-51 至图 2-54 可知,女性赋权在日常消费决策、大型家电买卖决策、孩子上学决策方面有提升。就不同省份而言,河南省农户女主人的家庭决策权仅在非农活动决策方面有所下降,其他方面均有提升;湖北省农户女主人在非农活动决策、日常消费决策、大型家电购买决策、向外借钱决策、生育决策、孩子上学决策方面决策权有提高,其他方面略微下降;湖南省农户家庭女主人决策权程度在多方面均有下降,仅在家庭非农活动决策方面有小幅度提升。

表 2-84　2022 年全样本农户家庭事务决策分配

变量名	样本量（个）	均值	标准差	最小值	最大值
您家农业生产经营（种什么、养什么等问题）谁做主	1 184	2.325	1.434	1	5
您家非农经营活动（打工、做生意、手工作坊等）谁做主	978	2.258	1.342	1	5
您家家庭日常消费（食物、衣物等）谁做主	1 214	3.925	1.315	1	5
您家大型家电（冰箱、彩电等）的买卖谁做主	1 191	2.732	1.372	1	5
您家谁管钱	1 211	3.068	1.562	1	5
如果别人来您家借钱,谁决定借不借,借多少	1 087	2.619	1.346	1	5
您家生育子女（是否生育、生育数量、何时生育）谁做主	1 004	2.953	1.034	1	5
您家孩子的上学问题谁做主	1 087	2.787	1.243	1	5
您家人情往来（婚丧嫁娶）谁做主	1 209	2.762	1.284	1	5
您家由谁参与村集体活动（需要投票的表决活动）	1 159	2.249	1.490	1	5

表 2-85　2022 年河南省农户家庭事务决策分配

变量名	样本量（个）	均值	标准差	最小值	最大值
您家农业生产经营（种什么、养什么等问题）谁做主	364	2.478	1.465	1	5

（续）

变量名	样本量（个）	均值	标准差	最小值	最大值
您家非农经营活动（打工、做生意、手工作坊等）谁做主	336	2.140	1.332	1	5
您家家庭日常消费（食物、衣物等）谁做主	401	4.062	1.262	1	5
您家大型家电（冰箱、彩电等）的买卖谁做主	396	2.710	1.350	1	5
您家谁管钱	403	3.094	1.612	1	5
如果别人来您家借钱，谁决定借不借，借多少	367	2.575	1.359	1	5
您家生育子女（是否生育、生育数量、何时生育）谁做主	340	2.991	0.914	1	5
您家孩子的上学问题谁做主	366	2.833	1.242	1	5
您家人情往来（婚丧嫁娶）谁做主	394	2.711	1.307	1	5
您家由谁参与村集体活动（需要投票的表决活动）	389	2.208	1.485	1	5

表 2-86 2022 年湖北省农户家庭事务决策分配

变量名	样本量（个）	均值	标准差	最小值	最大值
您家农业生产经营（种什么、养什么等问题）谁做主	414	2.343	1.449	1	5
您家非农经营活动（打工、做生意、手工作坊等）谁做主	300	2.373	1.376	1	5
您家家庭日常消费（食物、衣物等）谁做主	405	4.040	1.250	1	5
您家大型家电（冰箱、彩电等）的买卖谁做主	399	2.782	1.395	1	5
您家谁管钱	405	3.235	1.561	1	5
如果别人来您家借钱，谁决定借不借，借多少	346	2.740	1.413	1	5
您家生育子女（是否生育、生育数量、何时生育）谁做主	331	3.103	1.060	1	5
您家孩子的上学问题谁做主	358	2.894	1.202	1	5
您家人情往来（婚丧嫁娶）谁做主	411	2.849	1.246	1	5
您家由谁参与村集体活动（需要投票的表决活动）	374	2.433	1.581	1	5

表 2 - 87　2022 年湖南省农户家庭事务决策分配

变量名	样本量（个）	均值	标准差	最小值	最大值
您家农业生产经营（种什么、养什么等问题）谁做主	406	2.170	1.378	1	5
您家非农经营活动（打工、做生意、手工作坊等）谁做主	342	2.272	1.315	1	5
您家家庭日常消费（食物、衣物等）谁做主	408	3.676	1.394	1	5
您家大型家电（冰箱、彩电等）的买卖谁做主	396	2.705	1.373	1	5
您家谁管钱	403	2.873	1.493	1	5
如果别人来您家借钱，谁决定借不借，借多少	374	2.551	1.265	1	5
您家生育子女（是否生育、生育数量、何时生育）谁做主	333	2.766	1.097	1	5
您家孩子的上学问题谁做主	363	2.636	1.272	1	5
您家人情往来（婚丧嫁娶）谁做主	404	2.723	1.298	1	5
您家由谁参与村集体活动（需要投票的表决活动）	396	2.116	1.390	1	5

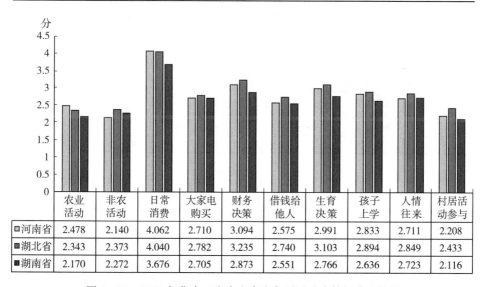

分	农业活动	非农活动	日常消费	大家电购买	财务决策	借钱给他人	生育决策	孩子上学	人情往来	村居活动参与
河南省	2.478	2.140	4.062	2.710	3.094	2.575	2.991	2.833	2.711	2.208
湖北省	2.343	2.373	4.040	2.782	3.235	2.740	3.103	2.894	2.849	2.433
湖南省	2.170	2.272	3.676	2.705	2.873	2.551	2.766	2.636	2.723	2.116

图 2 - 51　2022 年华中三省农户家庭各项活动决策权分配情况

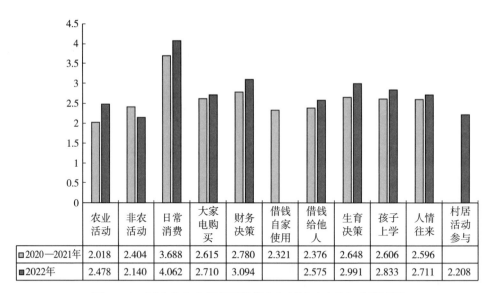

	农业活动	非农活动	日常消费	大家电购买	财务决策	借钱自家使用	借钱给他人	生育决策	孩子上学	人情往来	村居活动参与
■2020—2021年	2.018	2.404	3.688	2.615	2.780	2.321	2.376	2.648	2.606	2.596	
■2022年	2.478	2.140	4.062	2.710	3.094		2.575	2.991	2.833	2.711	2.208

图2-52 河南省农户家庭两期样本各项活动决策权分配情况

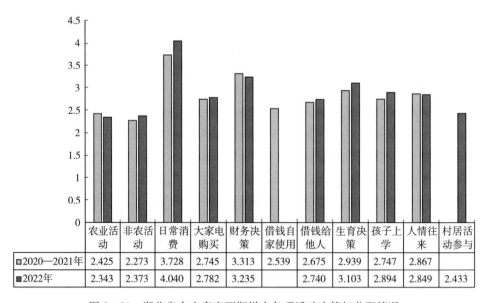

	农业活动	非农活动	日常消费	大家电购买	财务决策	借钱自家使用	借钱给他人	生育决策	孩子上学	人情往来	村居活动参与
■2020—2021年	2.425	2.273	3.728	2.745	3.313	2.539	2.675	2.939	2.747	2.867	
■2022年	2.343	2.373	4.040	2.782	3.235		2.740	3.103	2.894	2.849	2.433

图2-53 湖北省农户家庭两期样本各项活动决策权分配情况

（3）女性在家庭决策中的影响力

2020—2021年调研组对家庭女性在农业经营活动决策、日常消费决策以及女性个人意见对家庭总体花费开支的影响程度——女性在家庭决策中的影响力进行了提问。对于农业生产经营活动，较高比例（38.88%）的农户家庭会采纳

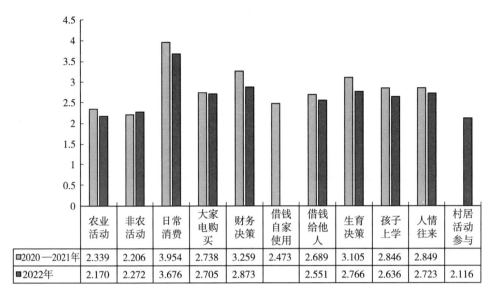

图 2-54　湖南省农户家庭两期样本各项活动决策权分配情况

家中女性在农业经营活动方面提出的建议或意见，采取共同决策（表 2-88）；对于日常消费决策，女性在家庭中的影响程度较大，往往能够得到意见采纳（40.00%）或持有完全的决定权（40.99%）（表 2-89）；对于女性对家庭花费开支提出的意见，则有 53.29% 的家庭表示最后会采取共同决策（表 2-90）。

表 2-88　2020—2022 年湖南省农户家庭女性在农业经营活动决策的影响力

您家中女性（户主配偶或户主）对田（地）里种什么或养什么等问题的影响程度如何？	农户数（户）	百分比（%）	累计（%）
只被告知决定	135	16.77	16.77
只就某些事物发表意见，但不一定被采纳	114	14.16	30.93
无论被采纳与否，都要发表意见	135	16.77	47.70
意见总是被采纳，共同决策	313	38.88	86.58
完全决定权	108	13.42	100.00
样本量	805	100.00	

表 2-89　2020—2022 年湖南省农户家庭女性对日常消费活动决策的影响力

您家中女性（户主配偶或户主）对买食物、衣物等日用品的影响程度如何？	农户数（户）	百分比（%）	累计（%）
只被告知决定	32	3.98	3.98
只就某些事物发表意见，但不一定被采纳	35	4.35	8.32

（续）

您家中女性（户主配偶或户主）对买食物、衣物等日用品的影响程度如何？	农户数（户）	百分比（%）	累计（%）
无论被采纳与否，都要发表意见	86	10.68	19.01
意见总是被采纳，共同决策	322	40.00	59.01
完全决定权	330	40.99	100.00
样本量	805	100.00	

表 2-90　2020—2022 年湖南省农户家庭女性意见对家庭开支花费活动决策的影响力

您家中女性（户主配偶或户主）的意见对钱怎么花的影响程度是？	农户数（户）	百分比（%）	累计（%）
只被告知决定	36	4.47	4.47
只就某些事物发表意见，但不一定被采纳	70	8.70	13.17
无论被采纳与否，都要发表意见	123	15.28	28.45
意见总是被采纳，共同决策	429	53.29	81.74
完全决定权	147	18.26	100.00
样本量	805	100.00	

5. 家庭女主人互联网使用情况

互联网是农村信息化建设的重要组成部分，其拥有的海量信息能够给农户带来比传统电视等媒体更及时、更广泛的信息获取体验。以互联网为代表的数字经济已经深入到我国社会经济的方方面面。随着乡村振兴战略的推进带动了农村互联网的发展，农村女性作为权力处于相对劣势的边缘群体能够通过互联网实现赋权、赋能，新媒体的易接近性使得女性有了自我书写和自我表达的可能，成为农村女性增能增权的渠道之一。所以，了解农户家庭女主人的互联网使用情况对提高女性赋权有重要的应用意义和理论价值。

调查数据显示，被调研农户女主人有 69.65% 表示自己在一天中会花时间上网，30.35% 的女主人一天中几乎不上网，三省无明显差异。

（1）女主人上网目的

在女性赋权板块关于互联网使用情况的调研中，被调研农户有 90.51% 的女主人表示邻居家有且使用无线或有限网络。河南省、湖北省、湖南省被调研农户其邻居家能够使用无线或有限网络的比例分别是 91.12%、92.79%、87.43%。针对使用互联网的农户进一步考察其上网目的、营养健康知识获取途径等方面情况。

在调查农户的上网目的时，使用过互联网的农户家庭有效样本观测值为1 243户。如图2-55所示，休闲娱乐、和家人朋友联络是大多数农户家庭女性会产生上网行为的目的，占比分别为65.5%、42.7%；而工作需要家庭数只占6.84%。三省农户家庭女性上网目的大体相似，湖北省农户家庭女性上网对获取新闻与和家人朋友联络需求较大，分别占全样本的20.9%、46.5%，高于其他两省。

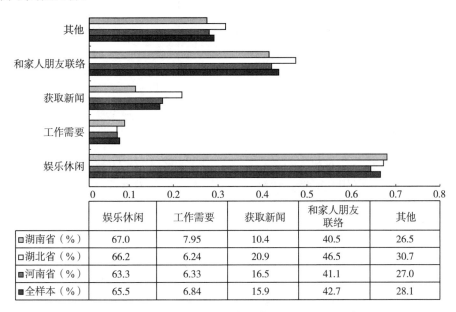

	娱乐休闲	工作需要	获取新闻	和家人朋友联络	其他
□湖南省（%）	67.0	7.95	10.4	40.5	26.5
▫湖北省（%）	66.2	6.24	20.9	46.5	30.7
◪河南省（%）	63.3	6.33	16.5	41.1	27.0
■全样本（%）	65.5	6.84	15.9	42.7	28.1

图2-55 全样本及分样本农户家庭女主人上网目的

女性上网的具体行为数据如图2-56所示。905户的农户家庭女性表示没有通过网络展示过自己的生活、状态或才艺，494户的农户家庭女性有过网络购物行为，1 157户的农户家庭女性没有通过网络获取赚钱的知识或信息，919户的农户家庭女性表示当地没有开设农产品网络销售，仅有22户参与过网络销售。总体看来，样本中农户家庭女性使用网络的目的和行为较为单一，多为娱乐休闲活动，涉及生产目的的上网活动较少。

（2）女主人营养健康方面知识获取途径

如图2-57所示，在三个省份的1 246个样本中，超过半数的农户家庭女性没有过主动获取营养健康知识的行为。首先，有30.9%的农户家庭女性表示会使用互联网如手机、平板、电脑等上网工具获取营养健康方面知识，成为获取知识的最重要渠道，且各省相似；其次，周围其他家人亲戚朋友相互交流也是农村居民获取信息的重要渠道，占比为12.70%；最后，书刊是农户家庭

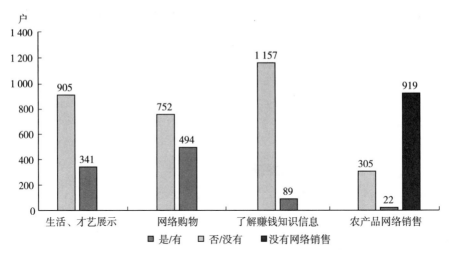

图 2-56　全样本及分样本农户家庭女主人上网的具体行为

女性获取营养健康方面知识来源的最不常用渠道，仅有 1.85% 的农户女性使用过该种方式获取相关信息。在被问及"您家（女性决策者）觉得这些营养健康知识在多大程度上改变了您和家人的生活？"时，有 61.35% 及以上的女性认为较大程度影响和改变了自己和家人的生活。

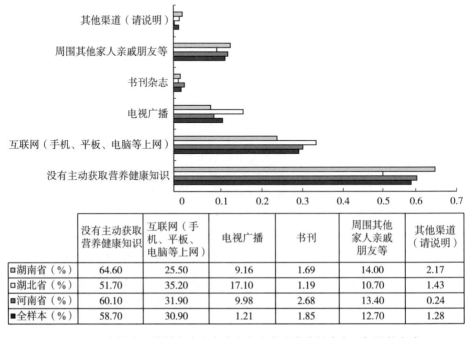

	没有主动获取营养健康知识	互联网（手机、平板、电脑等上网）	电视广播	书刊	周围其他家人亲戚朋友等	其他渠道（请说明）
湖南省（%）	64.60	25.50	9.16	1.69	14.00	2.17
湖北省（%）	51.70	35.20	17.10	1.19	10.70	1.43
河南省（%）	60.10	31.90	9.98	2.68	13.40	0.24
全样本（%）	58.70	30.90	1.21	1.85	12.70	1.28

图 2-57　全样本及分样本农户家庭女主人获取营养健康方面知识的方式

6. 总结

根据家庭女性决策者的基本信息可知，华中三省的农户家庭女主人个人全年收入水平尚未达到全国平均水平，在全国仍处于中等偏下的位置，工资性收入较低。经济赋权是改善农村女性自身贫困和改善家庭整体福利的重要手段。因此，可通过农民职业和技能培训，促进农村女性再就业，进一步提高农村妇女经济收入水平，进而推动农村女性赋权。

综合有关女性家庭决策参与情况的分析可得出以下结论：①总体来看，家庭事务大多数由家庭男性做主要决策，家庭小事主要由女性决策。此外，农户家庭中夫妻双方的原家庭经济状况大多无明显差异。②从家庭事务具体分类来看，大部分受访农户家庭采用男女双方共同商量模式决策超过半数以上的家庭活动，而家庭日常消费决策和财务管理决策（管钱决策）则倾向于女性成员做主。③2020—2021年湖南省农户家庭女性赋权程度较高，2022年湖北省农户家庭女性赋权程度较其他两省高；河南省和湖北省女性赋权程度总体上升，湖南省则较上一期样本数据略微下降。④女性意见对家庭农业生产经营活动、日常消费决策、家庭开支花费具有一定影响，且女性通常在日常消费如食物、衣物方面的决策享有完全的决定权。

综合有关家庭女主人互联网使用情况的分析，可以得出以下结论：①三省农户互联网使用率较高，但家庭女主人互联网使用率相对较低，这和样本中女主人较高的平均年龄相关，即年龄越大，使用互联网越少。②农户女主人使用互联网主要为了休闲娱乐和与家人朋友联系，较少用于生产相关活动。③在全国推动电商扶贫的大背景下，调研样本中从事电商的农户比例非常低，当地几乎没有开展农产品网络销售，农村女性几乎没有使用网络获得收入，电商并没有给她们的生活带来实质性影响。④互联网等网络平台已经成为农村女性了解和学习营养健康方面知识不可忽视的渠道。

五、研究结论与政策建议

综合农户生计资本情况的调研发现，我们得出以下结论：①农村自然资本情况正在逐步改善中。②有关人力资本信息显示，过去三年间华中三省农村地区的劳动力、健康、教育、婚姻与就业情况未发生明显的变化。③农村社会资本的发展仍然有较大的空间。④农村家庭决策权力的分配仍主要由男性掌握，权力格局仍不平等。基于上述结论提出如下几方面的建议。

首先，关于农村自然资本的建议包括：第一，加强对于农村土地撂荒问题严重地区的产业扶持力度，结合农村基础条件建立特色产业模式。第二，完善土地保护制度，提升农民维护土地的积极性，提高农村土地利用率，保护土地生产力。第三，强化国家关于农村土地相关政策的宣传，解决农民相关知识匮乏的问题，提高农民权利意识和农村土地的资源配置效率。第四，建立完善的流转管理服务体系，推动农村土地流转规范化管理。第五，完善土地确权制度，提高农民进行土地投资的积极性，同时政府积极承担农地投资的任务，加大对土地投资活动的补贴力度。

其次，针对农村家庭社会资本，我们提出如下建议：第一，进一步发挥政府等社会性服务机构对农户家庭发展能力的培育，提供技能培训等教育性项目。第二，加大农村教育投入，增强农村家庭发展能力，从农户自身拓宽社会关系网络。第三，开拓多种类型的信息获取渠道，增强社会关系的联结。第四，建立健全社会化服务体系，为农户参与各种团体和活动提供渠道，拓宽农户社会关系网络。

最后，针对农村地区女性赋权问题的建议包括：第一，肯定女性的家庭地位和社会价值，发挥女性在家庭特长决策领域中的作用，赋予她们在家庭事务决策中拥有更多的话语权，从而提高女性赋权。第二，在农村居民中宣传家庭性别平等的理念，特别是在贫困地区、贫困家庭中，淡化父权、夫权的传统落后观念，推动男女平等。第三，加大对农村女性互联网使用的培训力度，还应加大农村女性以及农户家庭对互联网使用行为的引导，开展相关智能手机多种应用功能的培训，缩小农村女性"数字鸿沟"，帮助她们学会使用互联网获取有利于农业生产和生活的信息，提高家庭生产生活水平。第四，应重视互联网信息传播在农村发挥的潜移默化的作用，提高互联网普及率的同时引导互联网信息流向有利于农村发展和农民生活水平提高的方向。

第三章 生产经营情况[*]

　　农业是我国的基础性产业，关系国计民生，也是安天下、稳民心的战略产业。党的十八大以来，以习近平同志为核心的党中央坚持农业农村优先发展，把保障粮食安全和重要农产品供给作为农业农村现代化的首要任务，不断巩固和提升农业综合生产能力，在党的二十大报告中，习近平总书记也指出，扎实推动乡村产业、人才、文化、生态、组织振兴，加快建设农业强国。但是目前我国农业发展也面临一些难题，我国农业大而不强的问题还比较突出，表现为农业基础还不稳固，抵抗自然风险和市场风险的能力较弱；农业经营规模小，农业劳动力生产率较低，质量效益和竞争力亟待提高；农业资源环境约束趋紧，粮食供求平衡格局尚未根本改变，这些矛盾亟待破解。华中三省包括河南省、湖北省、湖南省三省，位于黄河中下游和长江中游地区，地理位置优越，是我国农业种植大省，是工农业的心脏。为提升中国农业综合生产能力，改善农业生产经营情况，本次调研在华中三省地区展开，试图通过分析华中三省农业生产经营情况，找出影响农业生产的共性问题，为改善我国农业生产经营提供有针对性的建议。

　　本章内容将从以下六个部分展开：第一部分是生产经营主体情况描述；第二部分是种植业投入产出情况；第三部分是农业生产中农机设备使用情况；第四部分为农业绿色技术使用情况；第五部分为种植业生产风险，通过分析和描述华中三省农业生产经营数据，进一步总结华中三省生产经营情况；第六部分得出相关结论并给出可能的政策建议。

一、生产经营主体

　　党的二十大报告指出要巩固和完善农村基本经营制度，发展新型农村集体经济，发展新型农业经营主体和社会化服务，发展适度规模经营，逐步形成以家庭承包经营为基础，专业大户、家庭农场、农民合作社、农业产业化龙头企

---

* 执笔人：杨志海；参与人：隆兰、辜香群。

业为骨干，其他组织形式为补充的新型农业经营体系。在这几大类农业经营主体中，农民合作社是具有重要地位的一类，党中央高度重视农民合作社的发展，强调要突出抓好家庭农场和农民合作社两类农业经营主体发展，鼓励各地因地制宜探索不同的专业合作社模式。

作为我国重要的农业经营主体，本部分将以农业合作社为主，其他组织为辅，描述和呈现河南省、湖北省和湖南省的农业经营主体发展情况。

1. 农户生产经营情况统计

删除省份信息不明确的 5 户样本，剩余 1 290 户样本。如表 3 - 1 所示，华中三省有效被调研农户样本总数为 1 290 户，其中河南省为 428 户，占比为 33.18%、湖北省 435 户，占比为 33.72%、湖南省 427 户，占比为 33.1%。样本在三省之间分布均衡，与 2019 年和 2020—2021 年相比，本次调研各省样本量都有所增加，2019 年每个省份样本数均为 360 户，而 2022 年各省样本量均超过 420 户。2020—2021 是跨年的一次调研，其中 2021 年在湖南省只调研了两个样本县。

表 3 - 1 华中三省调研户统计表

样本省份	2022 年			2020—2021 年	2019 年
	总样本数（个）	比例（%）	累计百分比（%）	总样本数（个）	总样本数（个）
河南省	428	33.18	33.18	362	360
湖北省	435	33.72	66.9	361	360
湖南省	427	33.1	100	120	360
总计	1 290	100	—	843	1 080

如表 3 - 2 所示，就华中三省地区调研户耕地基本情况来看，湖南省户均耕地拥有量最大，为 29.16 亩，相应地耕地细碎化情况也更严重，户均地块数为 12.51 块；湖北省户均耕地拥有量最小，为 22.14 亩，户均地块数为 8.66 块，相较之下，河南省耕地规模化经营程度更大，块均耕地规模为 4.63 亩，并且河南省耕地流转市场也更为发达，户均转入耕地高达 62.63 亩，户均撂荒耕地仅为 0.9 亩，远低于湖北省和湖南省。

表 3 - 2 华中三省调研户经营耕地基本情况

样本省份	平均地块数（块）	平均耕地（亩）	平均撂荒（亩）	平均转入（亩）	平均转出（亩）
河南省	5.56	25.74	0.90	62.63	4.04

（续）

样本省份	平均地块数（块）	平均耕地（亩）	平均撂荒（亩）	平均转入（亩）	平均转出（亩）
湖北省	8.66	22.14	3.60	42.23	5.59
湖南省	12.51	29.16	1.34	47.67	3.30

如表 3-3 所示，华中三省家庭经营面积为 0 到 5 亩的样本数最多，占比达到 45.74%，经营面积为 5 到 10 亩的样本占 21.01%；从总体上来看，经营面积在 30 亩及以内的农户占有效种植样本的 86.12%，这一比例较 2019 年调研数据（84.65%）有所上升，略低于 2020—2021 年调研结果（89.68%），结论与 2019 年调研报告一致，即华中三省 ARMS 调研农户大部分生产规模较小，这与我国当前农业经营规模基本情况相符，但是与 2019 年和 2020—2021 年调研结果相比，本次调研样本大户数量有所增加，2019 年种植规模在 100 亩以上的农户样本占比 4.74%，2020—2021 年占比为 4.03%，2022 年则上升至 5.28%，可见华中三省农业种植规模有所提升，进行农业规模经营的大户数量有所增加。

表 3-3　华中三省种植业农户生产经营规模统计

生产经营规模（亩）	2022 年			2020—2021 年	2019 年
	农户数（户）	比例（%）	累计比例（%）	比例（%）	比例（%）
0≤面积（亩）≤5	590	45.74	45.74	47.92	43.89
5<面积（亩）≤10	271	21.01	66.74	20.76	21.52
10<面积（亩）≤20	180	13.95	80.7	15.90	14.50
20<面积（亩）≤30	70	5.43	86.12	5.10	4.74
30<面积（亩）≤40	24	1.86	87.98	1.78	4.17
40<面积（亩）≤50	22	1.71	89.69	1.78	2.27
50<面积（亩）≤100	65	5.04	94.73	2.73	4.17
100<面积（亩）≤300	46	3.57	98.29	3.20	3.41
300<面积（亩）≤1 000	22	1.71	—	0.83	1.33
总计	1 290	100	100	100	100

2. 农户参与合作社情况统计

（1）农户参与合作社比例

由表 3-4 可见，华中三省 1 290 个农户样本中共有 177 户参与合作社，占总样本比例为 13.72%。分省来看，湖北省和湖南省的样本中分别有 13.79% 和 12.41% 的农户参与合作社，而河南省农户参与合作社的比例占

14.95％，从参与合作社的情况来看，河南省的组织化程度最高，湖北省次之，组织化程度最低的是湖南省。而 2019 年则是湖南省最高、湖北省次之，河南省最低，由于 2020—2021 年只调研了湖南省两个样本县，因此湖南省数据不具有可比性，在这种情况下河南省在 2020—2021 年调研中农户参与合作社比例远要高于湖北省。相较于 2019 年和 2020—2021 年调研结果，2022 年各省样本农户参与合作社的比例均有所上升，其中河南省的上升比例最大，2022 年比 2019 年增长了 7.73 个百分点，可见从 2019 年开始，农户的组织化程度逐年上升。

表 3-4　华中三省农户参与合作社比例统计表

样本省份	参与户数	2022 年		2020—2021 年	2019 年
		总样本数	参与比例（％）	参与比例（％）	参与比例（％）
河南省	64	428	14.95	13.54	7.22
湖北省	60	435	13.79	8.59	7.78
湖南省	53	427	12.41	20.00	12.5
总计	177	1 290	13.72	13.54	9.17

（2）入社年份情况

如图 3-1 所示，华中三省样本农户最早从 1952 年起就开始加入合作社，2010 年后参与合作社的农户人数增长较快，2018 年新加入合作社的农户最多，这与 2019 年的调研结果一致，2018 年至今新加入合作社的农户逐年呈现下降趋势，2022 年新加入合作社的农户进一步迅速下降，可见合作社对农户的吸引力不断下降，可能的原因在于不同类型的新型农业经营组织不断兴起，农户的组织化选择日趋多元化。

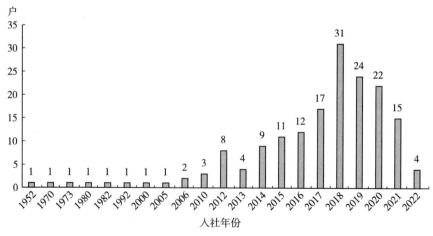

图 3-1　农户加入合作社年份

3. 总结

对调研数据进行基本描述性统计分析和比较，可以得到如下基本结论：

首先，从种植规模来看，华中三省地区耕地经营情况存在差异。湖南省户均耕地拥有量最大，但是耕地细碎化最严重；湖北省耕地撂荒最严重，户均耕地撂荒规模达 3.6 亩；河南省耕地规模化程度最高，块均耕地规模 4.63 亩，耕地利用最充分，参与流转最多并且撂荒最少。

其次，就生产经营情况来看。华中三省地区经营规模在 30 亩及以内的农户占比最大，为 86.12%，可见华中三省地区调研农户大部分从事小规模生产经营，这与我国农业生产基本情况一致。

最后，就合作社参与情况而言。华中三省平均合作社参与比例较低，仅为 13.72%，其中河南省的入社率最高，湖南省最低，三省总体差距不大。另一现象则是，近年来新入社的农户逐年减少，合作社吸引力下降。

二、种植业投入产出

本次调研以华中三省地区，即河南省、湖北省、湖南省三省为主，调研的农作物面积共 49 956.75 亩，较 2019 年调研面积增长了 3.24%，这可能是由于调研样本户增多的原因。调研的农作物种类包括水稻、玉米、小麦等十余种，经过统计分析，其中水稻、玉米、小麦、油菜和大豆是华中三省最主要种植的农作物。本节通过本次调研所得的农作物种植数据，对华中三省种植业结构进行分析。

1. 华中三省种植业结构分析

剔除种植面积为零的农户样本，共得到 1 202 户种植户样本。从华中三省地区的主要农作物种植面积来看，华中三省种植业以水稻、小麦、玉米、油菜和大豆为主，蔬菜、水果等其他农作物在华中三省小范围种植。图 3 - 2、表 3 - 5汇报了华中三省 5 种主要农作物在本次调研中所占的比重，其中，小麦的种植面积为 10 611.42 亩，占调研农作物总面积的 28.27%，在主要农作物中占比最大；玉米的种植面积为 9 372 亩，占调研总面积的 24.97%；水稻的种植面积达 6 210.06 亩，占调研总面积的 16.54%；油菜的种植面积为 2 787.45 亩，占调研总面积的 7.43%；大豆的种植面积为 2 230.7 亩，占调研总面积的 5.94%，在 5 种主要农作物中的占比最低。与 2019 年相比，本次调研农户农作物总种植面积下降了 22.34 个百分点，其中水稻种植面积下降最多，下降了 16 533 亩，小麦、玉米和油菜的种植面积则有所上升，2022 年调研总面积与 2020—2021 年大致相当。可见，相较于 2019 年，2022 年农户的种植结构有所调整，更加多元化。

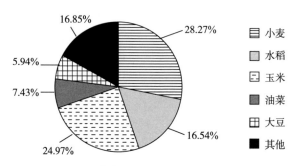

图 3-2　华中三省主要农作物种植结构

表 3-5　华中三省主要农作物种植结构

农作物品种	2022 年		2020—2021 年		2019 年	
	面积（亩）	占比（%）	面积（亩）	占比（%）	面积（亩）	占比（%）
小麦	10 611.42	28.27	8 975.61	23.74	7 229.66	14.96
水稻	6 210.06	16.54	12 261.42	32.43	22 743.07	47.05
玉米	9 372.00	24.97	8 333.19	22.04	7 990.63	16.53
油菜	2 787.45	7.43	527.20	1.39	630.50	1.30
大豆	2 230.70	5.94	876.60	2.32	—	—
其他	6 325.00	16.85	6 833.79	18.08	8 470.19	17.52
合计	37 536.63	100.00	37 807.81	100.00	48 336.34	100

从华中三省主要农作物的种植省份来看，河南省以小麦和玉米种植为主，湖北省以中稻、玉米和小麦种植为主，湖南省以中稻、晚稻和玉米种植为主。总体来看华中三省农户水稻种植比重达 40.85%，种植玉米的农户占比33.97%，种植小麦的农户占比为 20.69%，具体数据见表 3-6。

表 3-6　华中三省主要农作物各省种植情况

单位：户

样本省份	早稻	中稻	晚稻	小麦	玉米	其他经济作物	总计
河南省	15	18	7	272	299	41	652
湖北省	13	257	12	106	240	20	648
湖南省	77	257	110	10	98	23	575
总计	105	532	129	388	637	84	1 875

表 3-7 汇报了华中三省分省主要农作物的种植情况，删除无效农户样本，共有 1 201 户农户样本进入统计分析，其中河南省 388 户，湖北省 415 户，湖南省 398 户。

在河南省，小麦的种植面积为 8 142.08 亩，占本次河南省调研面积的42.90%，在主要农作物中所占比重最大；玉米的种植面积为 7 264.68 亩，占本次河南省调研面积的 38.28%；早稻种植面积为 65.60 亩，占比 0.35%、中稻种植面积为 25 亩，占比 0.13%、晚稻种植面积为 115 亩，占本次河南省调研种植面积比例的 0.61%；油菜的种植面积为 1.1 亩，占本次河南省调研面积的 0.01%；大豆的种植面积为 852.60 亩，占本次河南省调研面积的 4.49%。

在湖北省，水稻的种植面积在主要农作物中所占比重最大，其中中稻的种植面积为 4 329.38 亩，占本次湖北省调研面积的 30.15%，是湖北省种植面积最广的水稻类型、早稻种植面积为 672.1 亩，占比 4.68%、晚稻种植面积为396.70 亩，占比 2.76%；小麦的种植面积为 2 235.34 亩，占本次湖北省调研面积的 15.57%；玉米的种植面积为 1 919.92 亩，占本次湖北省调研面积的13.37%；油菜的种植面积为 1 358.25 亩，占本次湖北省调研面积的 9.46%；大豆的种植面积为 1 276.85 亩，占本次湖北省调研面积的 8.89%，所占比重最小。

在湖南省，水稻的种植面积在主要农作物中所占比重最大，其中，中稻种植面积为 5 785.84 亩，占本次湖南省调研面积的 34.92%，为种植面积最大的水稻类型，晚稻种植面积为 3 938.63 亩，占比 23.77%、早稻种植面积为3 286.93亩，占比 19.84%；小麦种植面积为 234 亩，占本次湖南省调研面积的 1.41%；玉米的种植面积为 187.4 亩，占本次湖南省调研面积的 1.13%；油菜的种植面积为 1 428.10 亩，占本次湖南省调研面积的 8.62%；大豆的种植面积为 101.25 亩，占本次湖南省调研面积的 0.61%，所占比重最小。

与 2019 年调研结果相比，河南省小麦、玉米、早稻、晚稻种植面积有所上升，中稻种植面积略微下降；湖北省小麦、玉米、早稻、中稻和油菜种植面积有所上升，其中油菜种植面积上升幅度最大，晚稻种植面积略微下降；湖南省小麦、早稻和油菜种植面积上升，玉米、中稻和晚稻种植面积呈现下降趋势。由于 2020—2021 年调查数据中湖南样本有所缺失，就河南省和湖北省来看，小麦、玉米、油菜以及大豆种植面积都呈现出逐年上升的趋势，水稻种植面积有所波动，但是整体较稳定。总体来看，相较于 2019 年调查数据华中三省主要农作物中仅中稻和晚稻种植面积呈现下降趋势，其他作物种植面积均有所上升，可能的原因在于2022年各省调研户数均有所增加。

表3-7　华中三省分省主要农作物种植情况

单位：亩

| 样本省份 | 年份 | 小麦 | 玉米 | 水稻 | | | 油菜 | 大豆 |
				早稻	中稻	晚稻		
河南省	2022	8 142.08	7 264.68	65.60	25.00	115.00	1.10	852.60
	2020—2021	7 275.86	6 559.39	15.60	56.90	146.30	1.00	536.00
	2019	6 386.10	6 069.50	48.60	27.40	13.00	—	—
湖北省	2022	2 235.34	1 919.92	672.10	4 329.38	396.70	1 358.25	1 276.85
	2020—2021	1 519.75	1 742.60	695.00	4 641.32	374.00	289.40	187.20
	2019	610.50	1 217.29	515.80	4 153.20	497.20	17.80	—
湖南省	2022	234.00	187.40	3 286.93	5 785.84	3 938.63	1 428.10	101.25
	2020—2021	180.00	31.20	1 743.80	1 607.70	2 967.80	235.80	153.40
	2019	233.00	703.80	2 527.70	9 375.90	5 584.30	612.70	—
总计	2022	10 611.42	9 372.00	4 024.63	10 140.22	4 450.33	2 787.45	2 230.70
	2020—2021	8 975.61	8 333.19	2 454.40	6 305.92	3 488.10	526.20	876.60
	2019	7 229.60	7 990.59	3 092.10	13 556.50	6 094.50	630.50	—

2. 华中三省种植业成本收益分析

（1）种植业生产成本分析

由于大豆种植的成本收益数据缺失较为严重，为此接下来仅分析华中三省地区最主要的前4种农作物，即水稻、小麦、玉米和油菜。灌溉、农药、化肥以及种子投入构成了华中三省地区种植业生产的主要成本。图3-3、表3-8汇报了华中三省主要农作物生产成本情况。每亩早稻的平均生产成本为297.02元；每亩中稻的平均生产成本为484.50元；每亩晚稻的平均生产成本为283.04元；每亩小麦的平均生产成本为148.55元；每亩玉米的平均生产成本为205.28元；每亩油菜的平均生产成本为345.88元。可见水稻每亩平均生产成本最高，尤其是中稻，其次是油菜，然后是玉米，小麦每亩平均生产成本最低。从整体上来看，农药、化肥和种子费用在晚稻、小麦、玉米以及油菜作物的生产投入中居于主要地位，灌溉费用较为次要；对于早稻和中稻而言，灌溉、化肥和种子是其生产的主要投入，农药投入相对占比较低。具体来看，种子费用占早稻和小麦的成本比例最高，分别为35.06%和51.37%；灌溉费用占中稻的成本比例最高，为32.94%；化肥费用占晚稻、玉米和油菜的成本比例最高，分别为 37.40％、41.70％以及 59.68％。化肥费用占油菜投入成本的高比重与 2019 年调研数据保持一致。

由于 2020—2021 年调研数据跨年且省份之间样本分布不均，数据偏差较大，因此仅与 2019 年调研结果进行比较。与 2019 年相比，除农药费用和灌溉费用有所下降外，水稻其他生产环节的亩均生产成本均呈现上升趋势，小麦和玉米生产的亩均成本呈现下降趋势；油菜生产仅灌溉环节的亩均成本有所增长，其他环节也均呈现出明显的下降趋势，这可能与调研户的种植结构调整有关。

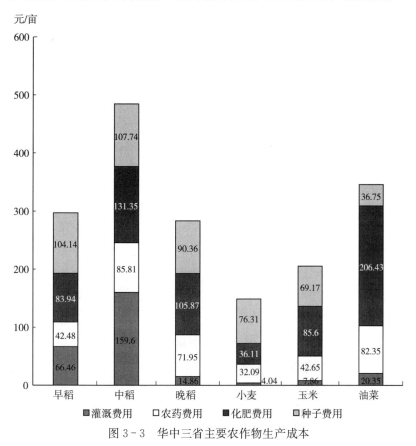

图 3-3 华中三省主要农作物生产成本

表 3-8 华中三省主要农作物生产成本

单位：元/亩

作物种类	调研年份	灌溉费用	农药费用	化肥费用	种子费用
水稻	2022	67.14	176.72	116.39	118.77
	2019	92.23	182.33	106.92	92.31

（续）

作物种类	调研年份	灌溉费用	农药费用	化肥费用	种子费用
早稻	2022	66.46	42.48	83.94	104.14
	2019	—	—	—	—
中稻	2022	159.60	85.81	131.35	107.74
	2019	—	—	—	—
晚稻	2022	14.86	71.95	105.87	90.36
	2019	—	—	—	—
小麦	2022	4.04	32.09	36.11	76.31
	2019	82.70	140.93	122.88	77.54
玉米	2022	7.86	42.65	85.60	69.17
	2019	44.71	131.82	157.98	72.79
油菜	2022	20.35	82.35	206.43	36.75
	2019	15.66	134.40	286.45	105.70

　　表3-9从三省各自的角度汇报了华中三省主要农作物的生产成本。其中河南省的水稻灌溉费用最高，湖北次之，湖南省最低。湖南省的水稻农药费用最高，河南省次之，湖北省最低且低于平均水平。河南省水稻化肥费用最高，湖南省次之，湖北省最低，且远低于平均水平。湖北省水稻种子费用最高，湖南省次之，河南省最低。由于数据匹配问题，小麦、玉米和油菜灌溉费用数据存在部分缺失，湖南省小麦农药费用最高，河南次之，湖北省最低，河南省和湖北省的小麦农药费用仅为湖南省的约1/3；湖南省的小麦化肥费用最高，河南次之，湖北化肥费用最低，仅为湖南省的近1/4；湖北省小麦种子费用最高，河南省第二，湖南省最低；湖北省的玉米灌溉费用大致相当于湖南省的一半；河南省的玉米农药费用最高，湖北次之，湖南省最低，低于平均水平的一半，省份之间差距明显；河南省玉米化肥费用最高，湖南省次之，湖北省玉米化肥费用最低，但是与湖南省费用相差不大；湖北省玉米种子费用最高，河南省和湖南省玉米种子价格相当，略低于湖北省。由于数据匹配问题，油菜成本投入部分也存在数据缺失，就现有数据来看，湖北省与湖南省相较而言，在农药费用投入部分显著较低，化肥费用和种子费用部分则较为接近。

　　与2019年调研结果相比，2022年水稻、玉米、小麦和油菜的亩均总投入成本均有所下降，但各省农作物各环节的亩均投入差距存在进一步加大的趋势。

表 3-9　华中三省各省主要农作物生产成本

单位：元/亩

投入	样本省份	水稻	早稻	中稻	晚稻	小麦	玉米	油菜
灌溉费用	河南省	123.08	—	123.08	—	—	—	—
	湖北省	89.16	66.46	163.77	37.24	4.04	6.98	—
	湖南省	54.77	—	99.49	10.05	—	13.68	20.35
	平均	89.00	66.46	128.78	23.65	4.04	10.33	20.35
农药费用	河南省	66.03	19.64	112.42	—	33.42	73.05	—
	湖北省	63.46	45.12	84.98	60.29	31.19	39.29	63.27
	湖南省	83.60	—	93.96	73.24	96.27	13.49	94.79
	平均	71.03	32.38	97.12	66.77	53.63	41.94	79.03
化肥费用	河南省	148.14	—	148.14	—	95.00	139.44	—
	湖北省	88.81	85.45	129.94	51.05	34.80	60.55	200.17
	湖南省	124.97	—	137.84	112.10	120.33	63.89	201.41
	平均	120.64	85.45	138.64	81.58	83.38	87.96	200.79
种子费用	河南省	77.99	89.33	61.78	82.86	73.16	63.95	—
	湖北省	133.19	146.88	130.87	121.82	85.14	77.41	36.00
	湖南省	91.73	99.44	87.66	88.08	68.00	64.96	37.50
	平均	100.97	111.88	93.44	97.59	75.43	68.77	36.75
总投入费用	河南省	212.42	108.97	445.42	82.86	201.58	276.44	—
	湖北省	374.62	343.91	509.56	270.40	155.17	184.23	299.44
	湖南省	267.29	99.44	418.95	283.47	284.60	156.02	354.05
	平均	284.78	184.11	457.98	212.24	213.78	205.56	326.75

　　表 3-10 从各个规模的角度汇报了华中三省地区主要农作物生产成本信息。每亩水稻灌溉费用随着种植规模的扩大呈现出倒 N 形波动趋势，峰值分别出现在小于等于 2 亩和 20～50 亩时，其中早稻的灌溉费用在 50 亩以上呈现出递减的趋势，在 50～100 亩时达到最高，中稻在 50 亩以下呈现出先减后增的 U 形趋势，在 20～50 亩时达到最高，晚稻的亩均灌溉费用随着种植规模的增加呈现出先减再增再减再增的 W 形变化趋势，最大值在 20～50 亩时出现，整体亩均灌溉费用水平较低。小麦的每亩灌溉费用在 2 亩及以下时和 5～10 亩以及 20～50 亩时存在较大差异，整体来看呈现下降趋势，玉米和油菜的每亩灌溉费用普遍呈现出较低的水平。

　　农药费用在水稻种植中的最大值出现在 2 亩及以下时，其中早稻在 50 亩以上呈现出下降的趋势，中稻在 100 亩以下呈现出先下降再上升的 U 形趋势，两个峰值分别出现在 2 亩及以下以及50～100亩时，并且 2 亩及以下的小规模中稻种植所需农药费用最高，为159.45 元每亩。晚稻每亩农药费用呈现出较为剧烈的波动趋势，最高值出现在 20～50 亩时，为 104.77 元每亩，最低值出现在 50～100 亩时，费用仅为 12.92 元每亩，显示出巨大的差异，可能是由于抽样户自身的原因所导致的；小麦每亩农药费用呈现出 W 形趋势，先下降再上升再下降最后再上升，最高值出现在 2 亩及以下时，同样呈现出规模越小费用越高的趋势；玉米农药费用在 2～100 亩时呈现出先下降再上升再下降的趋势，最高值和最低值之间呈现巨大差异；油菜在种植规模为 2～10 亩时农药费用呈现出上升的趋势，但是普遍来看规模越大，农药费用投入越小。

水稻亩均化肥费用在 20 亩以下呈现出随规模增加而减少的趋势，从 20～50亩开始呈现出上升的趋势，100 亩及以上又开始呈现出下降的趋势，整体维持较大的波动幅度，其中早稻在 10～100 亩时呈现出递增的趋势，但是在规模达到 100 亩及以上时，化肥费用又呈现出一个极低的水平，即亩均 12.73 元，中稻在 100 亩及以下整体上呈现出先减后增的趋势，在种植规模为 10～20 亩时出现最低值，为 85.53 元每亩，晚稻在 2～10 亩时呈现出较为剧烈的下降趋势，在 10 亩及以上则呈现出小幅的波动上升趋势；小麦的化肥费用整体上也呈现下降趋势，整体下降速度较快；玉米的亩均化肥费用在2～100 亩时呈现出倒 N 形波动趋势，峰值出现在 2～5 亩以及 20～50 亩时；油菜亩均化肥费用在 50 亩以下时整体处于较高水平，20～50 亩时，亩均费用最高，为每亩 192.50 元。

水稻种子费用整体上随着规模的递增呈现出 M 形的波动趋势，在 50～100 亩时费用最高，为每亩 146.67 元，其中早稻种子费用在 10～100 亩时随着规模递增呈现出上升趋势，在 100 亩以上时有所回落，中稻种子费用整体上要高于晚稻种子费用，中稻种子费用整体上稳定在每亩 100 元以上，晚稻种子费用则在 100 元以下，波动趋势也更大；小麦种子费用随着规模的递增整体呈现出下降趋势，最后稳定在每亩 80 元左右；玉米的种子费用在 2 亩以上整体来看随着规模递增呈现出下降的趋势，最后稳定在每亩 70 元左右，最高值出现在 2～5 亩时；油菜种子费用在 2～10 亩时呈现出下降的趋势，整体费用波动水平较小。

可见，华中三省主要农作物各环节的投入费用随着规模的变化，不断进行波动，各主要农作物亩均投入最小的最佳种植规模也存在差异，这可能与抽样的误差部分相关。与 2019 年调研结果较一致的是，随着农户种植规模的不断增大，各环节投入整体上呈现出下降的趋势，即农业投入存在规模优势，随着规模的增加，生产所需的边际投入递减。

表 3-10　华中三省各省不同规模主要农作物费用投入情况

单元：元/亩

规模	投入	水稻	早稻	中稻	晚稻	小麦	玉米	油菜
≤2 亩	灌溉费用	92.89	—	140.33	45.45	61.54	—	—
	农药费用	124.39	—	159.45	89.32	263.33	—	—
	化肥费用	295.50	—	295.50	—	—	45.00	166.67
	种子费用	95.47	—	108.94	82.00	133.17	—	—
	总投入费用	608.25	—	704.22	216.77	458.04	45.00	166.67
2~5 亩	灌溉费用	64.12	—	124.24	4.00	—	6.67	20.35
	农药费用	95.10	—	117.82	72.38	56.31	122.16	122.37
	化肥费用	216.47	—	193.82	239.12	165.57	95.00	142.48
	种子费用	94.60	—	116.47	72.73	72.32	120.00	37.50
	总投入费用	470.29	—	552.35	388.23	294.20	343.83	322.70
5~10 亩	灌溉费用	71.69	—	118.17	25.21	8.65	20.00	—
	农药费用	83.85	—	75.71	91.98	40.08	20.25	169.00
	化肥费用	110.19	—	134.13	86.25	80.53	67.91	163.75
	种子费用	103.86	—	121.11	86.60	70.00	73.00	20.25
	总投入费用	369.58	—	449.12	290.04	199.26	181.16	353.00
10~20 亩	灌溉费用	78.07	65.71	142.10	26.39	—	—	—
	农药费用	65.79	24.31	98.02	75.04	107.03	17.00	—
	化肥费用	81.95	69.94	85.53	90.39	134.85	72.50	148.13
	种子费用	125.88	89.17	139.46	149.00	87.08	41.33	—
	总投入费用	351.69	249.13	465.11	340.82	328.96	130.83	148.13
20~50 亩	灌溉费用	168.14	—	282.05	54.23	6.52	—	—
	农药费用	106.12	—	107.46	104.77	51.93	70.00	45.00
	化肥费用	99.42	110.00	112.40	75.85	44.91	163.33	192.50
	种子费用	120.89	150.00	120.18	92.50	71.25	60.00	—
	总投入费用	494.57	260.00	622.09	327.35	174.61	293.33	237.50
50~100 亩	灌溉费用	46.35	86.70	—	6.00	—	6.98	—
	农药费用	69.74	62.74	133.55	12.92	20.55	52.37	—
	化肥费用	127.66	156.54	113.11	113.32	62.56	77.45	—
	种子费用	146.67	186.67	150.00	103.33	86.09	73.33	—
	总投入费用	390.41	492.65	396.66	235.57	169.20	210.13	—

（续）

规模	投入	水稻	早稻	中稻	晚稻	小麦	玉米	油菜
≥100亩	灌溉费用	11.35	16.67	—	6.02	—	—	—
	农药费用	76.16	55.56	—	96.76	26.34	—	—
	化肥费用	61.20	12.73	—	109.66	4.08	—	—
	种子费用	97.06	101.44	100.32	89.41	75.21	68.97	—
	总投入费用	245.76	186.40	100.32	301.85	105.63	68.97	—

如表 3-11 所示，就华中三省种植业劳动投入及费用来看。在水稻种植中，湖南省亩均自家劳动投入量最大，其次为河南省，最后为湖北省，湖北省每亩自家劳动投入仅接近于河南省投入的一半。同样，湖南省的亩均雇用劳动力也是最多的，是河南省和湖北省的 3～4 倍多，河南省和湖南省的亩均雇用劳动力费用则不相上下，分别为每亩 216.11 元和 221.76 元，可见河南省人均雇工费用较湖南省偏低，湖北省水稻种植亩均雇工费用最低，为 173.19 元每亩；分水稻类型来看，河南省早稻种植亩均投入的自家劳动力最多，亩均雇用劳动费用也最低，相较于早稻和晚稻，湖北省和湖南省均在中稻上投入更多的自家劳动，此时中稻种植中自家劳动投入最少的河南省则拥有最高的亩均雇工费用。湖南省在晚稻种植上的亩均自家投工量也最大，其次是河南省，湖北省最低；河南省和湖北省在小麦种植上亩均自家劳动投入均大于雇工投入，而湖南省则是亩均雇工投入更大，因此其亩均雇工费用也最高；在玉米种植上，三省的亩均自家劳动投入均显著地高于雇工投入，在亩均雇工费用上，湖南省最高，湖北省次之，河南省最低；在包括油菜、大豆等其他经济作物的种植上，湖南省的亩均投工量最大，河南次之，湖北省最小，但是湖北省的亩均雇工劳动费用却最大。

表 3-11 华中三省各省主要农作物劳动投入及费用

样本省份	投入	水稻	早稻	中稻	晚稻	小麦	玉米	其他经济作物
河南省	自家劳动投入（工/亩）	28.05	46.82	13.24	24.10	17.58	18.59	43.85
	雇用劳动投入（工/亩）	5.37	5.13	5.35	5.63	4.95	11.73	77.96
	雇用劳动费用（元/亩）	216.11	165.00	265.83	217.50	132.70	150.06	264.00
湖北省	自家劳动投入（工/亩）	13.58	6.54	23.06	11.15	9.87	26.25	52.56
	雇用劳动投入（工/亩）	4.04	3.33	4.75	4.03	2.28	3.88	9.20
	雇用劳动费用（元/亩）	173.19	207.50	195.39	116.67	157.56	171.88	321.67

（续）

样本省份	投入	水稻	早稻	中稻	晚稻	小麦	玉米	其他经济作物
湖南省	自家劳动投入（工/亩）	33.98	26.65	40.06	35.22	7.57	24.83	35.63
	雇用劳动投入（工/亩）	17.79	21.69	18.24	13.43	13.67	1.00	116.52
	雇用劳动费用（元/亩）	221.76	201.97	253.68	209.63	270.00	250.00	271.67

（2）种植业生产收益分析

表3-12展现了华中三省主要农作物的亩均成本收益情况。分省来看，河南省投入最高的是玉米，水稻的亩均总投入要略高于小麦，其中中稻投入最高，其次是早稻，晚稻投入最低；河南省小麦的亩均销售收入最高，河南省玉米的销售收入要高于水稻的销售收入；从销售利润来看，河南省小麦的亩均销售利润也最高，玉米的亩均销售利润要高于水稻的亩均销售利润。从整体上来看，河南省三种农作物的生产呈现出销售收入越高，亩均利润也越高的趋势。

湖北省水稻亩均投入最高，其中中稻最高，其次是早稻，晚稻最低。湖北省早稻亩均销售收入也最高，其次是晚稻，呈现出低投入高收入的趋势，中稻最低，湖北省水稻亩均利润与销售收入成正比，早稻最高，晚稻次之，中稻亩均利润最低，仅为早稻的1/2；湖北省小麦和油菜生产也呈现出低投入高利润的趋势，湖北省玉米亩均利润最低，为每亩262.35元。

湖南省亩均水稻生产同样呈现出高投入高产出的特点，亩均小麦生产拥有最高的利润，其次是水稻生产，其中中稻亩均总投入最大、其次是晚稻，早稻投入最低，湖南省晚稻亩均销售收入最高，是中稻亩均收入的两倍多，是早稻亩均收入的近3倍，湖南省亩均晚稻生产在水稻生产中同样拥有最高的亩均利润，其次是早稻，中稻亩均利润最低，仅为晚稻的1/6；湖南省小麦生产拥有较低的亩均投入和较高的亩均销售收入，亩均利润超过晚稻，油菜的亩均投入仅稍低于亩均销售收入，亩均利润仅为每亩25.92元，湖南省玉米生产具有低投入高产出的特点，亩均利润高于中稻。

总体上来看，华中三省在小麦生产上最具优势，亩均利润最大。各省比较来看，河南省在玉米生产上亩均利润最大，湖北省在早稻、中稻、晚稻以及油菜生产中具有优势，湖南省则在小麦生产上最具优势。从各省内部来看，湖南省晚稻生产亩均利润远超早稻和中稻生产；河南省在早稻和小麦生产上亩均利润最高；湖北省在早稻和晚稻生产上具有优势；湖南省小麦生产亩均收入及利润均最高，同样也远超本省的玉米和油菜种植利润，湖南省玉米和油菜生产最具劣势，尤其是油菜生产利润最低。与2019年调研结果相比，水稻、玉米、小麦以及油菜总体上的投入均呈现下降趋势，但是整体上来看亩均利润均有所上升，可见主要农作物投入生产资料的效率有所上升。

表3-12 华中三省各省主要农作物成本收益

单位：元/亩

	样本省份	水稻	早稻	中稻	晚稻	小麦	玉米	油菜
总投入	河南省	212.42	108.97	445.42	82.86	201.58	276.44	—
	湖北省	374.62	343.91	509.56	270.40	155.17	184.23	299.44
	湖南省	267.29	99.44	418.95	283.47	284.60	156.02	354.05
	平均	284.78	184.11	457.98	212.24	213.78	205.56	326.75
销售收入	河南省	969.73	1 383.33	485.86	1 040.00	1 517.61	1 169.05	—
	湖北省	1 538.98	1 874.86	1 231.40	1 510.69	1 276.87	446.58	936.59
	湖南省	868.54	537.03	612.79	1 455.81	1 657.23	526.29	379.97
	平均	1 125.75	1 265.07	776.68	1 335.50	1 483.90	713.97	658.28
利润	河南省	757.31	1 274.36	40.44	957.14	1 316.03	892.61	—
	湖北省	1 164.36	1 530.95	721.84	1 240.29	1 121.70	262.35	637.15
	湖南省	601.26	437.59	193.84	1 172.34	1 372.63	370.27	25.92
	平均	840.98	1 080.97	318.71	1 123.26	1 270.12	508.41	331.54

如表3-13所示，从不同生产规模来看，水稻总投入费用在2～5亩时最大，其中，早稻种植规模为50～100亩时投入费用最高，中稻在2亩及以下时投入最大，晚稻在2～5亩规模时投入最大；小麦种植规模在2亩及以下时亩均投入最大；种植规模为100亩以下的玉米在2～5亩时投入最大；油菜的种植规模在50亩以下时，最大投入发生在5～10亩的情况下。总体来看，这几种主要作物随着种植规模的增加，亩均投入都有不同程度的下降。

从销售收入来看，水稻亩均销售收入在20～50亩时最大，其中在种植规模为10亩以上的早稻中，亩均销售收入在50～100亩时最大，中稻和晚稻分别在20～50亩和50～100亩时亩均销售收入最大，小麦在2亩及以下时亩均销售收入最大，在2～20亩以及50～100亩的种植规模下，玉米的最大销售收入出现在5～10亩时，在2亩及以下和5～50亩的油菜种植中，亩均销售收入最大值出现在种植规模为2亩及以下时。

就亩均利润来看，水稻的亩均利润在种植规模为20～50亩时最大，玉米的亩均利润整体上变动最大；在2亩及以下的种植规模上，相较于中稻和小麦种植，油菜的亩均利润最高，在2～50亩时则是中稻种植的亩均利润最高，

50 亩以上时则是晚稻种植的亩均利润最高,其中,在 2～5 亩时晚稻亩均利润为负值,在 100 亩及以上时早稻亩均利润为负值。在 5～10 亩时玉米的亩均利润高于中稻,达到每亩 545.76 元,油菜的亩均利润整体呈现较大的变动趋势。玉米的亩均利润在 2～5 亩及 10～20 亩时出现负值,小麦的亩均利润在 100 亩以上的种植规模下呈现负数。可见,对于所有不同种类的农作物来说,均存在不同的适宜经营的规模,超过或者低于这一规模都不会带来最大的生产收益。与 2019 年调研结果相比,华中三省各主要农作物虽然整体上看亩均利润都有所上升,但是规模上的波动趋势更加明显。

表 3-13　华中三省不同规模主要农作物成本利润情况

单位:元/亩

	规模	水稻	早稻	中稻	晚稻	小麦	玉米	油菜
≤2 亩	总投入费	460.50	—	704.22	216.77	458.04	45.00	166.67
	销售收入	1 181.61	—	1 181.61	—	1 564.67	—	1 478.66
	利润	721.12	—	477.39	—	1 106.63	—	1 311.99
2～5 亩	总投入费	470.29	—	552.35	388.23	294.20	343.83	322.70
	销售收入	819.19	—	1 310.60	327.78	703.60	27.50	—
	利润	348.90	—	758.25	—60.45	409.40	—316.33	—
5～10 亩	总投入费	369.58	—	449.12	290.04	199.26	181.16	353.00
	销售收入	863.28	—	966.36	760.20	630.65	726.92	792.65
	利润	493.70	—	517.24	470.16	431.39	545.76	439.65
10～20 亩	总投入费	351.69	249.13	465.11	340.82	328.96	130.83	148.13
	销售收入	844.15	678.21	1 097.51	756.72	830.91	65.00	891.25
	利润	492.46	429.08	632.40	415.90	501.95	—65.83	743.12
20～50 亩	总投入费	403.15	260.00	622.09	327.35	174.61	293.33	237.50
	销售收入	1 316.83	945.00	1 985.11	1 020.37	613.44	—	400.00
	利润	913.68	685.00	1 363.02	693.02	438.83	—	162.50
50～100 亩	总投入费	374.96	492.65	396.66	235.57	169.20	210.13	—
	销售收入	909.59	1 085.89	580.65	1 062.22	386.39	644.31	—
	利润	534.63	593.24	183.99	826.65	217.19	434.18	—
≥100 亩	总投入费	196.19	186.40	100.32	301.85	105.63	68.97	—
	销售收入	559.98	116.67	—	1 003.28	57.89	—	—
	利润	363.79	—69.73	—	701.43	—47.74	—	—

3. 总结

通过对华中三省种植业投入产出进行分析，可以得出以下结论。

首先，从种植面积来看。华中三省最主要的农作物为小麦，其次为玉米、水稻、油菜、大豆。分省来看，河南省以小麦和玉米种植为主，湖北省以中稻和玉米、小麦为主，湖南以中稻、晚稻和玉米为主。

其次，从成本收益来看。在最主要的 4 种农作物中，水稻亩均生产成本最高，尤其是中稻，其次是油菜，然后是玉米，小麦亩均生产成本最低。各省在农作物各环节的投入上存在着差异，在不同规模的农作物种植上，投入也存在较大波动。在种植业劳动投入及费用上，各省也差异明显，各有优势和劣势，分省农作物成本收益则在总体上呈现出投入越高，亩均利润也越高的趋势。分规模的成本收益情况在总体上同样印证了农业生产存在规模优势，应鼓励农户进行规模化生产，以此降低生产成本，提高收益。

三、农机设备使用

农业机械化是现代农业建设的重要物质基础，也是实现农业现代化的重要标志和内容，推进农业机械化快速发展，对于促进现代农业建设和社会主义新农村建设，实现国家农业现代化具有十分重要的战略意义。为此，国家强调要部署推进农业机械化全面发展，加快推进粮食作物生产全程机械化，稳步发展经济作物和养殖业机械化，促进农业高质量发展。

接下来，本节就华中三省主要农作物农机设备使用情况做进一步分析。

1. 种植业机械化程度

（1）种植业各环节农业机械化程度

图 3-4、表 3-14 汇报了华中三省地区种植业各环节的农业机械化程度。在主要农作物生产过程当中，耕整地环节使用机械的农户最多，机械化率达到 71.27%，其次是收获环节，机械化率为 69.55%，播种、施肥和打药环节农户使用机械的程度较低，机械化率分别为 36.21%、18.03% 和 11.25%，很少的农户会在除草和烘干环节使用机械，除草和烘干的机械化率仅为 6.71% 和 2.24%。

从各环节使用机械的来源情况来看，农户总体上在生产过程中要么使用自家机械，要么使用别人家的机械，既使用自家机械又使用别人家的机械极其罕见。从各个生产环节上来看，除草和打药环节农户使用自家机械的比例最高，分别为 62.81% 和 56.98%，在收获环节使用自家机械的农户比例最少，仅为

9.59％，这和农户的小规模经营特征有关。相比之下，农户在收获和播种环节大量使用别人家的机械，比例高达90.11％和80.24％。可见，华中三省地区农业机械化和机械化服务发展还不够全面。

如表3-15所示，由于2020—2021年调研缺少湖南省部分样本数据，因此数据可比性较差。与2019年调研结果相比较，华中三省除烘干环节使用机械略有下降外，种植业其他生产环节的机械化率均有所上升，尤其是收获环节的机械化率，上升接近9个百分点。具体来看，与2019年情况相比较，华中三省农户在耕整地、施肥、收获以及烘干环节使用自家机械的比率呈现上升趋势，在打药环节使用别人家的机械比率上升。总体来看，2019年、2020—2021年以及2022年调研结果均显示农户在耕整地和收获环节机械化程度最高，且绝大部分都是使用别人家机械，尤其是在收获环节使用别人家机械比率均在90％以上。

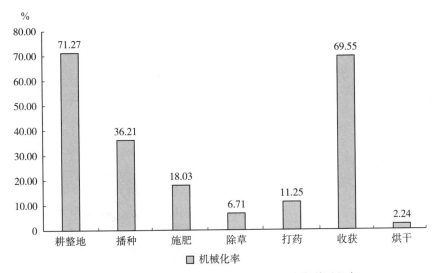

图3-4 华中三省种植业各环节农业机械化利用程度

表3-14 华中三省种植业各环节农业机械化利用程度

环节	使用机械（户）	总户数（户）	机械化比率（％）	自家机械（户）	比率（％）	别人家机械（户）	比率（％）	两者都有（户）	比率（％）
耕整地	1 337	1 876	71.27	462	34.55	864	64.62	11	0.82
播种	679	1 875	36.21	134	19.76	544	80.24	0	0.00
施肥	338	1 875	18.03	117	34.62	220	65.09	1	0.30

（续）

环节	使用机械 （户）	总户数 （户）	机械化 比率 （%）	自家机械 （户）	比率 （%）	别人家 机械 （户）	比率 （%）	两者都有 （户）	比率 （%）
除草	121	1 803	6.71	76	62.81	45	37.19	0	0.00
打药	179	1 591	11.25	102	56.98	76	42.46	1	0.56
收获	1 304	1 875	69.55	125	9.59	1 175	90.11	4	0.31
烘干	42	1 874	2.24	18	30.51	41	69.49	0	0.00

表 3-15　华中三省 2019 年和 2022 年农业机械化利用程度对比

环节	机械化比率（%）			自家机械比率（%）			使用别人家机械比率（%）		
	2022年	2020— 2021年	2019年	2022年	2020— 2021年	2019年	2022年	2020— 2021年	2019年
耕整地	71.27	86.90	64.07	34.55	21.90	29.50	64.62	78.46	70.50
播种	36.21	47.15	28.84	19.76	15.02	20.60	80.24	84.98	80.40
施肥	18.03	14.59	16.01	34.62	37.61	29.80	65.09	63.30	70.20
除草	6.71	5.58	—	62.81	74.36	—	37.19	25.64	—
打药	11.25	7.92	6.89	56.98	63.27	79.70	42.46	38.78	20.30
收获	69.55	75.27	60.61	9.59	6.86	7.70	90.11	93.50	92.30
烘干	2.24	47.62	2.35	30.51	30.00	28.60	69.49	60.00	71.40

（2）主要农作物机械化程度

表 3-16 进一步展示了华中三省各主要农作物在其各生产环节的机械化水平。早稻、中稻、晚稻和小麦机械化程度最高的环节均为收获环节，次高的均为耕整地环节；玉米机械化程度最高的两个环节则分别为耕整地和播种环节；对于其他经济作物而言，打药环节和耕整地环节机械化使用程度最高，这也体现了经济作物收获环节不利于机械化的特性，可见，对于粮食作物，机械化水平最高的环节为耕整地和收获环节，对于经济作物，则主要是耕整地和打药环节机械化程度较高。总的来说，目前华中三省地区农业机械化程度仅在部分环节较高，主要农作物生产的全程机械化仍然有较大提升空间。

表 3-16　华中三省主要农作物各种植环节机械化程度

单位：%

环节	早稻	中稻	晚稻	小麦	玉米	其他经济作物
耕整地	68.57	77.26	74.62	90.21	57.77	46.43

（续）

环节	早稻	中稻	晚稻	小麦	玉米	其他经济作物
播种	20.00	11.09	18.46	76.80	42.61	7.14
施肥	17.14	5.83	12.31	33.76	20.91	10.71
除草	5.77	4.68	4.72	9.95	5.44	18.75
打药	12.75	11.18	10.85	13.69	7.58	26.42
收获	89.52	83.08	92.31	98.45	40.88	7.14
烘干	11.43	3.01	10.77	1.03	0.63	10.84

如表 3-17 所示，农业机械化程度在华中三省内部也存在差异。分环节来看，在耕整地环节，三省机械化程度都较高，均超过 60%，河南省和湖北省甚至达到了 70%；就播种环节来看，三省差距较大，河南省播种环节机械化率最高，为 74.65%，湖北省其次为 21.30%，湖南省播种环节机械化率为 9.57%，在三省中最低；施肥环节，同样是河南省机械化率最高，为 34.10%，湖北省为 11.42%，湖南省最低，为 7.30%；在除草环节，三省差距不大，均低于 10%，湖南省甚至低于 5%；打药环节，三省机械化率差距不大，均略高于 10%；收获环节，三省机械化率均高于 60%，尤其是河南省，接近 80%；烘干环节的机械化率普遍较低，但是与河南省和湖北省相比，湖南省烘干环节的机械化率相对较高，为 7.83%，河南省和湖北省则在 1% 附近。整体来看，河南省在作物各生产环节的整体机械化程度较高，其次是湖北省，湖南省机械化程度与两省相比仍存在一定差距。

表 3-17　华中三省各省种植业各环节农业机械化率

环节	样本省份	机械户数（户）	总户数（户）	机械化比率（%）
耕整地	河南省	477	652	73.16
	湖北省	487	648	75.15
	湖南省	372	575	64.70
播种	河南省	486	651	74.65
	湖北省	138	648	21.30
	湖南省	55	575	9.57
施肥	河南省	222	651	34.10
	湖北省	74	648	11.42
	湖南省	42	575	7.30

（续）

环节	样本省份	机械户数（户）	总户数（户）	机械化比率（%）
除草	河南省	56	621	9.02
	湖北省	39	627	6.22
	湖南省	26	554	4.69
打药	河南省	62	574	10.80
	湖北省	56	486	11.52
	湖南省	61	530	11.51
收获	河南省	515	651	79.11
	湖北省	408	648	62.96
	湖南省	380	575	66.09
烘干	河南省	4	650	0.62
	湖北省	10	648	1.54
	湖南省	45	575	7.83

2. 种植业机械化来源

图 3-5、表 3-18 汇报了华中三省地区种植业中农业机械化的社会服务利用情况。从整体上来看华中三省农业社会化服务的利用程度较低，种植业生产环节中所使用的别人家的机械大多来自农机个体户，服务组织所占比重较低，仅有 7.38% 的机械是由社会化服务组织提供的。从各个生产环节上来看，烘干环节所使用的机械来自服务组织的社会化服务程度最高，在使用别人家的机械总数中占比达 39.02%，其次是打药环节，社会化服务利用程度第二高，在使用别人家的机械总数中占比为 17.65%；耕整地环节的社会化服务利用程度最低，在使用别人家的机械总数中仅占比 5.70%，而大多数主要还是来自农机个体户所提供的服务，占比高达 93.64%。可见，华中三省地区农业社会化服务的组织化程度也较低。与 2019 年和 2020—2021 年调研结果相比，农户在耕整地、播种、施肥、打药以及收获环节使用服务组织提供的机械比例下降，使用农机个体户提供的机械比例上升；在烘干环节，华中三省农户使用服务组织和农机个体户提供的机械比例均下降，采用其他渠道获得烘干机械服务的比例上升，可见农机社会化服务发展仍不够完善。

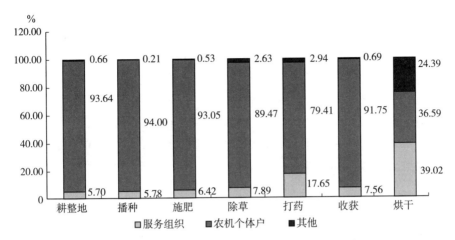

图 3-5 华中三省种植业各环节所使用的农业机械来源

表 3-18 华中三省种植业各环节所使用的农业机械来源

环节	调研年份	服务组织（户）	比率（%）	农机个体户（户）	比率（%）	其他	比率（%）
耕整地	2022	43	5.70	707	93.64	5	0.66
	2020—2021	35	8.01	401	91.76	3	0.69
	2019	94	5.96	1 454	92.26	28	1.78
播种	2022	27	5.78	439	94.00	1	0.21
	2020—2021	25	10.78	206	88.79	2	0.86
	2019	59	6.89	785	91.71	12	1.40
施肥	2022	12	6.42	174	93.05	1	0.53
	2020—2021	6	8.70	63	91.30	1	1.45
	2019	34	8.08	375	89.07	12	2.85
除草	2022	3	7.89	34	89.47	1	2.63
	2020—2021	2	20.00	9	90.00	0	0.00
	2019	—	—	—	—	—	—
打药	2022	12	17.65	54	79.41	2	2.94
	2020—2021	4	21.05	15	78.95	0	0.00
	2019	12	26.09	32	69.57	2	4.35
收获	2022	77	7.56	934	91.75	7	0.69
	2020—2021	65	12.55	454	87.64	0	0.00
	2019	175	8.70	1 794	89.21	42	2.09
烘干	2022	16	39.02	15	36.59	10	24.39
	2020—2021	3	42.86	5	71.43	0	0.00
	2019	23	44.23	25	48.08	4	7.69

3. 总结

通过对华中三省农机设备使用情况进行分析，可以得出以下结论。

首先，农业机械仅在作物生产的部分环节得到了较高程度的使用，如耕整地和收获环节，在播种、施肥、打药环节的机械化率还很低，尤其是除草和烘干环节更低。分作物来看，粮食作物机械化程度最高的环节为耕整地和收获，经济作物则在耕整地和打药环节拥有较高的机械化率。分省来看，河南省在作物各生产环节的整体机械化程度最高，其次是湖北省，湖南省机械化程度与其他两省相比仍存在一定差距。

其次，从机械化来源来看，农户仅在烘干环节大量使用农业机械社会化服务，除草和打药环节则更多使用农机个体户机械。进一步地，华中三省地区农业社会化服务的组织化程度较低，大部分的农机服务由农机个体户提供，来自服务组织的农业机械化服务占比非常小。

四、绿色技术使用

绿色农业技术可以提高耕地质量，有效促进农业绿色生产转型，具有可观的环境和经济效益，推广绿色农业技术、强化农业绿色发展的科技支撑是实现农业经济高质量发展的根本要求。农户作为农业生产的主要参与者和技术采纳对象，了解其在农业生产中对各类绿色技术的采纳情况和在采纳绿色技术期间获得政府补贴和技术培训的情况，对于促进绿色技术的广泛运用具有重要意义。因此，本次调研对三省农户绿色技术采纳情况及其在采纳过程中获得政府补贴和技术培训的情况进行了进一步分析。

1. 绿色技术采纳情况

在三省的受访农户中，采纳秸秆还田技术的农户最多，占比达83.25%，这与政府高度重视秸秆机械化还田等综合利用工作相关；其次是采用深耕深松和病虫害防治措施，分别占25.71%和24.27%；采用测土配方施肥技术和节水灌溉技术的农户最少，仅占5.65%和5.28%，农户节水灌溉意识仍不强，具体农户数据见图3-6。

图3-7、表3-19显示了河南、湖南和湖北三省受访农户绿色技术采纳情况，可以发现，三个省份中秸秆还田的比例都达到了80%以上，湖北省占比最高，达到了84.88%。对于深耕深松技术的采纳，湖北省占比最高（31.48%），但是，在节水灌溉技术采纳中，湖北省占比最低，仅为2.47%。河南省在病虫害防治技术和节水灌溉技术上采纳占比最高，分别为31.90%和9.05%。

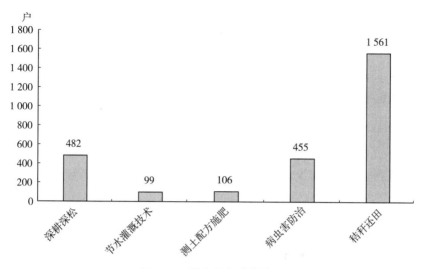

图 3-6 绿色技术采纳情况

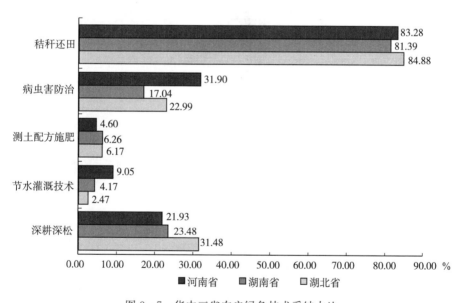

图 3-7 华中三省农户绿色技术采纳占比

表 3-19 华中三省农户绿色技术采纳占比

环节	湖北省		湖南省		河南省	
	数量（户）	占比（％）	数量（户）	占比（％）	数量（户）	占比（％）
深耕深松	204	31.48	135	23.48	143	21.93
节水灌溉技术	16	2.47	24	4.17	59	9.05

（续）

环节	湖北省		湖南省		河南省	
	数量（户）	占比（%）	数量（户）	占比（%）	数量（户）	占比（%）
测土配方施肥	40	6.17	36	6.26	30	4.60
病虫害防治	149	22.99	98	17.04	208	31.90
秸秆还田	550	84.88	468	81.39	543	83.28

图 3-8 显示了农户秸秆还田的具体方式，其中农户选择最多的方式有粉碎翻压还田和覆盖还田两种，分别占比 70% 和 17%，可能的原因是在机械化收割的广泛应用背景下，农户大多会选择让农机手在收割时顺道粉碎秸秆，以节约成本。此外，在调研中我们发现仍有 4% 的农户会选择焚烧的方式来进行秸秆还田，秸秆禁烧宣传和相关措施仍需进一步加强。相比之下，其他秸秆还田方式应用较少，秸秆还田方式较为单一。

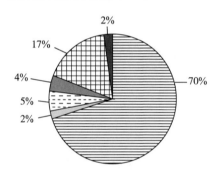

图 3-8　秸秆还田方式

图 3-9 中显示了农户在进行病虫害防治时所采用不同类型措施的比例，有 72% 的农户选择施用生物农药，有 22% 的农户则是进行了病虫害的统防统治，使用生物防治措施和物理防治措施的农户仅占 3%，农户进行病虫害防治时措施使用方式较为单一。

图 3-10 显示了农户所采纳节水灌溉技术的主要类型占比，其中，采纳较多的是渠道防渗和低压管灌溉，占采纳节水灌溉技术农户的 32% 和 29%，其次为喷灌（9%）和注水点灌（8%），其余如地下渗灌和地面滴灌技术采纳占比较低。

2. 绿色技术采纳政府补贴及技术培训情况

图 3-11、表 3-20 显示了农户在绿色技术采纳期间获得的政府提供的补

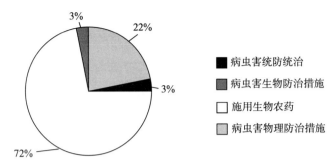

图 3-9　病虫害防治措施类型

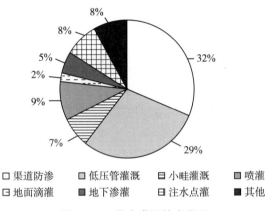

图 3-10　节水灌溉技术类型

贴和技术培训的情况（根据问卷中农户对"若采用，是否获得过政府提供的技术指导或培训?""若采用，采纳期间是否获得过政府补贴?"问题的回答），可以发现，总体而言，农户在采纳绿色技术时，获得技术培训和技术指导的比例要高于获得补贴的比例。具体而言，采纳各项技术的农户中获得补贴的农户所占比例普遍低于20%，可见绿色技术采纳补贴的覆盖面较小，农户可能因申请补贴手续复杂或是未达到补贴标准等原因而未拿到补贴。同时，获得技术培训的农户比例大多也不超过50%，技术培训和技术指导仍需加强，其中针对测土配方施肥的技术培训相对而言较多，获得技术培训的农户占比达到57.55%。

表 3-20　技术采纳期间获得政府补贴、培训人数及其占比

环节	获得补贴人数 （人）	获得补贴占比 （%）	获得技术培训人数 （人）	获得技术培训占比 （%）
深耕深松	61	12.66	109	22.61
节水灌溉技术	13	13.13	25	25.25

（续）

环节	获得补贴人数（人）	获得补贴占比（%）	获得技术培训人数（人）	获得技术培训占比（%）
测土配方施肥	20	18.87	61	57.55
病虫害防治	44	9.67	159	34.95
秸秆还田	51	3.27	262	16.78

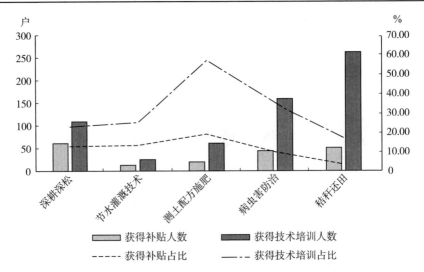

图 3-11　技术采纳期间获得政府补贴、培训人数及其占比

3. 总结

通过对华中三省绿色技术使用情况进行分析，可以得出以下结论。

首先，在华中三省，秸秆还田技术采纳率最高，其次是深耕深松和病虫害防治措施，测土配方施肥技术和节水灌溉技术采纳的农户较少，分省来看，湖北省、湖南省和河南省的秸秆还田比例均处于很高的水平，河南省病虫害防治措施采纳的比例在三省中最高，湖北省深耕深松采纳比例在三省中最高。

其次，就具体采纳措施而言，从秸秆还田的具体方式来看，整体上较为单一，绝大多数农户选择粉碎还田，其次是覆盖还田；就病虫害防治措施而言，农户防治措施比较集中，绝大多数农户使用生物农药，其次是进行病虫害统防统治；从节水灌溉技术采纳类型来看，以渠道防渗和低压管灌溉为主。

最后，从绿色技术采纳期间补贴获得情况来看，大多数农户在采纳绿色技术期间，获得的是技术培训和技术指导，尤其是获得测土配方施肥技术培训比例较高，获得政府补贴的比例则较少。

五、种植业生产风险

农业生产具有很强的季节性和周期性，对生长环境的变化反应敏感，其生产风险不能被忽视，洪灾、旱灾等自然灾害对于农业生产的破坏性较大，危害到我国局部区域的农业生产，农业及其相关产业对于自然灾害的不可回避性，通常会对农业生产产生巨大的影响。

本节将进一步分析华中三省存在的种植业生产风险，及其给农业生产带来的影响。

1. 农户遭受自然灾害情况

（1）务农资金来源

就样本数据而言，华中三省农户平均从事农业生产经营 36 年，具体来看，河南省样本农户平均从事农业生产经营为 36 年，湖北为 37 年，湖南为 34 年。

如图 3-12 所示，从华中三省务农所投入资金来源来看，绝大多数来自自家储蓄，占比高达 97.26%，其次为向亲戚朋友借，占比为 9.38%，之后则是向金融机构借款，占比为 4.38%。

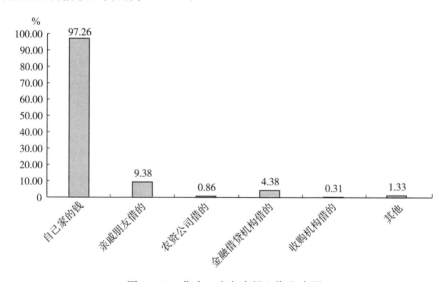

图 3-12　华中三省务农投入资金来源

表 3-21　华中三省务农投入资金来源

来源	数量（户）	比例（%）
自己家的钱	1 244	97.26

（续）

来源	数量（户）	比例（%）
亲戚朋友借的	120	9.38
农资公司借的	11	0.86
金融借贷机构借的	56	4.38
收购机构借的	4	0.31
其他	1	1.33

（2）主要农作物因灾产出损失

图 3-13 显示的是华中三省最主要农作物因灾产出下降最低的比例。在样本农户记忆中，最主要农作物产出曾因自然灾害平均最低下降 57.34%，具体而言，河南省为 57.90%、湖北省 56.52%、湖南省 57.71%。最低减产在 0～60% 的农户占比超过一半，为 56.80%，剩下近一半的农户则遭遇严重的减产甚至是绝收。

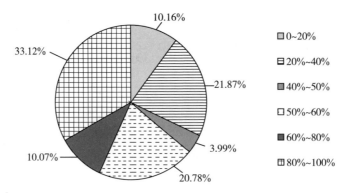

图 3-13　华中三省最主要农作物因灾产出最低下降比例

表 3-22　华中三省最主要农作物因灾产出最低下降比例

减产程度（%）	户数（户）	百分比（%）	累计百分比（%）
0～20	112	10.16	10.16
20～40	241	21.87	32.03
40～50	44	3.99	36.02
50～60	229	20.78	56.80
60～80	111	10.07	66.87
80～100	365	33.12	100.00

　　表 3-23 为华中三省主要农作物因灾产出最低下降比例的分省结果。可见，河南省样本户认为的主要农作物最低减产在 80%～100% 的农户占比最多，为 31.68%，其次是 50%～60%，占比为 25.13%；湖北省情况和河南省相似，大多数农户认为因灾导致的农作物生产最低下降比例在 80%～100%，占比为 31.48%，其次是 50%～60%，占比为 22.22%；湖南省样本农户同样认为自然灾害导致的最低减产比例在 80%～100%，占比为 36.66%，其次为 20%～40%，占比为 24.93%。总体来看，华中三省抽样农户有超过一半认为自然灾害导致的最低产出下降比例在 0%～60% 的范围内，可见自然灾害对农业生产造成的损失是巨大的。

表 3-23　华中三省分省主要农作物因灾产出最低下降比例

调研省份	最低减产程度（%）	户数（户）	百分比（%）	累计百分比（%）
河南省	0～20	33	8.64	8.64
	20～40	78	20.42	29.06
	40～50	14	3.66	32.72
	50～60	96	25.13	57.85
	60～80	40	10.47	68.32
	80～100	121	31.68	100.00
湖北省	0～20	42	11.11	11.11
	20～40	77	20.37	31.48
	40～50	18	4.76	36.24
	50～60	84	22.22	58.47
	60～80	38	10.05	68.52
	80～100	119	31.48	100.00
湖南省	0～20	37	10.85	10.85
	20～40	85	24.93	35.78
	40～50	12	3.52	39.30
	50～60	49	14.37	53.67
	60～80	33	9.68	63.34
	80～100	125	36.66	100.00

图 3-14、表 3-24 显示的是，华中三省抽样农户认为因自然灾害产生的产出严重下降的现象，未来将会发生的次数。三省约 85.30％的抽样农户认为华中三省这种严重的自然灾害，未来十年将会发生 3 次及以下，其中，河南省和湖南省农户平均认为会发生 2 次，湖北省农户平均认为会发生 3 次，可见华中三省农户对未来可能产生的自然灾害持乐观态度。

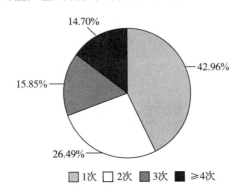

图 3-14　华中三省因自然灾害产生的产出严重下降未来发生情况

表 3-24　华中三省因自然灾害产生的产出严重下降未来发生次数

严重的自然灾害未来 十年可能发生的次数	户数（户）	百分比（％）	累计百分比（％）
1	412	42.96	42.96
2	254	26.49	69.45
3	152	15.85	85.30
4	37	3.86	89.16
5	48	5.01	94.16
6	12	1.25	95.41
7	4	0.42	95.83
8	7	0.73	96.56
9	4	0.42	96.98
10	29	3.02	100.00

表 3-25 显示的是华中三省近 10 年间受自然灾害的年份其主要作物平均减产百分比。就河南省而言，近 10 年间受自然灾害导致的主要农作物平均减产百分比在 20％～40％的农户最多，为 40.79％，其次是减产在 0％～20％的农户，占比为 31.05％；湖北省近 10 年自然灾害导致的主要农作物平均减产百分比在 0％～40％的农户占比达到 68.71％；湖南省近 10 年自然灾害导致的

主要农作物减产百分比在 0%～20% 的农户占比最高，达到 49.78%，其次是减产比例在 20%～40% 之间的农户，占比为 35.43%，总体来看，与因灾导致的主要农作物最低下降比例相比，华中三省主要农作物近 10 年受自然灾害平均减产程度处于较低水平，总体来看，近 10 年受到自然灾害的地区，平均减产为 27.7%。并且湖南省因灾减产的程度相较于河南省和湖北省而言更低。

表 3-25　华中三省近 10 年间受到自然灾害的年份，主要作物平均减产百分比

调研省份	减产程度（%）	户数（户）	百分比（%）	累计百分比（%）
河南省	0～20	86	31.05	31.05
	20～40	113	40.79	71.84
	40～50	9	3.25	75.09
	50～60	45	16.25	91.34
	60～80	8	2.89	94.22
	80～100	16	5.78	100.00
湖北省	0～20	85	30.58	30.58
	20～40	106	38.13	68.71
	40～50	10	3.60	72.30
	50～60	44	15.83	88.13
	60～80	21	7.55	95.68
	80～100	12	4.32	100.00
湖南省	0～20	111	49.78	49.78
	20～40	79	35.43	85.20
	40～50	4	1.79	87.00
	50～60	16	7.17	94.17
	60～80	6	2.69	96.86
	80～100	7	3.14	100.00

2. 作物减产原因

（1）主要农作物减产原因

图 3-15、表 3-26 进一步展示了华中三省主要农作物减产的原因，华中三省地区主要遭受雹灾、涝灾、旱灾、冻灾、风灾、病虫害以及持续高温的影响。就各个灾害导致的减产比例来看，华中三省地区主要农作物减产最主要的原因是涝灾，因涝灾导致减产的农户比例高达 52.13%，其次是旱灾，减产农户占比 45.13%，风灾和病虫害也是导致华中三省主要农作物减产不可忽视的

一个重要原因，合计占比高达 45.88%，雹灾、冻灾、持续高温等其他原因在华中三省不是导致主要农作物减产的主要原因，其合计占比为 15.38%。

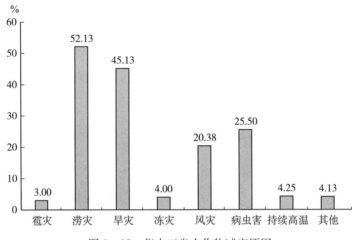

图 3-15　华中三省农作物减产原因

表 3-26　华中三省农作物减产原因

减产原因	次数（次）	比例（%）
雹灾	24	3.00
涝灾	417	52.13
旱灾	361	45.13
冻灾	32	4.00
风灾	163	20.38
病虫害	204	25.50
持续高温	34	4.25
其他	33	4.13

　　表 3-27 展示了华中三省分省农作物减产原因结果统计。就河南省来看，导致主要农作物减产的主要灾害为涝灾和旱灾，占比分别为 60.00% 和 47.50%；导致湖北省主要农作物减产的主要灾害除涝灾和旱灾外，还有风灾和病虫害，四种灾害占比分别为 44.33%、46.74%、31.27% 和 26.12%；导致湖南省农作物减产的主要灾害为涝灾、旱灾和病虫害，占比分别为 52.40%、40.17% 和 37.12%。总体来看，涝灾是导致河南省和湖南省主要农作物减产的最主要原因，旱灾则是导致湖北省主要农作物减产的最主要原因。湖北省遭受的导致农作物减产的自然灾害种类最多，其次是湖南省，河南省遭

受的导致农作物减产的自然灾害种类最少。

表 3 - 27 华中三省分省农作物减产原因

调研省份	灾害类型	数量（次）	总户数（户）	比例（％）
河南省	雹灾	18	280	6.43
	涝灾	168	280	60.00
	旱灾	133	280	47.50
	冻灾	20	280	7.14
	风灾	48	280	17.14
	病虫害	43	280	15.36
	持续高温	9	280	3.21
	其他	5	280	1.79
湖北省	雹灾	4	291	1.37
	涝灾	129	291	44.33
	旱灾	136	291	46.74
	冻灾	3	291	1.03
	风灾	91	291	31.27
	病虫害	76	291	26.12
	持续高温	13	291	4.47
	其他	20	291	6.87
湖南省	雹灾	2	229	0.87
	涝灾	120	229	52.40
	旱灾	92	229	40.17
	冻灾	9	229	3.93
	风灾	24	229	10.48
	病虫害	85	229	37.12
	持续高温	12	229	5.24
	其他	8	229	3.49

表 3 - 28 展示的是华中三省自然灾害导致的绝收，对农户下一季农业生产的影响。华中三省有 58.75％的农户认为如果自然灾害导致农业绝收，将会影响其下一季度的种植。分省来看，湖北省自然灾害导致的绝收对农户的种植行为影响最大，有 47.11％的湖北省样本农户认为自然灾害导致农业生产的绝收，会影响到他们下一季度的农业生产行为，其次是湖南省有 39.24％的农户表示会受到影响，最后是河南省有 37.12％的农户表示会受到影响，总体来看

自然灾害导致的农作物绝收，较大程度地影响了农户接下来的农业生产行为。

表 3 - 28　华中三省自然灾害导致的绝收对下一季度种植的影响

调研省份	灾害导致绝收，影响下一季度种植的户数（户）	百分比（％）
河南省	157	37.12
湖北省	204	47.11
湖南省	166	39.24

（2）农户补偿损失的方式

图 3 - 16、表 3 - 29 展示了华中三省农作物绝收后，农户补偿损失的方式。绝大多数农户通过其他收入来补偿农业生产绝收导致的损失，占比达 54.69％；通过政府救济补贴的农户占比为 21.41％，向亲戚朋友借钱的农户占比最低，为 10.94％。通过表 3 - 30 看分省结果，河南省最主要的损失补偿方式为其他收入和政府的救济补贴，占比分别为 57.21％和 27.19％，湖北省最主要的补偿方式为其他收入，占比为 49.19％，向亲戚朋友借钱以及政府救济补贴占比均较小；湖南省最主要的补偿方式为其他收入，占比为 57.68％。可见华中三省农户主要收入来源除农业生产外，可能主要是家庭经营或者外出务工收入，收入来源的多样化也有助于分担农业生产风险，保障农业生产经营。

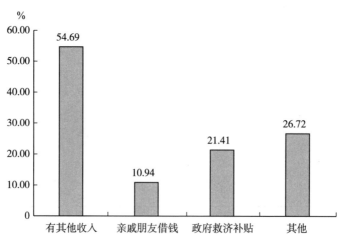

图 3 - 16　华中三省农作物绝收后农户补偿损失的方式

表 3 - 29　华中三省农作物绝收后农户补偿损失的方式

农作物绝收的补偿方式	比率（％）	户数（户）
有其他收入	54.69	700

（续）

农作物绝收的补偿方式	比率（%）	户数（户）
亲戚朋友借钱	10.94	140
政府救济补贴	21.41	274
其他	26.72	342

表 3-30　华中三省各省作物绝收后的补偿方式

调研省份	补偿方式	数量（户）	总户数（户）	比例（%）
河南省	有其他收入	242	423	57.21
	亲戚朋友借钱	38	423	8.98
	政府救济补贴	115	423	27.19
	其他	82	423	19.39
湖北省	有其他收入	213	433	49.19
	亲戚朋友借钱	51	433	11.78
	政府救济补贴	70	433	16.17
	其他	153	433	35.33
湖南省	有其他收入	244	423	57.68
	亲戚朋友借钱	51	423	12.06
	政府救济补贴	89	423	21.04
	其他	107	423	25.30

（3）农户灾害预警及应对措施获得程度

图 3-17 表示的是华中三省农户自然灾害预警以及应对措施的获得程度，总体来看，华中三省抽样农户气象灾害预警信息以及灾害应对相关的培训获得比例较高，获得农户占比分别为 68.75% 和 72.89%，在政府资金或者物资支持以及耕地土壤肥力退化信息方面，农户获得比例较小，分别为 21.61% 和 12.89%（表 3-31）。表 3-32 为分省情况，河南省和湖南省农户获得的最多的灾害预警及应对措施均为灾害应对培训，占比在 70% 以上，其次是气象灾害预警信息，占比在 60% 以上；湖北省农户获得的最多的措施为气象灾害预警信息，占比 76.21%，其次为灾害应对培训，占比为 75.06%；获得政府资金或物资支持相对最多的省份为河南省，获得农户占比为 26.63%，其次是湖北省，占比 20%，湖南省占比最低，为 17.93%；获得耕地土壤肥力退化信息相对而言最多的是湖北省，其次是河南省，湖南省最低，并且与河南省和湖北省相比差距较大。湖北省样本农户灾害预警及应对措施获得程度在华中三省中占比最高，湖南省最低。

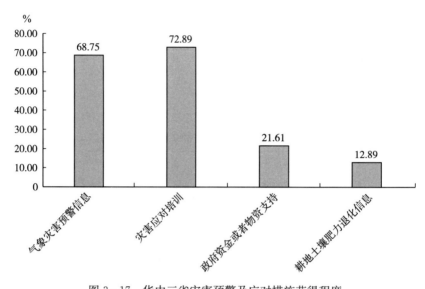

图3-17 华中三省灾害预警及应对措施获得程度

表3-31 华中三省灾害预警及应对措施获得程度

应对措施	户数（户）	比率（%）
气象灾害预警信息	880	68.75
灾害应对培训	933	72.89
政府资金或者物资支持	239	21.61
耕地土壤肥力退化信息	165	12.89

表3-32 华中三省各省灾害预警及应对措施获得程度

调研省份	应对措施	户数（户）	总数（户）	比率（%）
河南省	气象灾害预警信息	282	423	66.67
	灾害应对培训	305	423	72.10
	政府资金或者物资支持	98	368	26.63
	耕地土壤肥力退化信息	60	423	14.18
湖北省	气象灾害预警信息	330	433	76.21
	灾害应对培训	325	433	75.06
	政府资金或者物资支持	76	380	20.00
	耕地土壤肥力退化信息	65	433	15.01
湖南省	气象灾害预警信息	267	423	63.12
	灾害应对培训	303	423	71.63
	政府资金或者物资支持	64	357	17.93
	耕地土壤肥力退化信息	40	423	9.460

3. 总结

通过对华中三省种植业生产风险进行分析，可以得出以下结论。

首先，华中三省农户务农资金来源单一，绝大多数来源于自家储蓄，其次为向亲戚朋友借。

其次，农户认为自然灾害导致的最主要农作物平均产出下降比例超过一半，可见灾害的严重性；分省结果显示，湖北省、湖南省以及河南省绝大多数农户因灾导致的最大减产比例均在 80%～100%；对于这种因灾导致的产出严重下降的现象，华中三省绝大部分农户较为乐观，认为未来十年发生的次数将较少。而且华中三省近十年间所遭受的自然灾害较轻，农户平均减产程度较低。

再次，就自然灾害产生的主要原因来看，华中三省地区最主要的自然灾害为涝灾和旱灾；分省来看，河南省和湖南省主要遭受涝灾，湖北省主要遭受旱灾。自然灾害带来的绝收，将在较大程度上影响农户接下来的农业生产行为。农作物绝收后，华中三省农户最主要的补偿方式为家庭的其他收入。

最后，华中三省农户获得的最多的自然灾害预警以及应对措施是灾害应对培训和气象灾害预警信息，农户获得的政府支持和耕地退化信息则较少。可见农户灾害应对措施较为单一。

六、研究结论与政策建议

通过对 2022 年华中三省生产经营情况进行详细的数据分析和描述，发现华中三省地区在生产经营上主要反映的共性问题有：①农业新型经营主体发展不充分。②农业生产经营规模小，耕地细碎化严重，农业生产不具有规模优势。③农业生产整体机械化水平较低，农业机械社会化服务水平利用程度低。④农户绿色技术采纳程度低，方式单一。⑤农业生产资金来源单一；农户自然灾害应对措施单一，缺少政府支持。为此，政府应该加强政策的针对性，从多方面着手解决农户面临的问题。

第一，加强政府支持力度，促进新型农业经营主体发展壮大。加大对新型农业经营主体基础设施建设扶持力度，拓宽其融资渠道，为促进新型农业经营主体发展营造良好的环境，努力打造以专业大户、家庭农场、农民合作社、农业产业化龙头企业为主的多元新型经营主体。特别是要积极支持合作社规范发展，支持有能力的农民合作社发展多功能农业，大力支持农民合作社探索联合与合作方式，引导农民合作社实现高质量发展。

第二，应该加快对华中三省耕地碎片化现状的治理，推动农业适度规模经营。可以通过推进土地平整工程，降低耕地细碎化程度，推进耕地集中连片，同时还可以通过鼓励耕地流转，为农户规模化经营耕地创造条件，提高耕地利用效率。政府部门应该通过将耕地整治与耕地流转有机结合起来，进一步降低耕地细碎化程度，推进农业规模化经营，实现农业规模化生产效益。

第三，要着力提升粮食作物生产的全程机械化水平，补齐粮食生产全程机械化的短板，推进构建粮食全程机械化高效生产体系。同时也要大力发展经济作物的生产机械化，提升大宗经济作物全程机械化生产水平，加快推进设施种植业机械化。为推进农业生产全程机械化，同时也要发展和壮大农机大户、农机合作社等各类农机服务组织，推进农机服务产业化发展，构建新型农机社会化服务体系，加强农机服务应用的推广与宣传，满足农户实际需求，解放发展农业生产力，增强农村发展活力。

第四，在进一步加大技术培训和政府支持力度的同时，应不断完善信贷机制和社会化服务支持体系以缓解农户在采纳新技术时可能面临的资金、技术等约束。此外，还应进一步通过加强农产品市场管理并健全完善农产品追溯系统来建立健全绿色农业补贴政策机制，完善农业绿色发展激励约束、价值实现、评价考核等机制，形成政府引导、市场主导、社会参与的格局，以提升农户对绿色生产技术的采纳意愿，推进我国现代化农业的转型，此外也要进一步加强绿色技术采纳的推广与宣传，促进农户了解并采用绿色技术。

第五，积极畅通农户信贷渠道，提升农业信贷水平，使得农户能够通过金融渠道等筹集农业生产资金，提高农户农业生产积极性和应对风险能力。此外，政府还要加大财政投入和政策支持，创新金融保险服务机制，提高政策性保险的保费补助力度，扩大保险种类和覆盖面，提高农村居民农业风险保障能力，同时也要进一步加强农业基础设施投入力度，提高农业防灾减灾能力，多渠道有效提高现代农业防范自然灾害的水平，保障农民收入，降低农民损失。

第四章 农业农村数字化

数字技术给农业农村发展带来了新的机遇。党的十八大以来，党中央、国务院高度重视数字农业农村建设，做出实施数字乡村战略、推进电子商务进农村、推进"互联网＋"现代农业、实施"快递下乡"工程和"快递进村"工程等一系列重大部署安排。在此背景下，华中三省大力推进数字技术在农业农村的应用。为了解华中三省农业农村数字化建设现状及问题，本章第一部分分析农户互联网使用和农业软件使用状况；第二部分从设备与软件操作素养、沟通与协作素养、数字内容创作素养、数字安全素养和信息与数据素养五个维度分析农户数字素养，第三部分从电商购物和电商销售两方面分析农户电商采纳情况。

一、互联网使用和农业软件使用[*]

1. 互联网使用基本情况

在 2022 年华中三省关于家庭互联网使用情况的调研中，共有 1 289 户农户回答了与互联网使用相关的问题，其中使用互联网宽带、Wi‑Fi 或移动数据流量上网的被调研农户家庭数量为 1 107 户，占比 85.88%。湖北省、湖南省、河南省被调研农户使用互联网的户数分别为 371 户、366 户、369 户，分别占各省被调研农户总数的 85.48%、85.71%、86.42%。由以上情况可知，湖北省、湖南省、河南省三个省份的农户互联网接入使用情况相差不大，互联网使用率均在 85%～86%。针对使用互联网的农户将进一步考察其上网方式、上网设备种类及数量、上网行为及频率等具体情况。

（1）上网方式选择

如图 4‑1 所示，2019 年，在使用互联网的 799 个农户样本中，同时使用互联网宽带、Wi‑Fi、移动数据流量三种方式上网的农户人数位居第一，占比 46.31%，但只使用互联网宽带上网的人数最少，占比 3.75%。

2020 年，在使用互联网的 642 个农户样本中，选择只使用 Wi‑Fi 上网的

---

* 执笔人：熊航；参与人：杨鑫、陶慧。

农户人数最多，占比 25.55%，但同时使用互联网宽带和移动数据流量上网的人数最少，占比 3.89%。

2022 年，在使用互联网的 1 107 个农户样本中，同时使用互联网宽带、Wi-Fi、移动数据流量三种方式上网的农户人数最多，占 30.71%；只使用 Wi-Fi 上网的人数占比 23.40%；只使用互联网宽带的人数占比 16.80%；而只使用移动数据流量上网的人数最少，占比 3.43%。

对比 2019 年、2020 年与 2022 年的情况可知，农户上网方式选择发生了一定程度的变化，其中使用 Wi-Fi 和使用互联网宽带上网的人数有了一定的上升，而只使用移动数据流量上网的人数占比从 2019 年的 17.9% 下降到 2022 年的 3.43%。

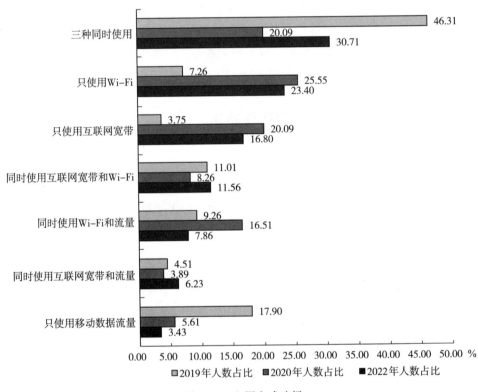

图 4-1　上网方式选择

（2）上网设备种类及数量

此次调研收集了受访农户家庭的上网设备持有状况的相关信息，参见表 4-1 与图 4-2。从受访农户的上网设备持有情况可以看出，互联网的使用已经渗透到华中三省农户生活中的方方面面。

首先，在使用互联网的 1 107 户农户家庭中，有 1 089 户（98.37%）的农户家庭拥有智能手机，有 895 户（80.85%）的农户家庭安装了网络电视，有 753 户（68.02%）的农户家庭拥有笔记本电脑、平板电脑或台式电脑，这些情况从侧面反映出农村地区已有相当水平的网络普及率。

其次，在拥有上网设备的受访农户中，智能手机的拥有总量最多，共计 3 288 部；其次为网络电视，共计 1 082 台；笔记本电脑、平板电脑或台式电脑数量总计为 974 台；智能音箱和农业传感设备的拥有数量分别为 184 台和 44 个。

最后，在各类上网设备的户均拥有数量方面，智能手机的户均占有量为 2.10 部，即每户家庭平均拥有 2 部智能手机；笔记本电脑或平板电脑、台式电脑、智能音箱等上网设备的户均占有量均为 1 台；其他未详尽列出的上网设备户均占有量最高，为 3.02 个。

表 4-1　受访者上网设备种类及数量

	农户数（户）	总数（个）	平均（个/户）
智能手机	1 089	3 288	2.095 2
笔记本电脑或平板电脑	393	568	1.210 5
台式电脑	360	406	1.127 8
智能音箱	152	184	1.445 3
网络电视	895	1 082	3.908 6
农业传感设备	21	44	1.208 9
其他	175	684	3.019 3

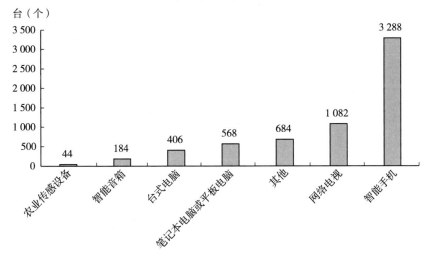

图 4-2　上网设备种类及数量

（3）上网行为及频率

2020 年和 2022 年在调查农户的上网行为情况时，均询问了被访农户使用互联网从事浏览新闻、社交沟通、娱乐活动及网上购物频率的情况，2020 年有 576 户农户完整地回答了相关问题，2022 年共有 964 位农户完整地回答了相关问题。

如表 4-2 所示，网上浏览新闻、社交沟通、进行娱乐活动是大多数农户会产生的上网行为，在 2020 年进行这三种活动的农户人数占比分别为 83.85%、88.89%、83.34%，而在 2022 年进行这三种活动的农户人数占比为 77.59%、93.15%、81.74%，通过比较可以看出从 2020 年到 2022 年，使用互联网进行社交沟通的人数占比得到了一定的提高。对于农户来说，通过拼多多、淘宝等网络购物软件来进行线上购物的行为及频率相对较少，2020 年有 63.72% 的农户从未通过互联网进行线上购物，但在 2022 年从未网上购物的人数占比下降到 42.63%，表明网上购物的方式逐渐在农户群体中被普及和使用。

从 2022 年农户上网从事各种活动的频率来看，有 74.69% 的农户几乎每天都会进行社交沟通，从侧面反映出互联网是农户相互联系的重要通信方式；49.90% 的农户几乎每天会浏览新闻，说明互联网同时也是农户获取信息的重要渠道；59.13% 的农户几乎每天会通过互联网来听歌、打游戏等方式进行放松娱乐，表明互联网在农户的文娱生活中发挥着至关重要的作用。

表 4-2　农户上网行为及频率

单位：%

上网频率	浏览新闻		社交沟通		娱乐活动		网上购物	
	2020 年	2022 年	2020 年	2022 年	2020 年	2022 年	2020 年	2022 年
几乎每天	61.46	49.90	68.06	74.69	61.81	59.13	2.08	6.02
1 周 3~4 次	11.28	11.83	11.81	9.02	11.63	11.20	3.65	7.16
1 周 1~2 次	7.47	10.48	5.56	6.43	6.77	8.09	7.29	15.77
1 月 2~3 次	1.22	3.11	1.91	1.45	1.22	2.07	11.28	14.73
1 月 1 次	1.04	1.04	0.69	0.73	1.04	0.83	5.90	6.02
几个月 1 次	1.39	1.24	0.87	0.83	0.87	0.41	6.08	7.68
从不	16.15	22.41	11.11	6.85	16.67	18.26	63.72	42.63

2. 农业软件使用

（1）上网从事农业活动的行为及频率

在此次调研中，询问了农户使用互联网从事与农业生产相关的活动情况，其中有 964 户农户回答了关于获取农业生产信息资讯的相关问题，但关于从事农技培训、农技咨询、获取作物种植方案及操作农机设备的相关问题，仅有 308～309 个农户做出了完整的回答。

如图 4-3 所示，在 964 户受访农户中，有 471 户（48.86%）农户使用手机软件从事过农业生产信息资讯活动，但也有 493 户农户表示从未使用手机软件从事过农业生产信息资讯活动。在 308 户农户中，仅有 75 户（24.35%）农户使用手机软件参加过例如种植技术、养殖技术等相关农技培训活动。在 308 户农户中，使用手机软件从事农技咨询的农户数量为 63 户，仅占 20.45%；使用手机软件获取作物种植方案、操作农机设备的农户数量分别为 56 户、17 户。

由于使用手机软件获取农业生产信息资讯的人数较多，因此将会在下文进一步报告该部分农户的使用频率及其满意程度。

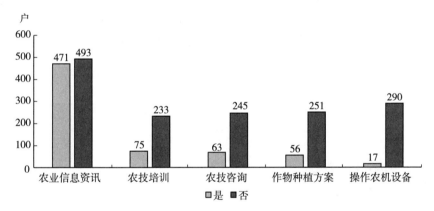

图 4-3　网上从事农业活动的人数分布

表 4-3 为 470 户使用手机软件从事过农业生产信息资讯农户的相关行为频率，几乎每天都会查询获取农业生产信息资讯的农户数量为 268 户，占比 57.02%；1 周查询 4～5 次农业生产信息资讯的农户数量为 39 户，占比 8.30%；1 周查询 2～3 次农业生产信息资讯的农户数量为 54 户，占比 11.49%；1 月查询 1 次的农户数量最少，仅占 1.91%。

表 4-3　从事农业生产信息资讯的频率分布

频率	农户数（户）	占比（%）
几乎每天	268	57.02
1 周 4～5 次	39	8.30

（续）

频率	农户数（户）	占比（%）
1周2~3次	54	11.49
1月2~3次	16	3.40
1月1次	9	1.91
几个月1次	20	4.26
从不	64	13.62
合计	470	100

表4-4为430户使用手机软件查询过农业信息资讯的农户对于该功能对农业生产帮助程度的评价，绝大部分农户对网上查询农业生产信息资讯表示了一定程度的认可，只有2.79%的农户认为该功能对其农业生产完全没有帮助；50.93%的农户认为使用手机软件查询农业生产信息资讯对于其农业生产生活的帮助较多；18.37%的农户对该功能给予了高度的肯定，认为网上查询农业生产信息资讯对于生产帮助非常多。

表4-4 对网上农业信息资讯的农户评价

评价	农户数（户）	占比（%）
完全没帮助	12	2.79
帮助较少	27	6.28
一般	93	21.63
帮助较多	219	50.93
帮助非常多	79	18.37
总计	430	100

由图4-4可知，只有极少部分的农户在使用手机软件获取农业生产信息资讯的过程中是处于付费状态，89.79%的农户仍然是通过免费渠道来获取相关的农业生产信息资讯；由图4-5可知，434户（51.42%）农户在经历手机软件获取农业生产信息资讯后，仍有意愿长期使用该功能，从侧面反映大部分农户对该功能的肯定与认可。

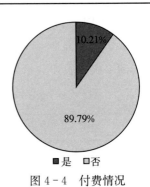

图4-4 付费情况

（2）手机农业软件功能的态度与意愿

图4-6展示了农户对不同手机农业软件功能的
需要程度，对于获取农业信息资讯的功能，186户农
户表示比较需要，有111户农户表示非常需要；对于
网上从事农技培训活动，大多数农户表示需要这项功
能，但也有少部分农户认为自己不需要网上农技培训
这项功能；对于网上获取作物种植方案的功能，超过
一半的农户表示自己需要该功能。

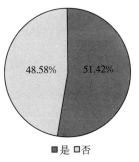

图4-5　长期使用意愿

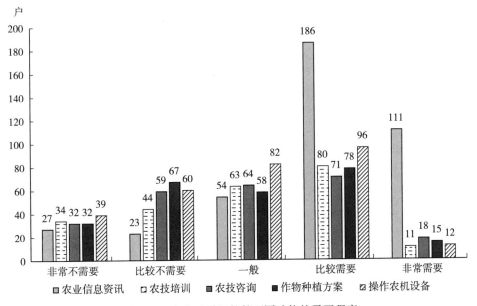

图4-6　农户对手机软件不同功能的需要程度

图4-7展示了农户对利用手机软件获取农业信息资讯、农技培训、农技
咨询、获取作物种植方案、操作农机设备五种功能提高其农业生产效率的评
价。202户农户比较认同网上获取农业信息资讯能够提高农业生产效率，61户
农户非常认同该功能能够提升农业生产效率；110户农户比较认同网上进行农
技咨询能够提高农业生产效率，但也有近1/3的农户不认同网上农技咨询能够
帮助其提高农业生产效率；122户农户比较认同利用手机软件操作农机设备能
够提高农业生产效率，有17户农户则表示非常认同该项功能能够提高农业生
产效率。

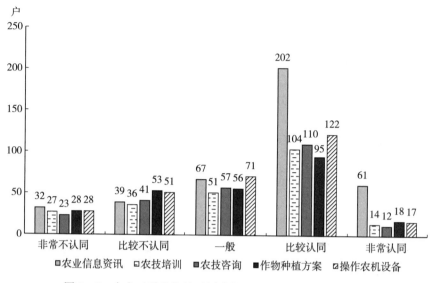

图 4-7 农户对手机软件不同功能提高农业生产效率的评价

（3）农业手机软件的使用行为

农业手机软件是信息技术与农业深度结合的产物，有利于将信息转换为现实农业生产力。在 2020 年和 2022 年的调研中课题组均关注了农户对于农业手机软件使用的情况。在 2020 年的调研中，仅仅只有 9 户农户表示安装过农业手机软件，而在 2022 年的调研中，也只有 52 户农户表示使用过农业手机软件，说明农业手机软件在农户群体中并未得到广泛使用，还有一定的传播与扩散空间（图 4-8）。接着，我们询问了农户具体使用的农业软件种类，如图 4-9 所示，主要为"天天学农""农一网""爱耕耘""农视网""农产品"等，但是大部分农户对使用的农业软件的名称没有具体说明。

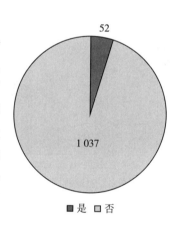

图 4-8 使用专门用于农业的手机软件的情况

鉴于在 52 户使用过农业软件的农户中，有 27 户回答的农业软件名称属于其他类别，因此我们进一步了解了这 27 户农户对其农业软件使用频率的情况。由表 4-5 可知，几乎每天都会使用农业软件的农户仅有 3 人，占比 11.11%；1 周使用 2～3 次的农户数量为 5 户，占比 18.52%；几个月仅使用 1 次的农户数量为 7 户，占比 25.93%。以上情况从侧面反映出大部分农户对农业软件的使

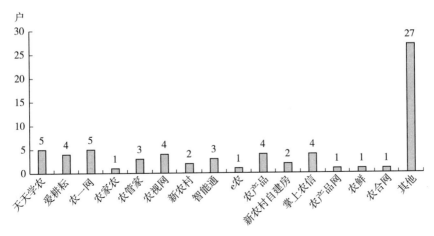

图 4-9　农业手机软件使用种类

用还是相对较少的，可能是因为对农业软件还不够熟悉，一方面可能是因为农业软件的宣传与推广力度不大，未能在农户群体中得到广泛传播；另一方面可能是因为使用农业软件未能在短期内带给农户一定的收益，农户缺少使用动力。

表 4-5　农业手机软件使用频率

	农户数（户）	占比（%）
几乎每天	3	11.11
1 周 4~5 次	3	11.11
1 周 2~3 次	5	18.52
1 月 2~3 次	4	14.81
1 月 1 次	4	14.81
几个月 1 次	7	25.93
从不	1	3.7
总计	27	100

此外，我们进一步了解了农户对其使用的农业软件的评价，如表 4-6 所示，仅有 1 户农户认为使用农业软件对其农业生产完全没有帮助，3 户农户认为使用农业软件对农业生产的帮助较少；10 户农户认为农业软件带给农业生产的帮助较多；6 户农户认为使用农业软件的帮助非常多。

表 4-6　农业软件使用评价

	农户数（户）	占比（%）
完全没帮助	1	3.7

（续）

	农户数（户）	占比（%）
帮助较少	3	11.11
一般	7	25.93
帮助较多	10	37.04
帮助非常多	6	22.22
总计	27	100

3. 本节小结

综合上述分析，得出如下结论。

第一，农户互联网使用率较高，且省份间差异不大。华中三省的农户互联网使用率达 85.88%，且三个省份的农户互联网使用率相差不大。

第二，在上网方式的选择上，选择宽带、无线 Wi-Fi、移动数据流量结合使用的上网方式最受农户青睐，三种上网方式的结合使用满足了农户在不同地点、不同环境的上网需求。

第三，农户拥有的上网设备主要为智能手机。农户拥有的上网设备包括智能手机、网络电视、笔记本电脑或平板电脑等，其中智能手机的拥有总量最多，达 3 288 部，且户均拥有 2.10 部。

第四，农户互联网使用行为主要集中于社交沟通、娱乐活动与浏览新闻，说明互联网是农户相互联系、获取信息、放松娱乐的重要渠道。

第五，一半以上农户未使用过手机软件从事农业生产相关活动。农户使用互联网从事与农业生产相关的活动主要是获取农业生产信息资讯，而上网参与农技培训、获取作物种植方案以及利用手机软件操作农机设备的农户较少。

第六，农业软件还未在农村地区得到较好的普及与使用。调研样本中仅有 52 户农户使用过专门用于农业生产的农业手机软件，且使用频率也较低。

二、数字素养[*]

现阶段我国大力开展农村数字乡村建设，数字化基础设施的建设对于推进农村数字产业发展具有重要作用。农户作为农村最主要的经济活动主体与最基本的决策单位，其采取的数字技术策略对农村数字乡村建设有着深远的影响。

---

[*] 执笔人：熊航；参与人：杨鑫、陶慧。

数字素养可以直接反映农户数字知识及运用数字技术解决问题的能力，不仅能够帮助农户通过理解和运用数字信息与信息技术工具来解决生产生活面临的问题，而且能够帮助其更好地融入信息化浪潮，从而获得各方面的资源和优势，显著提升其管理水平及投资决策能力。

农户数字素养为数字化情境下农民在生产生活实践中所具备的或形成的有关数字知识、数字能力和数字意识的综合体，体现为设备与软件操作素养、沟通与协作素养、数字内容创作素养、数字安全素养和信息与数据素养。上述五个维度分别强调个体在使用基本数字工具收集、整理和加工数字化信息，通过互联网平台进行资源共享、信息交流与协作、创建和编辑文字、图像和视频等内容并进行创意化的表达、输出和传播，采取安全有效的措施保护个人信息、维护正当权益以实现对数字技术长期安全利用等方面的意识、知识和能力。本次调研中，我们对农户的数字素养进行了相关调查。

1. 设备与软件操作素养

农户的数字设备与软件操作素养主要是衡量农户对数字工具的基本操作能力，例如使用电脑或手机观看视频、使用浏览器、在线付款等各种设备与软件操作技能。表4-7展示了农户数字设备与软件操作素养情况，总体来看，农户对数字工具的一些基本操作处于中等水平。其中使用电脑或手机观看视频的操作能力水平最强，平均得分为3.97，而河南省的农户该项操作掌握得最为熟练，平均得分为4.05；农户使用手机出示健康码也较为熟练，平均得分为3.77，其中，湖南省的农户平均得分最高，可能是由于疫情防控需要出示健康码，所以大部分农户已经熟练掌握该项技能；在移动支付的普及与推广背景下，农户的手机在线付款的操作能力也处于较为熟练的水平，总体农户的平均得分为3.79，河南省的农户平均得分最高为3.88；然而，农户使用电脑玩游戏的能力最差，平均得分只有1.53，一方面是因为农户没有较多的闲暇时间玩游戏；另一方面是因为不常使用电脑。

表4-7　设备与软件操作素养

指标/得分（1～5）	农户群体平均得分	湖北省农户平均得分	湖南省农户平均得分	河南省农户平均低分
使用电脑或手机观看视频	3.97	3.88	3.96	4.05
使用电脑或手机上的浏览器（如百度）来搜索信息	2.93	2.84	3.04	2.89
下载和安装电脑软件	2.35	2.16	2.54	2.31

（续）

指标/得分（1～5）	农户群体平均得分	湖北省农户平均得分	湖南省农户平均得分	河南省农户平均低分
升级更新手机 App 或微信小程序	2.43	2.30	2.62	2.35
手机上出示健康码	3.77	3.49	3.91	3.89
玩电脑游戏	1.53	1.44	1.52	1.62
手机在线付款	3.79	3.65	3.84	3.88
农户数量（户）	964	312	329	322

2. 沟通与协作素养

农户的沟通与协作素养主要衡量的是农户使用各种社交软件或平台与他人线上沟通、分享、协作的能力，例如使用微信语音或视频聊天、转发文章或视频、远程视频开会等操作能力水平。表4-8展示了农户沟通与协作素养情况，总体来看，农户的沟通与协作素养处于中等水平。

其中，农户使用微信或 QQ 等软件与他人在线打字或发语音视频的能力处于中等偏上水平，农户群体的平均得分为 3.86，湖南省农户的平均得分最高，为 3.94；农户使用电脑或手机给他人分享网上信息的操作能力也处于中等偏上水平，农户群体平均得分为 3.15，而河南省农户群体的该项操作能力水平最高；农户使用电脑或手机与他人玩联机游戏的操作能力较差，平均得分为 1.77，可能是因为农户对于网络游戏不感兴趣，因此没有投入较多精力和时间来学习该操作方法；对于线上视频开会，农户也比较不熟练，平均得分仅为 1.82。

表4-8　沟通与协作素养

指标/得分（1～5）	农户群体平均得分	湖北省农户平均得分	湖南省农户平均得分	河南省农户平均低分
使用微信或 QQ 等聊天软件与他人在线打字或发语音聊天	3.86	3.78	3.94	3.86
使用电脑或手机给他人分享网上的信息（例如，转发文章、视频）	3.15	3.11	3.17	3.18
使用电脑或手机参与村委会安排的事务	2.90	2.85	2.93	2.90
使用电脑或手机与他人在网上团购（如农资等）	2.34	2.24	2.51	2.26
使用电脑或者手机与他人联机玩游戏（如斗地主）	1.77	1.59	1.91	1.78
与他人远程视频开会（如开腾讯会议）	1.82	1.65	1.87	1.91
通过微信与他人远程视频聊天	3.78	3.87	3.76	3.71
农户数量（户）	961	312	327	321

3. 数字内容创作素养

数字内容创作素养主要衡量的是农户创建和编辑文字、图像和视频等内容并进行创意化的表达、输出和传播的能力水平，例如朋友圈发布文字或视频、快手或抖音上制作并发布短视频、网络直播、Word 或 Excel 等办公软件的使用等。表4-9展示了农户的数字内容创作素养情况，总体来看，农户的数字内容创作素养能力处于中等偏下水平。

农户在微信朋友圈发布文字或图片的操作能力水平处于中等水平，平均得分为3.15，其中湖南省的农户对该项操作最为熟练，平均得分为3.25；对于在抖音、快手上制作并发布短视频的操作，农户的能力水平处于中等偏下的程度，平均得分为2.40；对于 Word、Excel、PPT 等办公软件的使用和操作，农户多处于不熟练甚至不会的状态，这是由于农户的职业特性，很少需要操作此类办公软件，因此基本不会操作。

表4-9 数字内容创作素养

指标/得分（1～5）	农户群体平均得分	湖北省农户平均得分	湖南省农户平均得分	河南省农户平均低分
您会在微信朋友圈发布文字或图片吗	3.15	3.17	3.25	3.02
您会在抖音、快手上制作并发布短视频吗	2.40	2.33	2.40	2.47
您会在抖音、快手等网络平台上直播吗	1.50	1.43	1.55	1.49
您会在朋友圈等网络平台的评论区发表自己的评论吗	2.75	2.68	2.88	2.70
您会使用微软 Word 文档编辑文字内容吗	1.47	1.29	1.51	1.60
您会使用微软 Excel 文档制作表格内容并进行求和运算吗	1.36	1.22	1.37	1.47
您会使用微软 PowerPoint（PPT）文档制作和放映幻灯片吗	1.28	1.16	1.30	1.37
您会在电脑上打印 Word、Excel 或 PPT 文档吗	1.42	1.25	1.44	1.56
农户数量（户）	963	312	328	322

4. 数字安全素养

数字安全素养主要衡量的是农户在使用电脑、手机等数字工具的过程中，对于个人信息的保护、维护正当权益、保护金融资产的意识和能力，例如采用动态验证码、绑定手机号、设置密码等措施来维护资金安全和信息安全。表4-10展示了农户数字安全素养的情况，总体来看，农户的安全防范意识和能力处于较高的水平。

　　绝大部分农户知道数字网络环境中可能存在网络诈骗、账户信息泄露等安全风险问题，其中，湖北省的农户更能意识到这一问题；农户在使用微信、淘宝、抖音等软件时一般会考虑账号、密码等信息安全问题，其平均得分为3.81；在使用网上银行、支付宝、微信支付等互联网金融工具时，农户也会采取动态口令、人脸识别等措施来维护线上交易的资金安全，其平均得分为3.59，其中湖南省和河南省的农户比湖北省农户得分更高；对于手机短信或软件中告知的中奖消息，农户绝大多数知道消息不实，从侧面反映出农户的网络防诈骗意识较强。

表 4-10　数字安全素养

指标/得分（1～5）	农户群体平均得分	湖北省农户平均得分	湖南省农户平均得分	河南省农户平均低分
知道数字网络环境中可能存在网络诈骗、账户信息泄露等安全风险问题	4.14	4.25	4.00	4.17
使用微信、淘宝、抖音等软件时，您会考虑账号、密码等信息安全问题吗	3.81	3.84	3.81	3.78
使用微信、淘宝、抖音等软件时，您会通过绑定手机号、动态验证码等措施来维护账号及密码等信息的安全吗	3.61	3.52	3.67	3.62
在使用网上银行、支付宝、微信支付等互联网金融工具时，您会采取措施（如动态口令和交易码、人脸识别、指纹识别等）维护线上交易的资金安全吗	3.59	3.47	3.64	3.64
在手机短信或软件中告知您中奖的消息都是骗人的吗	4.39	4.48	4.31	4.37
农户数量（户）	958.00	308.00	327.00	322.0

5. 信息和数据素养

　　信息和数据素养主要衡量的是农户使用电脑或手机等数字工具收集、整理和加工信息和数据的能力，例如查找、筛选、下载所需的信息和数据、保存相关图片等。表 4-11 展示了农户的信息和数据素养情况，从总体来看，其信息和数据素养水平处于中等水平。

　　部分农户会使用电脑或手机查找、浏览和筛选所需要的信息和数据内容，平均得分为2.90；对于网络上获取的信息，农户一般能够判断出是否准确可信，其平均得分为3.20；同时，对于网上看到的图片大部分农户会将其保存到手机上,该项操作农户的平均得分为 3.22;但绝大部分农户不会使用优盘等移动硬盘来存储和拷贝,其平均得分只有 1.61。

表 4 - 11　信息和数据素养

指标/得分（1～5）	农户群体 平均得分	湖北省农户 平均得分	湖南省农户 平均得分	河南省农户 平均低分
会使用电脑或手机查找、浏览和筛选所 需要的信息和数据内容	2.90	2.82	2.95	2.91
能够判断从网络上获取的信息内容是否 准确可信	3.20	3.27	3.21	3.11
会使用手机的收藏、下载功能	2.87	2.83	2.95	2.81
会将网上看到的图片保存到手机	3.22	3.21	3.26	3.17
会用优盘等移动硬盘来存储和拷贝文件	1.61	1.38	1.67	1.77
农户数量（户）	962	312	327	322

6. 综合数字素养

数字素养作为人力资本的重要组成部分,对于农户的农业知识技能和管理能力都有重要影响,前文我们具体报告了农户五个不同维度的数字素养情况,接下来我们将报告农户这五个维度及农户综合数字素养的情况。

由表 4 - 12 与图 4 - 10 可知,农户的数字内容创作素养最低,仅有 1.92,表明农户并不擅长编辑文字、制作视频等操作;然而,农户的数字安全素养最高,平均得分为 3.90,其中湖北省和河南省的农户得分相同,表明这两个省份的农户数字安全素养相当,都处于较高水平;农户的数字设备与软件操作素养、沟通与协作素养、信息和数据素养的平均得分分别为 2.97、2.80、2.76;综合来看,农户的综合数字素养不高,平均得分为 2.87,其中湖南省的农户综合数字素养最高,而湖北省的农户综合数字素养最低。

表 4 - 12　农户数字素养

指标/得分（1～5）	农户群体 平均水平	湖北省农户 平均水平	湖南省农户 平均得分	河南省农户 平均低分
设备与软件操作素养	2.97	2.84	3.05	3.00
沟通与协作素养	2.80	2.74	2.87	2.80
数字内容创作素养	1.92	1.83	1.95	1.96
数字安全素养	3.90	3.91	3.89	3.91
信息和数据素养	2.76	2.72	2.80	2.75
综合数字素养	2.87	2.81	2.91	2.89

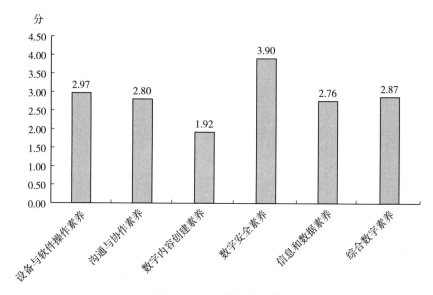

图 4-10　农户数字素养

7. 本节小结

综合上述分析，得出如下结论。

第一，农户的综合数字素养不高。农户的综合数字素养不高，平均得分为2.87，其中湖南省的农户综合数字素养最高，而湖北省的农户综合数字素养最低。

第二，农户的数字内容创作素养较低。农户的数字内容创作素养在五个维度中最低，仅有1.92，介于完全不会与比较不熟练之间，表明农户并不擅长编辑文字、制作视频等操作。

第三，农户的数字安全素养相对较高。农户的数字安全素养平均得分为3.90，其中湖北省和河南省的农户得分相同，都处于较高水平，表明大部分农户具有一定的网络安全意识。

三、农户电商采纳*

农村电子商务（以下简称"农村电商"）是改善农户生活水平、推动农村经济发展的重要手段。近年来，电子商务在国内各大城市已得到较为充分的发

---

* 执笔人：夏涌；参与人：肖小勇。

展，但农村地区还有较大的发展空间。2020 年，全国农村网络零售额达
1.79 万亿元，是 2015 年的 5.1 倍，远高于全国电子商务整体增速。农村电商
一方面可以克服传统商业的时空限制，便利农户的购物消费；另一方面，农村
电商为农产品的销售提供了范围更广、效率更高、门槛更低的销售渠道。在近
年的实践中，农村电商已为乡村振兴做出了许多重要的贡献。因此，深入调研
农户的电商使用现状具有重要意义。

1. 电商购物

在本次调研中，了解电商购物的农户样本量为 610 人，占总体有效样本
的 47.36%。其中，河南省样本中 45.90% 的农户了解电商购物，湖北省为
48.39%，湖南省为 47.78%。农户或其家人有网购经历的样本量为 553 人，
占总体有效样本的 42.93%。其中，河南省样本中 41.69% 的农户或其家人
有网购经历，湖北省为 41.71%，湖南省为 45.43%。针对了解电商购物的
农户，课题组还进行了网购频率、网购途径、网购商品类型和网购物流等方
面的调查。

（1）网购频率

通过询问农户或其家人上一次网购的时间来衡量农户的网购频率。图 4-11
为农户上一次网购时间的分布状况。在 553 份有网购经历的农户问卷中，30.2%
的样本近一天有过网购经历，34.9% 的样本近一星期有过网购经历，11.39% 的
样本近半个月有过网购经历。由此可见，样本中的农户家庭网购频率较高。

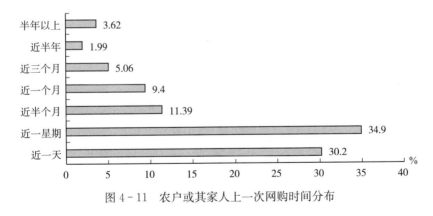

图 4-11　农户或其家人上一次网购时间分布

（2）网购途径

表 4-13 为农户的网购途径统计表。绝大多数（96.93%）农户通过智能
手机进行网购，使用电脑、电商代购或其他方式的农户非常少。由此可见，智
能手机是农户进行网购的主要途径。

表 4 - 13　农户网购途径统计表

	河南省（人）	湖北省（人）	湖南省（人）	合计（人）	占比（%）
电脑	10	7	13	30	5.42
智能手机	171	173	192	536	96.93
电商代购	2	7	1	10	1.81
其他	7	6	0	13	2.35

（3）网购商品类型

表 4 - 14 为农户过去一年的网购商品类型统计表。服饰类商品（69.26%）、日用品（64.92%）与食品饮料（45.21%）为农户的主要网购商品类型。值得注意的是，已经有一部分（19.71%）农户开始使用网购的方式购买化肥和农药等农资类产品。药品与保健类产品（17.90%）、家用电器（17.54%）、电子产品（17.00%）的网购占比较低。在过去一年网购过家具（6.81%）与烟酒类商品（5.42%）的农户比例非常低。

表 4 - 14　农户过去一年网购的商品类型统计表

	河南省（人）	湖北省（人）	湖南省（人）	合计（人）	占比（%）
食品和非酒类饮料	83	90	77	250	45.21
烟酒类产品	12	8	9	29	5.42
药品与保健品	30	32	37	99	17.90
衣服、箱包和配饰	127	132	124	383	69.26
日用品	121	117	121	359	64.92
家具	16	13	9	38	6.81
电子产品	34	26	34	94	17.00
家用电器	28	31	38	97	17.54
化肥和农药等农资	30	37	42	109	19.71
其他	11	24	10	45	8.14

（4）网购物流

表 4 - 15 为农户网购的主要取货地点统计表。57.87%的农户主要网购取货点为乡镇地区，29.48%的农户主要在村内取货，9.04%的农户主要以送货上门的方式取货。以上数据说明农村的电商物流已发展到一定程度（超过 1/3 的农户主要在村内取货），但仍有较大的发展空间。湖南省以送货上门为主要取货方式的农户（31 人）明显多于其他两个省份。

表 4 - 15　农户网购的主要取货地点统计表

	河南省（人）	湖北省（人）	湖南省（人）	合计（人）	占比（%）
送货上门	7	12	31	50	9.04
村内	60	53	50	163	29.48
乡或镇里	107	106	107	320	57.87
县里	1	4	5	10	1.81
其他	3	6	1	10	1.81

表 4 - 16 为农户网购的物流时长统计表。通过询问农户在网上下单后平均多少天可以收到产品来衡量农户网购的物流时长。总体上，农户网购的平均物流时长为 3.41 天，湖北省为 3.34 天，河南省为 3.40 天，湖南省为 3.55 天。农户网购的物流时长大部分（75.90%）集中于 3 到 4 天。相较于全国平均的网购物流时长（菜鸟平台 2022 年 8 月公布全国快递的平均送达时长约为 48 小时），农村网购的物流时长仍有待进一步缩短。

表 4 - 16　农户网购的物流时长统计表

	河南省（人）	湖北省（人）	湖南省（人）	合计（人）	占比（%）
1 天以内	0	2	1	3	0.54
1 天	5	5	10	20	3.62
2 天	18	16	11	45	8.15
3 天	95	95	81	271	49.09
4 天	39	48	61	148	26.81
5 天	11	7	16	34	6.16
6 天	1	0	4	5	0.90
7 天及以上	9	8	9	26	4.71

2. 电商销售农产品

在本次调研中，了解电商销售农产品的样本仅有 127 人，占总体有效样本的 9.87%，其中 43.31% 来自湖北省，33.07% 来自河南省，23.62% 来自湖南省（图 4 - 12）。农户自身或其家人有过电商销售农产品经历的样本仅有 17 人，占总体有效样本的 1.32%，其中湖北 9 人，河南 4 人，湖南 4 人。2022 年有电商销售经历的农户比例较 2019 年（10 人，占总体有效样本的 0.93%）有所增长，但该比例仍然较小。在 17 份有电商销售农产品经历的样本中，平均年电商销售额为 113 956 元；大部分（64.71%）销售的是农户自家生产的农产品；大部分（76.42%）电商销售的农产品没有品牌；29.41% 的农户通过直播进行电商销售。

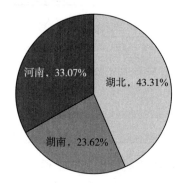

图4-12　了解农产品电商销售的省份差异

3. 本节小结

通过对华中三省农户电商采纳进行分析，得出如下结论。

第一，了解电商并有电商购物经历的农户占样本一半左右，且省份间差异较小。据调查，了解电商购物的农户样本量为610人，占总体有效样本的47.36％。农户或家人有网购经历的样本量为553人，占总体有效样本的42.93％。河南省、湖北省和湖南省三省农户了解电商并有电商购物经历的农户占比均在40％～50％，没有明显区域差异。

第二，在购物频率和购买途径方面，网购农户的购买频率较高，且绝大部分网购农户通过智能手机进行网购。70％以上的网购农户在近半月内使用过电商购物，96.93％的网购农户通过智能手机进行网购。

第三，在网购商品类型上，农户通过电商主要购买非耐用品。农户通过电商主要购买衣服、箱包和配饰（69.26％）、日用品（64.92％）与食品和非酒类饮料（45.21％）等产品。

第四，在网购物流及时间上，大部分农户在乡或镇里取货，物流时间大部分在3天以上。57.87％的农户在乡里或镇里取快递，仅38.52％的农户在村里取快递。农户网购物流时长平均为3.41天，较全国平均水平低。

第五，农户或家人有电商销售农产品经历的比例仍然较低。已有小部分（9.87％）农户了解电商销售农产品，但仅有1.32％的农户或其家人有电商销售农产品的经历。

四、研究结论与政策建议

通过对2022年华中三省农业农村数字化情况进行分析，本报告发现如下共性问题：

①农户使用互联网主要用于娱乐活动，较少参与农技培训、获取作物种植方法以及利用手机软件操作农机设备等生产性活动。②农业软件还未在农村地区得到较好的普及与使用。③农户的综合数字素养不高，尤其数字内容创作素养最低。④了解电商并有电商购物经历的农户仅占样本的一半左右。⑤农户通过电商主要购买非耐用品，较少购买耐用品。⑥大部分农户在乡或镇里取快递，且物流时间大多在3天以上。⑦农户或家人较少通过电商销售农产品。

为解决农业农村数字化过程中出现的共性问题，本报告提出如下政策建议。

第一，完善农村地区互联网基础设施。扩大农村地区的互联网普及率和农户使用率，进而提升农村地区的信息化发展水平。

第二，引导农户使用互联网从事农业生产相关活动。开展手机软件在农业生产中的应用培训，使得农户能够熟练地通过手机软件来获取农业信息资讯、线上参加种植或养殖相关的技术培训、农技咨询、获取科学的作物种植方案以及手机操作农机设备，形成"互联网＋农业"的良好经营模式。

第三，加大对农业手机软件的宣传与推广。提高农业手机软件在农户群体中的宣传力度，提升农户对于农业软件的了解，鼓励农户使用农业手机软件来辅助农业生产，实现科学种地。

第三，应建立农村数字化教育体系，充分发挥数字化教育驱动农民参与数字生活的作用。在实施数字化教育时，要注意精准施策。

第四，全方位提升农户的数字素养水平。开展农户数字技能培训，重点关注中低收入农户、中老年农户和受教育水平较低的农户。

第五，推广农村电商，让更多农户获得数字红利。加大对农村电商采纳的推广、培训和示范，让更多的农户了解和使用农村电商，通过电商购买种类更多、质量更高、价格更低的生活用品与农资产品，进而降低农户的生活与生产成本，提升农户幸福感。

第六，加快农村电商物流设施建设，完善农村电商物流体系。加大农村电商基础设施投资，提升农村电商物流速度，满足农户多样化、多层次的电商购物需求。

第七，推进农户通过电商销售农产品。通过电商技能培训等方式，鼓励农户广泛参与农村电商，拓宽农产品的销售渠道，进而推动农户增收与乡村振兴。

第五章　金融与风险管理

对于华中三省的农户，金融与风险管理是关乎其家庭收入长期稳定增长的极其重要的内容。由于农业生产存在较大的不确定性，农户的收入与支出往往存在很大的波动。同时，农业风险也是农户面临的一个主要挑战，包括天气灾害、病虫害、市场波动等。为了应对这些风险，农户可以采用一些风险防范措施，例如使用金融工具、参保农业保险项目、实行多样化种植等。另外，农业保险参保率和赔付率也是值得关注的乡村风险保障体系建设的一环。本章将对这些内容进行详细的介绍，提供有关华中三省农户面临的收支生产风险以及风险管理等方面的描述。

本章将按照以下五个部分展开：第一部分对家庭收入支出状况进行描述；第二部分关注微观农户个体的数字金融水平；第三部分刻画种植风险的防范与补偿；第四部分析农业保险参保趋势及农户反馈；第五部分进行总结，得出研究结论与政策建议。

一、家庭收入支出情况[*]

金融资本指在消费和生产过程中人们为了取得生计目标所需要的积累和流动。农户金融资本指农户在生产和生活中可支配和可筹措的资金，主要包括：农户进行生产活动获得的现金收入，从金融机构和其他个人处获得的贷款、无偿援助等。本书对金融资本的考量只关注了农户的收入和消费支出状况，未对农户借贷资金方面进行考虑。

1. 农户家庭收入

农户的非农收入主要来源于其就业。2020—2021 年调研获得的数据中共有 1 927 位受访对象回答了关于是否务农、是否非农就业的问题。其中，1 487 人在 2020 年参与务农，440 人没有从事农业相关生产。参与非农就业的样本农户为 802 人，占比 42%（图 5 - 1）。

---

　　[*]　执笔人：张泽宇；参与人：刘恒艺、谭晓艳。

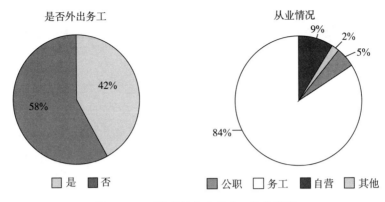

图 5-1　受访者的非农就业、从业情况

根据表 5-1 和表 5-2 可知，在 1963—2020 年期间，部分年份中有受访者外出务工，自 1985 年开始，每一年均有农户外出务工。在所有从事非农生产的工作中，受访者以务工为主（401 人，占比 84.07%），自营（44 人，占比 9.22%）与公职（21 人，占比 4.40%）分列第二、三位。外出务工的农民工平均工作时间为 7 个月，每月 24 天。如图 5-2 所示，受访省份中，外出务工者的务工地点以河南省（150 人）、湖北省（148 人）居多；除受访省份以外，外出务工人员多集中在广东省（58 人）。其中在广东省从业的人主要分布城市为深圳、广州；在湖北省从业的人主要分布城市为武汉、襄阳；在河南省从业的人主要分布在安阳、洛阳、郑州、新乡。

表 5-1　2020—2021 年受访对象的非农就业情况

非农就业状况	农户数（户）	占比（%）
公职	21	4.40
务工	401	84.07
自营	44	9.22
其他	11	2.31
总计	477	100

表 5-2　2020—2021 年受访对象的非农业劳动供给

	首次外出务工年份	主要非农工作月数（年）	主要非农工作天数（月）
平均值	2006	7	24
中位数	2007	8	26
众数	2015	12	30
最小值	1963	0	2

（续）

	首次外出务工年份	主要非农工作月数（年）	主要非农工作天数（月）
最大值	2020	12	31
观测数	477	477	477

与 2019 年的调研数据相比，在所有从事非农生产的工作中，务工人数明显增加，而从事公职、自营以及其他工作方式的人数并没有显著变化。从外出务工地点的分布来看，和 2019 年相比，在河南省、湖北省务工仍然是最多人的选择，除受访省份以外，广东省仍是外出务工人员最大的集中地，且城市分布与 2019 年保持一致。

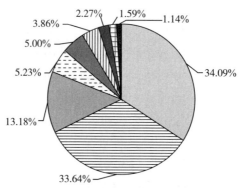

图 5 - 2　受访者外出务工省份分布

从表 5 - 3 可看出，除自营公司的受访对象以外，受访者全年家庭收入平均值为 58 943 元。其中，农业劳动收入为 20 573 元，非农收入为 38 635 元，家庭收入均值与非农收入均值较 2019 年有所上涨，但农业收入均值有小幅度下降（图 5 - 3）。本次受访华中三省家庭人均收入为 17 530.87 元/年，与 2019 年调研得到的家庭人均收入相比提高了约 7 000 元/年，但仍然显著低于全国人均收入 28 228 元/年。

表 5 - 3　2020—2021 年受访对象的家庭收入情况

单位：元

	家庭总收入	农业劳动收入	非农收入
平均值	58 943	20 573	38 635
中位数	32 470	8 000	16 500
众数	20 000	0	0

（续）

	家庭总收入	农业劳动收入	非农收入
最小值	0	0	0
最大值	2 300 000	790 000	1 600 000
观测数	839	839	839

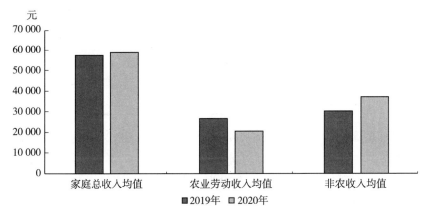

图 5-3　家庭收入均值对比

我们仍然以国家统计数据为标准，以四口之家计算，官方划分的收入水平组为 23 832 元/年（低收入），55 372 元/年（中等偏低），89 980 元/年（中等偏上）以及 259 736 元/年（高收入）。与 2019 年的调研结果相比，华中三省的农户年收入水平均值仍在中等偏低组内，但在绝对值上较 2019 年有所提高。除此之外，低收入家庭数量有所减少，其余收入水平家庭数量与 2019 年相比变化不大（图 5-4）。

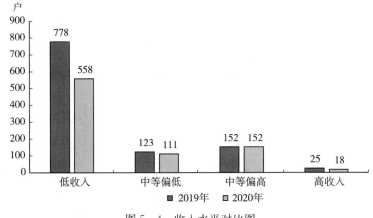

图 5-4　收入水平对比图

表5-4中将三省受访对象家庭收入情况进行对比，可以发现河南省农户的家庭收入整体水平要高于湖北省和湖南省，其次是湖南省，湖北省的家庭收入整体水平在三省中最低。

表5-4 2020—2021年三省受访对象家庭收入情况对比

单位：元

	家庭总收入			家庭农业收入			家庭非农收入		
	平均数	中位数	众数	平均数	中位数	众数	平均数	中位数	众数
湖北省	52 051	30 000	20 000	17 752	6 000	0	34 252	16 450	0
湖南省	58 585	31 500	30 000	21 044	10 000	0	37 508	15 000	0
河南省	65 403	38 896	30 000	21 419	9 000	0	44 157	20 000	0

2022年的调研中课题组更加详细地分析了受访者收入来源。从统计结果来看，受访者主要收入来源为非农收入，占比将近50%，其次为务农收入，两者合计占比达到82.79%。而在非农收入中，工资性收入为最重要来源，占比总非农收入的74.15%，其次为经营性收入（图5-5）。

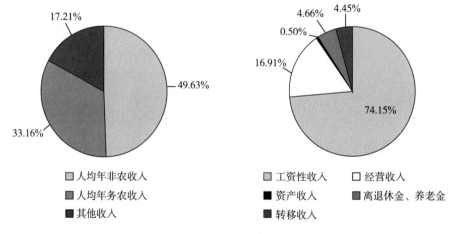

图5-5 收入来源

（左侧为人均收入来源，右侧为人均非农收入来源）

2. 农户消费支出

通过剔除缺失值及异常值，2020—2021年调研共获得832个有效数据。从总体上看，2020年受访者支出平均值为42 655.45元，中位数为21 125元。从图5-6可以看出，接近75%的农户支出水平小于农户支出的平均值，超过6%的农户支出费用高达10万元以上。分省份来看，湖北省受访者支出平均值为 39 155.68 元，中位数为 23 460 元；河南省受访者支出平均值为 48 341.84 元，中位数为 18 546.00 元；湖南省受访者支出平均值为 35 545.03 元，中位数为 26 097.50元（表 5-5）。

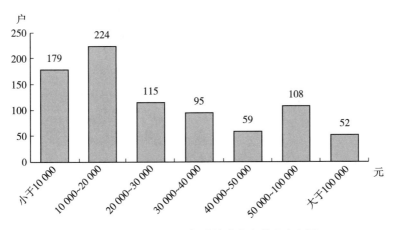

图 5-6 2020—2021 年受访者支出分布直方图

表 5-5 2020—2021 年三省受访者支出情况对比

省份	受访人数（人）	支出的均值（元）	支出的中位数（元）
湖北	359	39 155.68	23 460.00
河南	361	48 341.84	18 546.00
湖南	112	35 545.03	26 097.50

从表 5-6 和图 5-7 可以看出，食物和医疗是受访者支出的主要部分，占农户支出的 42.18%。此外，受访者在（孙）子女、住房公用事业、房屋维修、烟酒、服装上的消费较多。受访者在法律费用、住房、税款、捐赠、外出旅游、电子设备上的需求很小。其中，在食物支出上，农户自己做饭上的支出占 72.26%，餐馆支出以及外卖支出仅占 27.07% 与 0.67%。在医疗支出上，42.81%的支出为农户自付支出。

表 5-6 2020—2021 年受访者支出流向

	受访人数（人）	总支出（元）	平均支出（元）	占比（%）
医疗	832	8 111 473.80	9 749.37	22.86
食物	832	6 855 099.01	8 239.30	19.32
（孙）子女	832	4 714 255.00	5 666.17	13.28

（续）

	受访人数（人）	总支出（元）	平均支出（元）	占比（%）
住房公用事业	832	3 258 490.40	3 916.45	9.18
房屋维修	832	3 153 403.00	3 790.15	8.89
烟酒	832	3 023 250.00	3 633.71	8.52
服装	832	2 435 976.00	2 927.86	6.86
交通	832	1 493 311.40	1 794.85	4.21
非生产性保险费	832	1 139 004.60	1 369.00	3.21
电子设备	832	579 560.00	696.59	1.63
外出旅游	832	304 986.00	366.57	0.86
捐赠	832	174 452.00	209.68	0.49
住房	832	159 199.00	191.34	0.45
税款	832	77 084.00	92.65	0.22
法律费用	832	9 792.00	11.77	0.03

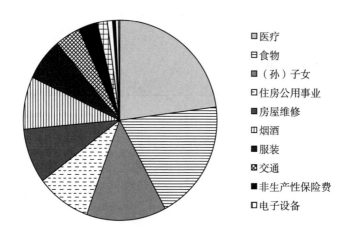

图 5-7　2020—2021 年受访者不同类型支出占比

从农户主观感受上看，如图 5-8 所示，与其他农户相比，58% 的受访者认为自己的支出在中等水平，32% 的农户认为自己的支出水平比较低或很低，只有 10% 的农户认为自己处在高水平的支出上。

在 2022 年的调研中，剔除缺失值及异常值后共获得 1 279 个有效数据。从总体上看，受访者支出平均值为 41 501.06 元，中位数为 25 500 元。从

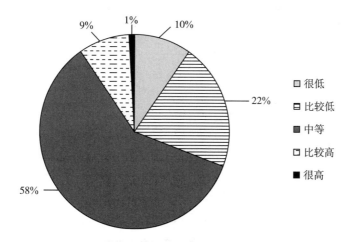

图 5－8　2020—2021 年受访者支出水平主观感受

图 5－9 可以看出，接近 70％的农户支出水平小于农户支出的平均值，接近 7％的农户支出费用高达 10 万元以上。分省份来看，湖北省受访农户支出平均值为 36 776.67 元，中位数为 24 200 元；河南省受访农户支出平均值为 50 067.38 元，中位数为 27 900 元；湖南省受访农户支出平均值为 37 712.41 元，中位数为 25 900元。整体消费支出水平上，河南省消费支出水平是三省中最高的（表 5－7）。

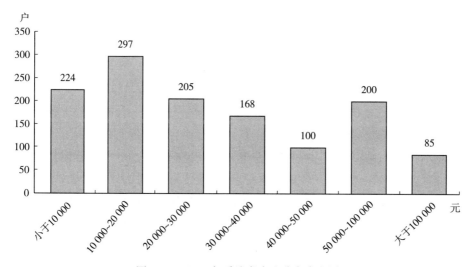

图 5－9　2022 年受访者支出分布直方图

表 5 - 7　2022 年三省受访者支出情况对比

省份	受访人数（人）	均值（元）	中位数（元）
河南	425	50 067.38	27 900.00
湖北	433	36 776.67	24 200.00
湖南	421	37 712.41	25 900.00

　　从受访者支出流向来看，如表 5 - 8 和图 5 - 10 所示，食物消费与医疗消费是受访者支出的主要部分，占农户支出的 42.76%。此外，受访者在（孙）子女教育消费、住房公用事业上的消费也比较多。受访者在外出旅游、住房、服装上的需求很小，总计不足支出的 10%。

表 5 - 8　2022 年受访者支出流向

支出流向	受访人数（人）	总支出（元）	平均支出（元）	占比（%）
食物	1 279	11 700 000.00	9 137.00	22.04
医疗	1 279	11 000 000.00	8 613.61	20.72
（孙）子女教育	1 279	8 619 503.00	6 739.25	16.24
住房公用事业	1 279	6 641 393.00	5 192.65	12.51
娱乐活动	1 279	3 805 965.00	2 975.74	7.17
交通费用	1 279	3 759 300.00	2 939.25	7.08
烟酒	1 279	3 658 080.00	2 860.11	6.89
服装	1 279	2 566 669.00	2 006.78	4.84
住房	1 279	895 625.00	700.25	1.69
外出旅游	1 279	430 297.00	336.43	0.81

　　两次的调研结果均显示农户支出流向主要均为食物和医疗，旅游、娱乐等项目上农户支出少，支出流向较为单调，这也说明农户的支出主要还是用于生活必需品。

　　从农户主观感受上看，如图 5 - 11 所示，与其他农户相比，58% 的受访者认为自己的支出水平居于中等水平，18% 的农户认为自己的支出水平比较低或比较高，只有 6% 的农户认为自己处在很高或很低的支出水平上。与 2020—2021 年的调研数据相比，2022 年调研中更多受访者认为自己的支出水平属于较高甚至很高的水平。

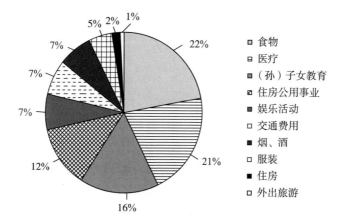

图 5-10　2022 年受访者不同类型支出占比

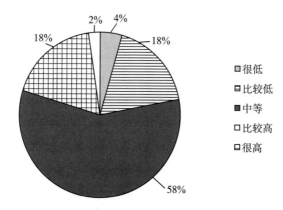

图 5-11　2022 年受访者支出水平主观感受

3. 结论与建议

结合对样本收入与消费支出的描述统计分析可以看出，收入方面，华中三省的农户收入来源以非农收入为主，但家庭总收入均值尚未达到全国平均水平，仍然处于中等偏下的水平，金融资本拥有量比较低。在消费支出方面，综合两年调研结果可以看出，70%~75%的受访者支出水平低于农户人均支出水平，少部分农户支出水平要显著高于大部分农户的支出水平，农户支出有较为明显的两极分化。对三省的收入和消费支出进行对比，河南省的整体收入水平以及消费支出水平是最高的。除此之外，医疗消费以及食物消费均是受访者的主要支出，说明受访者的支出仍然以生活必需品为主。

根据以上结论，相关政府部门应该采取一些必要措施来帮助农户提高收入，比如推广普惠金融以缓解农户流动性资金约束和资金压力，为农户提供更多的就业帮扶和就业机会，完善相关医疗保障体系让农户能够更加便捷地获得有效医疗服务。

二、数字金融*

传统金融发展所面临的困境在新时代背景下需要创新性的金融模式加以解决。特别是，凭借近年人工智能、大数据、云计算等技术蓬勃发展的重大契机，金融也加强了与新兴技术的有机融合，一种新型普惠金融模式——数字金融应运而生（唐松等，2020）。数字金融泛指传统金融机构与互联网公司利用数字技术实现融资、支付、投资和其他新型金融业务模式（黄益平、黄卓，2018）。数字金融以共享、便捷、低成本、低门槛为特征（唐松等，2020），对全要素生产率（唐松等，2019）、创业（谢绚丽等，2018）、金融需求（傅秋子、黄益平，2018）、包容性增长（张勋等，2019）、居民消费（张勋等，2020）等都具有显著影响。

本调研关注微观农户个体的数字金融水平，样本农户家庭的数字金融水平用金融机构账户普及与使用情况、储蓄与借贷情况、资金往来情况和手机/互联网使用情况四个方面进行衡量。具体调研结果如下。

1. 金融机构账户普及与使用情况

表 5-9 的结果显示，在 1 288 个有效样本中，1 079 户在银行或其他类型的正规金融机构拥有账户，占比达到 83.77%，其中湖南省农户拥有的金融机构账户占三省所有样本农户（1 288 户）的比例最高（28.34%），河南省农户拥有的金融机构账户比例为 27.87%，湖北省农户拥有的金融机构账户比例为 27.56%。样本农户中共有 977 位农户拥有借记卡，普及率达到 75.85%，204位农户拥有信用卡，普及率只有 15.84%。河南省样本拥有借记卡的比例（26.24%）高于湖南省（25.08%）和湖北省（24.53%），湖北省样本农户拥有信用卡的比例（6.29%）高于河南省（5.05%）和湖南省（4.50%）。

表 5-9　2022 年三省样本村金融机构账户普及情况统计表

省份	在银行或其他类型的正规金融机构拥有账户的农户数量		拥有借记卡的农户数量		拥有信用卡的农户数量	
	样本数（户）	比例（%）	样本数（户）	比例（%）	样本数（户）	比例（%）
河南省	359	27.87	338	26.24	65	5.05

---

* 执笔人：张泽宇；参与人：谭晓艳。

（续）

省份	在银行或其他类型的正规金融机构拥有账户的农户数量		拥有借记卡的农户数量		拥有信用卡的农户数量	
	样本数（户）	比例（%）	样本数（户）	比例（%）	样本数（户）	比例（%）
湖北省	355	27.56	316	24.53	81	6.29
湖南省	365	28.34	323	25.08	58	4.50
总计	1 079	83.77	977	75.85	204	15.84

注：比例为拥有金融机构账户/借记卡/信用卡的农户占调研农户有效样本的比例。

为进一步考察农户的银行卡使用情况，我们询问了农户借记卡和信用卡的用途。响应率为多选题各选项的全部选择项比例情况。由于农户可以使用银行卡进行多项活动，所以我们用响应率来分析多选题中农户的回答情况。

在总共 977 位拥有借记卡的农户中，有 558 位农户不使用借记卡进行消费，占比 57.11%；在总共 204 位拥有信用卡的农户中，有 121 位农户不使用信用卡进行消费，占比 59.31%。表 5-10 显示了样本村农户借记卡和信用卡的使用情况，农户使用借记卡和信用卡在手机或互联网上进行消费的频次最高，而在实体店刷卡消费的频次较低。

表 5-10　2022 年三省样本村农户银行卡使用情况统计表

用途	拥有借记卡农户		拥有信用卡农户	
	响应频次（次）	响应率（%）	响应频次（次）	响应率（%）
在实体店刷卡消费	230	20.03	63	26.25
在手机或互联网上消费	499	43.47	94	39.17
不消费	419	36.50	83	34.58
汇总	1 148	100	240	100

样本农户中有 61.82% 的农户使用手机（包括短信）或互联网查看银行卡（借记卡）账户余额，有 66.99% 的农户使用手机（包括短信）或互联网查看信用卡额度（图 5-12）。

2. 储蓄与借贷情况

表 5-11 显示了样本农户的储蓄存放情况。平均而言，77.58% 的样本农户曾将资金存入个人账户，农户的储蓄主要放在银行或其他类型的正规金融机构，其次是自己家、亲戚或者朋友家，最后是其他非正规金融机构。具体来说，与湖北省和河南省相比，湖南省样本农户将储蓄放在银行或其他类型的正规金融机构的比例更高（80.09%），而湖北省样本农户将储蓄放在自己家、亲

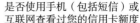
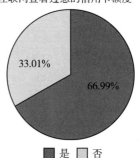

图 5 - 12　2022 年三省样本村农户银行卡使用情况

戚或者朋友家的比例更高（26.32％）。

表 5 - 11　2022 年三省样本村农户存款情况

存款情况	湖北省		湖南省		河南省		汇总	
	响应频次（次）	响应率（％）	响应频次（次）	响应率（％）	响应频次（次）	响应率（％）	响应频次（次）	响应率（％）
银行或其他类型的正规金融机构	333	73.03	370	80.09	366	79.57	1 069	77.58
自己家、亲戚或朋友家	120	26.32	89	19.26	90	19.57	299	21.70
其他非正规金融机构	3	0.66	3	0.65	4	0.87	10	0.73
汇总	456	100.00	462	100.00	460	100.00	1 378	100.00

　　表 5 - 12 显示了样本农户的储蓄使用情况。平均而言，样本农户的储蓄用于家庭成员养老的比例最高（39.12％），其次是家庭成员未来的医疗健康（36.12％），最后是家庭成员未来的教育（24.76％）。分省份而言，与湖南省和河南省相比，湖北省样本农户将更大比例的存款用于家庭成员养老、家庭成员未来的医疗健康，而在家庭成员未来的教育方面，存款准备较少。与之相比，河南省样本农户在家庭成员未来的教育方面的存款准备比例最高。

表 5 - 12　2022 年三省样本村农户存款的使用情况

储蓄用途	湖北省		湖南省		河南省		汇总	
	响应频次（次）	响应率（％）	响应频次（次）	响应率（％）	响应频次（次）	响应率（％）	响应频次（次）	响应率（％）
家庭成员养老	290	40.56	328	39.95	308	37.06	926	39.12

（续）

储蓄用途	湖北省		湖南省		河南省		汇总	
	响应频次（次）	响应率（％）	响应频次（次）	响应率（％）	响应频次（次）	响应率（％）	响应频次（次）	响应率（％）
家庭成员未来的医疗健康	267	37.34	300	36.54	288	34.66	855	36.12
家庭成员未来的教育	158	22.10	193	23.51	235	28.28	586	24.76
汇总	715	100.00	821	100.00	831	100.00	2 367	100.00

表 5-13 显示了样本农户的借款来源情况。整体来说，湖北省和河南省样本农户的借款主要来源于家人、亲戚或朋友，而湖南省样本农户的借款主要来源于银行或其他类型的正规金融机构，占比达到 61.07％。

表 5-13　2022 年三省样本村农户借款来源情况

借款来源	湖北省		湖南省		河南省		汇总	
	响应频次（次）	响应率（％）	响应频次（次）	响应率（％）	响应频次（次）	响应率（％）	响应频次（次）	响应率（％）
银行或其他类型的正规金融机构	47	46.53	91	61.07	60	47.62	198	52.66
家人、亲戚或朋友	53	52.48	58	38.93	65	51.59	176	46.81
其他非正规金融机构	1	0.99	0	0.00	1	0.79	2	0.53
汇总	101	100.00	149	100.00	126	100.00	376	100.00

表 5-14 显示，平均而言，三省样本农户的借款/贷款主要用于农业生产（29.12％），其次是购买/建造房屋（18.85％）、创办、经营或发展企业（15.04％）、为自己或家人治病（13.13％），还分别有 6.92％和 5.01％农户的借款/贷款用于家庭成员教育和流转土地。分省份来看，湖北省和湖南省样本农户借款/贷款的最大用途是农业生产，响应率分别达到 34.78％和 31.25％。而河南省样本农户借款/贷款的最大用途是购买/建造房屋，占比为 25.00％，其次是农业生产（22.22％）。

表 5-14　2022 年三省样本村农户借款用途情况

借款用途	湖北省		湖南省		河南省		汇总	
	响应频次（次）	响应率（％）	响应频次（次）	响应率（％）	响应频次（次）	响应率（％）	响应频次（次）	响应率（％）
流转土地	8	6.96	9	5.63	4	2.78	21	5.01

（续）

借款用途	湖北省		湖南省		河南省		汇总	
	响应频次（次）	响应率（%）	响应频次（次）	响应率（%）	响应频次（次）	响应率（%）	响应频次（次）	响应率（%）
购买/建造房屋	17	14.78	26	16.25	36	25.00	79	18.85
为自己或家人治病	16	13.91	18	11.25	21	14.58	55	13.13
家庭成员教育	5	4.35	13	8.13	11	7.64	29	6.92
进行农业生产	40	34.78	50	31.25	32	22.22	122	29.12
创办、经营或发展企业	17	14.78	23	14.38	23	15.97	63	15.04
其他	12	10.43	21	13.13	17	11.81	50	11.93
汇总	115	100.00	160	100.00	144	100.00	419	100.00

3. 资金往来情况

总样本中有 26.28% 的样本农户曾向居住在中国不同城市或地区的亲戚或朋友提供过汇款。从转出资金渠道来看（图 5-13 左），资金主要是通过银行或其他类型的正规金融机构的手机/互联网软件（小程序），其次是通过银行或其他类型的正规金融机构的线下网点、面对面给现金、邮寄。总样本中有 32.50% 的样本农户从居住在中国不同城市或地区的亲戚或朋友那里收到了钱。从转入资金渠道来看（图 5-13 右），资金主要是通过银行或其他类型的正规金融机构的手机/互联网软件（小程序），其次是通过银行或其他类型的正规金融机构的线下网点、面对面给现金、邮寄。

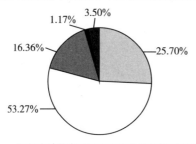
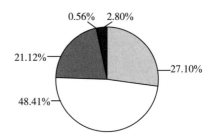

图 5-13　2022 年三省样本村农户资金转出（左）/转入（右）情况

4. 手机/互联网的使用情况

在手机/互联网使用情况方面，我们采用问题"您是否使用手机/互联网，诸如支付宝、微信、QQ 之类的服务进行线下汇款/收款""您是否使用手机/互联网，诸如支付宝、微信、QQ 之类的服务进行线下购物""您是否使用手机/互联网，诸如支付宝、微信、QQ 之类的服务在线支付账单""您是否使用手机/互联网，诸如支付宝、微信、QQ 之类的服务进行网购活动"这四个问题进行测量。

分析结果见图 5-14，三省的样本农户对使用手机/互联网进行线下购物的响应率为 32.91%，其次是线下汇款/收款（28.16%）、在线支付账单（20.81%）和网购（18.12%）。具体而言，河南省使用手机/互联网进行线下购物的响应率（36.95%）高于湖北省（31.45%）和湖南省（30.42%）。湖南省使用手机/互联网进行线下汇款/收款的响应率（30.29%）高于湖北省（27.15%）和河南省（26.79%）。湖北省使用手机/互联网进行网购的响应率（20.03%）高于湖南省（18.12%）和河南省（16.35%）。

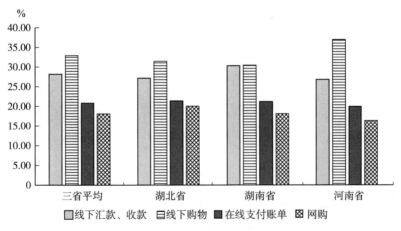

图 5-14　2022 年三省样本村农户手机/互联网使用情况

调查结果显示，3.40% 的样本农户通过诸如手机银行、网银、支付宝、微信等互联网平台购买理财产品（图 5-15 左），6.72% 的样本农户使用诸如手机银行、花呗、京东白条、拍拍贷、陆金所等互联网平台的信贷产品（图 5-15 中），4.09% 的样本农户使用保险公司自营 App 或小程序、支付宝和蚂蚁保等第三方互联网渠道购买保险产品（图 5-15 右）。

图 5-16 显示了湖北省、湖南省、河南省样本农户使用诸如手机银行、网银、支付宝、微信等互联网平台购买理财产品、信贷产品和保险产品的情况。

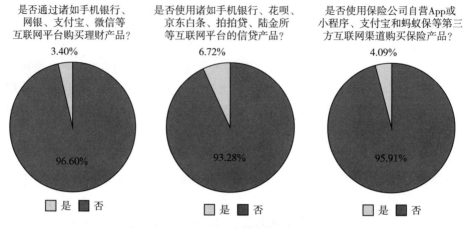

图 5-15　2022 年三省样本村农户使用互联网购买理财（左）、
信贷（中）、保险（右）产品的情况

三省中，湖北省样本农户使用保险公司自营 App 或小程序、支付宝和蚂蚁保等第三方互联网渠道购买保险产品的比例最高（30.23%），湖南省样本农户通过诸如手机银行、网银、支付宝、微信等互联网平台购买理财产品的比例最高（31.25%），河南省使用诸如手机银行、花呗、京东白条、拍拍贷、陆金所等互联网平台的信贷产品的比例最高（53.97%）。

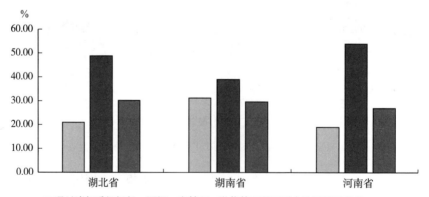

图 5-16　2022 年三省样本村农户使用互联网购买产品的差异

5. 结论与建议

综合上述分析，三省样本农户在金融机构拥有的账户以借记卡为主，而信用卡在三省样本村的普及率还比较低。拥有借记卡和信用卡的农户在手机或互联网上进行消费的次数显著高于在实体店刷卡消费的次数。商务部数据显示[①]，2021年，全国网上零售额达13.1万亿元。其中，2021年全国农村网络零售额达2.05万亿元，同比增长11.3%，这也显示了农村地区的手机和网络支付普及率较高。银行或其他类型的正规金融机构是农户储蓄的主要存放地，平均而言，样本农户的储蓄主要用于家庭成员养老和未来的医疗健康，但存在区域异质性。三省相比，湖北省样本农户将更多储蓄用于家庭成员养老，而河南省样本农户将更多储蓄用于家庭成员未来的教育。湖北省和湖南省样本农户借款/贷款的最大用途是农业生产，而河南省样本农户借款/贷款的最大用途是购买/建造房屋。样本农户通过银行或其他类型的正规金融机构的手机/互联网软件（小程序）进行资金往来的频率高于通过线下网点和现金交易。虽然互联网在农户之间的资金往来方面充当了重要桥梁，但通过诸如手机银行、网银、支付宝、微信等互联网平台购买理财产品、信贷产品和保险产品的农户比例还很少，说明数字金融在样本村的使用深度还有待挖掘。

因此，互联网革命所带来的数字经济和数字金融，为农村带来了移动支付的便捷，有助于缓解农户的借贷约束，并促进了他们的生产投资和经营活动。但数字金融的业务模式尚未成熟，未来在农村的发展还面临许多的机遇和挑战。加快推进数字经济的发展和数字乡村的建设对于实现乡村振兴、促进农村经济高质量发展具有重要意义。

三、生产经营风险*

农业是自然再生产与经济再生产相交织的弱质性产业，对自然条件和社会经济环境均具有极强的依赖性，农业生产或经营活动的不确定性将影响生产经营者的福利。本节围绕种植风险事前防范、事后补偿和农户的种植行为三个方面刻画种植风险，并分省份进行了横向对比分析。

1. 三省概览

（1）种植行为

本小节分别从农户已经从事农业生产的年限、务农投入的资金来源和农户

---

* 执笔人：张玉、贺娟。

① 2021年我国实物商品网上零售额首次破10万亿元 [EB/OL]. http://www.gov.cn/xinwen/2022-01/28/content_5670892.htm.

预计还将从事农业生产的年限三个方面来刻画农户的种植行为。

对农户已经从事农业生产的年限，绘制了以 5 年为组距的直方图如图 5-17 所示。已经从事农业生产 36 年至 40 年的农户数量最多，共 278 户，占总有效样本数的 21.7%；从事农业生产少于或等于 20 年的农户数量也占据了一定的分量，共有 261 户，占总有效样本数的 20.4%；仅 22 户农户从事农业生产超过了 60 年，占样本少数。农户从事农业生产年限呈现左偏的正态分布特征，样本均值为 35.34 年。

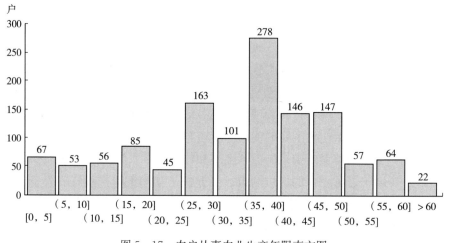

图 5-17　农户从事农业生产年限直方图

在农户务农投入的资金来源方面，数据统计结果分布如图 5-18 所示，由于问题的备选项之间并不矛盾，所以将回答设置为多选，图示的百分比为选择这一选项的农户数占被调研的 1 278 份有效样本数的比重。在被调研的农户中，1 243 户农户（占比 97.26%）都使用了自己家的钱来进行务农投入，自给自足式的小农生产模式依然是农户进行农业生产的主要方式；也有 120 户（占比 9.39%）农户在向亲戚朋友借款进行务农投入，农户进行农业生产产生资金需求时，主要还是依赖熟人网络借款；向金融借贷机构、农资公司和收购机构借款进行务农投入的农户共有 70 户，其中以向金融借贷机构借款为主。可见，农户务农投入的资金来源主要还是自家的储蓄，融资需求不高，且对融资机构的利用程度不高。

对于农户是否还将继续从事农业生产的打算，绘制农户预计继续从事农业生产年限圆饼图（图 5-19）。在全样本中，有 249 户农户对其未来从事农业生产的年限进行了规划，37% 的农户表示继续从事农业生产活动将不超过

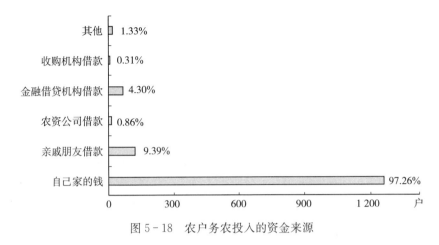

图 5-18　农户务农投入的资金来源

5 年，24％的农户表示将在 5～10 年内不再从事农业生产活动。但这一结果是存在一定选择性偏误的，短期内有不继续从事农业生产活动计划的农户更有可能回答这一问题。对于放弃农业生产后的土地处置问题，打算把地交给儿女的农户有 109 户，而打算把地转给其他人的农户有 108 户。

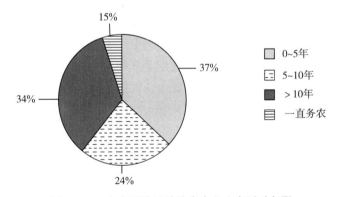

图 5-19　农户预计继续从事农业生产活动年限

（2）种植风险防范与补偿

我们关注农户近三年主要作物遭受各种自然灾害的情况，在样本中，共有 251 户对近三年内受到自然灾害的情况进行了反馈，统计结果分布如图 5-20 所示。有效样本中有 48.21％的农户表示近三年没有遭受自然灾害，其余农户在近三年遭受过一次及一次以上的自然灾害。2021 年是近三年中的主要受灾年，有效样本中有 41.43％的农户在 2021 年遭受了自然灾害的影响，13.55％的农户在 2020 年遭受了自然灾害，11.55％的农户在 2022 年截至调研时已遭受了自然灾害。

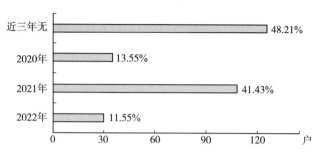

图 5-20　近三年农户主要作物遭受各种自然灾害的情况

　　本小节将从自然灾害发生前的信息预警、技能培训方面，以及自然灾害发生后的行为决策、补偿方式两个板块分析调研结果。

　　在气象灾害预警信息方面，样本中共 1 279 户农户反馈了气象灾害预警信息的获取情况，有 879 户（占比 68.73%）农户表示获得过气象灾害预警信息，其余 400 户（占比 31.27%）表示没有获得过。对获得过气象灾害预警信息的农户进行信息来源的追问，各信息来源之间不相互矛盾，可以同时选择多个信息来源，统计结果分布如图 5-21 所示，其中互联网是指包括微信、抖音、新闻 App 等使用互联网的途径，政府部门主要指村镇工作人员。调查结果显示，在获得过气象灾害预警信息的农户中，手机短信和互联网是农户获取气象灾害预警的主要信息来源，分别有 431 户和 486 户，电视、政府部门也是农户获取相关信息的重要来源。根据调查结果也可知，农户往往通过多种途径获取气象灾害预警信息而非单一途径。

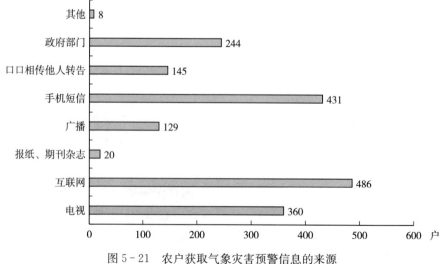

图 5-21　农户获取气象灾害预警信息的来源

在耕地土壤肥力退化相关信息方面，仅 165 户（占比 12.90％）农户表示获得过耕地土壤肥力退化相关信息，其余 1 114 户（占比 87.10％）表示没有获得过。同样对信息来源进行追问，统计结果分布如图 5-22 所示。调查结果显示，在获得过耕地土壤肥力退化相关信息的农户中，有 85 户的农户从政府部门（村镇工作人员）处获取了相关信息，政府部门是这一信息的主要来源；从电视、互联网获取耕地土壤肥力退化相关信息的农户分别有 33 户、48 户，依靠口口相传他人转告而得知的村民有 35 户，这些是耕地土壤肥力退化相关信息的次要来源。农户也倾向于通过多种途径获取耕地土壤肥力退化相关信息，但这一信息的传播范围相对于气象灾害预警信息而言更窄，信息来源也比较单一。

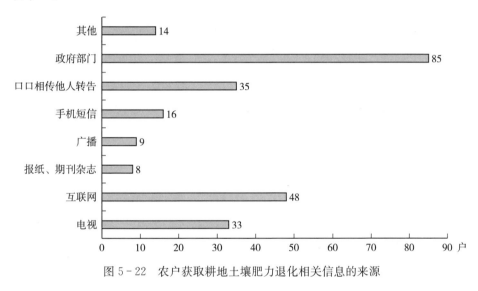

图 5-22　农户获取耕地土壤肥力退化相关信息的来源

在干旱、洪涝灾害的应对方面，364 户农户从政府那里接受过应对干旱、洪涝灾害相关的技术指导、培训，而 933 户农户表示没有接受过相关指导与培训。同时，238 户农户从政府那里接受过应对干旱、洪涝灾害相关的资金或物资支持，867 户农户则表示并未接受过相关支持。结合指导培训与物质支持两个方面，以 1 105 户同时回答了两个问题的农户为样本，统计得到表 5-15。有效样本中，有 60.90％的农户从政府那里既没有接受过应对干旱、洪涝灾害相关的技术指导、培训，也没有接受过相关的资金或物资支持；仅接受了政府的资金或物质支持，而没有受到技术指导、培训的农户比仅受到技术指导、培训的农户多了 9.77 个百分点；同时接受政府的指导培训和物质支持的农户仅占 13.75％。

表5－15　政府对干旱、洪涝灾害相关的指导培训与物质支持情况

资金或物资支持	技术指导、培训	
	是	否
是	152（13.75%）	194（17.55%）
否	86（7.78%）	673（60.90%）

对于自然灾害发生后的行为决策、补偿方式问题。在"如果自然灾害导致作物绝收，是否会影响农户下一季度继续从事农业生产"以及"农户在农作物绝收的情况下会采取何种补偿方式"问题下，共收集到1 279份答复，并基于农户关于下一季度继续从事农业生产是否会被影响的回答，分别统计了他们补偿方式，统计结果见图5－23。在总体样本下，752户农户（占比58.80%）表示遭遇自然灾害，农作物绝收，并不会影响其下一季度继续从事农业生产，另外527户（占比41.20%）农户则表示，如果遭遇自然灾害，农作物绝收，会影响其下一季度继续从事农业生产。在农作物绝收时，两组农户在补偿方式上分布差异并不大，将近半数的农户都依靠其他收入进行补偿，共140户农户选择了向亲戚朋友借款，274户农户表示政府会在农作物绝收的情况下救济，给农户补贴；在选择其他方式的农户中，对回答进行进一步文本分析表明，有285户农户表示没什么别的补偿办法，占比最高，仅24户农户表示可以依靠自身购买的农业保险进行收入补偿。

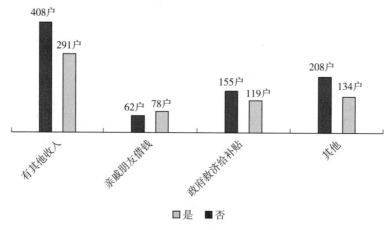

图5－23　农作物绝收时的补偿方式统计

2. 三省对比分析

本次调研在华中三省展开，在湖北省、湖南省及河南省分别收集到435、

427 和 428 份问卷结果。本节主要就各省自然灾害发生前的信息预警、技能培训，及自然灾害发生后的补偿方式两个板块进行省际对比。

（1）种植行为

对湖北省农户已经从事农业生产的年限，绘制了以 5 年为组距的直方图（图 5-24）。湖北省已经从事农业生产 36 年至 40 年的农户数量最多，共 96 户，占总有效样本数的 22.07%；从事农业生产超过 60 年的农户较少，仅 9 户，占比 2.07%。样本均值为 36.64 年，分布特征与整体样本类似，呈现左偏的正态分布特征。

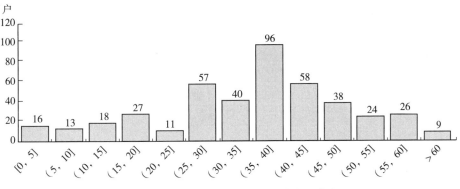

图 5-24　湖北省农户从事农业生产年限直方图

对湖南省农户已经从事农业生产的年限，绘制了以 5 年为组距的直方图（图 5-25）。湖南省已经从事农业生产 36 年至 40 年的农户数量最多，共 84 户，占总有效样本数的 19.67%；从事农业生产超过 60 年的农户较少，仅 6 户；也有 108 户农户从事农业生产不高于 20 年，占比 25.29%。样本均值为 33.84 年，分布特征与整体样本类似，呈现左偏的正态分布特征，但湖南省有更大比例的农户从事农业生产的年限低于 20 年，与湖北省相比，农业生产年限的样本均值更低。

对河南省农户已经从事农业生产的年限，绘制了以 5 年为组距的直方图（图 5-26）。河南省已经从事农业生产 36 年至 40 年的农户数量最多，共 98 户，占总有效样本数的 22.90%；从事农业生产超过 60 年的农户较少，仅 7 户；也有 79 户农户从事农业生产不高于 20 年，占比 18.46%。样本均值为 35.52 年，分布特征与整体样本类似，呈现左偏的正态分布特征，河南省从事农业生产年限低于 20 年的农户比例在三省中为中等，农业生产年限的样本均值略低于湖北省，但高于湖南省的样本均值。

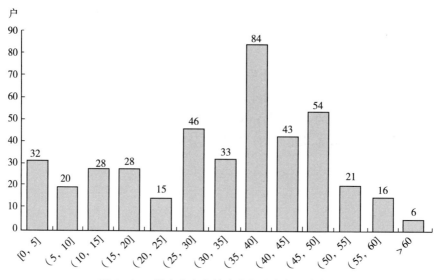

图 5-25　湖南省农户从事农业生产年限直方图

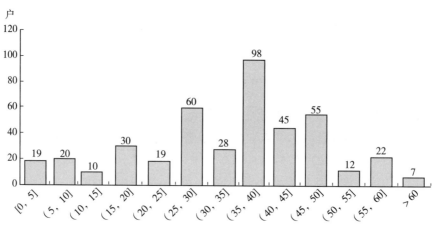

图 5-26　河南省农户从事农业生产年限直方图

（2）种植风险防范与补偿

第一，灾前预警与培训。气象灾害预警信息方面，湖北省有 330 户（占本省样本的 76.21%）农户表示获得过气象灾害预警信息，其余 103 户没有获得过；湖南省有 267 户（占本省样本的 63.12%）农户表示获得过气象灾害预警信息，其余 156 户没有获得过；河南省有 282 户（占本省样本的 66.67%）农户表示获得过气象灾害预警信息，其余 141 户没有获得过。在华中三省之间的对比中，湖北省有更大比例的农户获得过气象灾害预警信息。对获得过气象灾害预警信息的农户进行信息来源的追问，统计结果分布如图 5-27 所示。

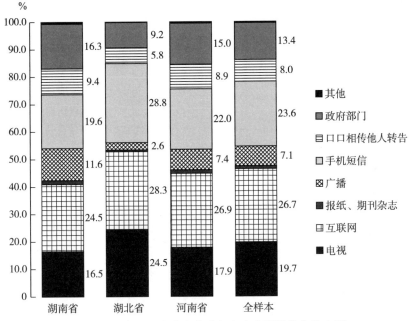

图 5-27 华中三省农户获取气象灾害预警信息的来源

调查结果显示，在获得过气象灾害预警信息的农户中，手机短信和互联网是农户获取气象灾害预警的主要信息来源。湖北省有 185 户农户可以从手机短信中获取相关信息，182 户农户可以从互联网获取相关信息，其中有 90 户农户同时选择了手机短信与互联网；湖南省有 141 户农户可以从互联网获取相关信息，113 户农户会通过手机短信获取，其中有 53 户农户同时选择了手机短信与互联网；河南省有 163 户农户可以从互联网获取相关信息，113 户农户会通过手机短信获取，其中有 66 户农户同时选择了手机短信与互联网。从信息来源分布的角度看，湖北省对于电视、互联网和手机短信三类数字化渠道的依赖性更强；湖南省相对其余两省较多地依赖于政府部门和广播；河南省的消息来源分布更加接近全样本。

在耕地土壤肥力退化相关信息方面，湖北省 65 户农户表示获得过耕地土壤肥力退化相关信息，其余 368 户没有获得过；湖南省 40 户农户表示获得过耕地土壤肥力退化相关信息，其余 383 户没有获得过；河南省 60 户农户表示获得过耕地土壤肥力退化相关信息，其余 363 户没有获得过。总体而言，华中三省仅有较少比例的农户获得过耕地土壤肥力退化相关信息，追问信息来源，统计结果分布如图 5-28 所示。

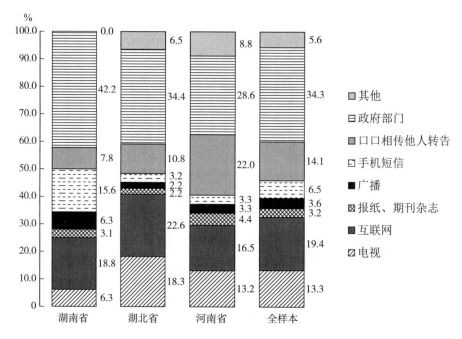

图 5-28　三省农户获取耕地土壤肥力退化相关信息的来源

调查结果显示，在获得过耕地土壤肥力退化相关信息的农户中，政府部门是主要的信息来源，电视、互联网是耕地土壤肥力退化相关信息的次要来源。湖北省农户相对而言更加依赖电视和互联网渠道；湖南省农户更加依赖政府部门渠道；河南省农户对口口相传的转告方式依赖性更强。

在应对干旱、洪涝灾害相关的技术指导、培训方面，湖北省 108 户（占本省样本的 24.94%）农户接受过相关指导；湖南省 120 户（占本省样本的 28.37%）农户接受过相关指导；河南省 118 户（占本省样本的 27.90%）农户接受过相关指导。在应对干旱、洪涝灾害相关的资金或物资支持方面，湖北省有 76 户农户获得过物资支持；湖南省 64 户农户获得过物资支持；河南省 98 户农户获得过物资支持。结合指导培训与物质支持两个方面，统计得到图 5-29。

调查结果显示，湖北省农户在干旱、洪涝灾害方面，接受的政府指导培训与物质支持都低于整体情况；湖南省在干旱、洪涝灾害方面，政府使农户受到的技术指导、培训相对较多，但缺乏相关的资金或物资支持；河南省在干旱、洪涝灾害方面，政府使农户受到的技术指导、培训以及相关的资金或物资支持都相对较多。

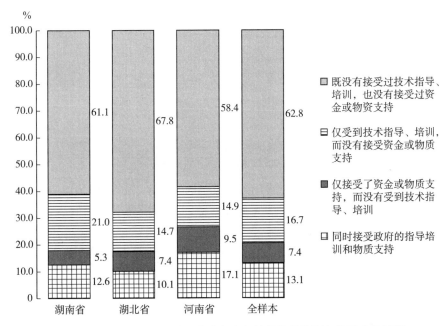

图 5-29 三省政府对干旱、洪涝灾害相关的指导培训与物质支持情况

第二，灾后补偿与对策。对于自然灾害发生后的行为决策、补偿方式问题，基于农户关于下一季度继续从事农业生产是否会被影响的回答，分组统计了他们的补偿方式，统计结果见图 5-30 至图 5-32。

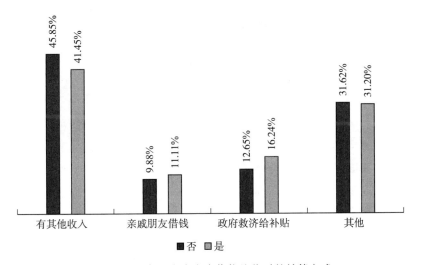

图 5-30 湖北省农户农作物绝收时的补偿方式

湖北省有 229 户农户（占本省样本的 52.89%）表示遭遇自然灾害，农

作物绝收，并不会影响其下一季度继续从事农业生产，另外204户农户则表示会影响其下一季度继续从事农业生产。在农作物绝收时，两组农户在补偿方式上差异并不大，将近半数的农户都依靠其他收入进行补偿，湖北省农户在自然灾害发生后的行为决策、补偿方式方面与总体样本特征没有明显差异。

湖南省有257户农户（占本省样本的60.76%）表示遭遇自然灾害，农作物绝收，并不会影响其下一季度继续从事农业生产，另外166户农户表示会影响其下一季度继续从事农业生产。在农作物绝收时，表示并不会影响其下一季度继续从事农业生产的农户更多地依赖其他收入来源进行补偿，而表示会影响的农户更多地需要向亲戚朋友借钱来补偿损失。湖南省更大比例的农户表示，遭遇自然灾害，农作物绝收，并不会影响其下一季度继续从事农业生产，在绝收时补偿方式方面，两组农户之间的选择呈现出差异。

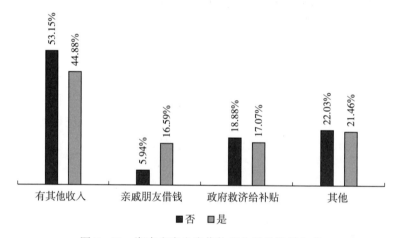

图5-31　湖南省农户农作物绝收时的补偿方式

河南省有266户农户（占本省样本的62.88%）表示遭遇自然灾害，农作物绝收，并不会影响其下一季度继续从事农业生产，另外157户农户则表示会影响其下一季度继续从事农业生产。在农作物绝收时，表示会影响其下一季度继续从事农业生产的农户更多地依赖其他收入来源进行补偿。接近半数的农户都依靠其他收入进行补偿，在绝收时补偿方式方面，河南省更多的农户可以收到来自政府的救济补贴。

对于自然灾害发生后的行为决策、补偿方式问题，农户下一季度继续从事农业生产是否会被影响的不同分组下，组间补偿方式的差异在三省中差异不是很大。单独考察各省农户灾后的补偿方式，统计结果见图5-33。三省农户均

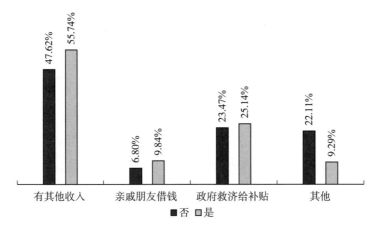

图 5-32　河南省农户农作物绝收时的补偿方式

有近半数的农户表示有其他的收入来源，从而平衡农业生产的自然灾害风险，个体收入来源的省际差异也较小，河南省农户相对更多地能够获得政府的救济和补贴。

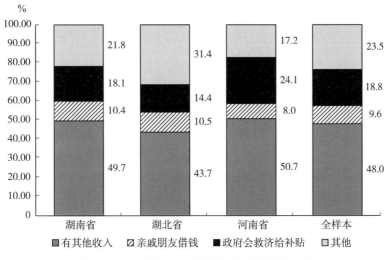

图 5-33　三省农户农作物绝收时的补偿方式

3. 总结与建议

根据抽样数据总体分析来看。农户从事农业生产年限呈现左偏的正态分布特征，期望值在 40 年附近，农户务农投入的资金来源主要还是自家的储蓄，融资需求不高，且对融资机构的利用程度不高。七成农户通过多种途径获得过气象灾害预警信息，而仅一成农户获得过耕地土壤肥力退化相关信息，在信息来源方面，耕地土壤肥力退化相关信息主要来自政府部门且来源相对单一，气象灾害预警信息的主要来源是互联网、电视和手机短信等数字化工具。在干旱、洪涝灾害的应对方面，接受政府部门的技术指导、培训和资金或物资支持的农户都不到三成，且有六成农户既没有从政府那里接受过应对干旱、洪涝灾害相关的技术指导、培训，也没有接受过资金或物资支持。

从省际差异角度分析。华中三省的农户从事农业生产年限分布情况差异不大，湖北省农户平均从事农业生产年限最长，河南省其次，湖南省最少，湖南省从事农业生产不高于 20 年的农户比重最大。从气象灾害预警信息和耕地土壤肥力退化相关信息来看，湖北省获得两类信息的农户比重都更大，在信息获取上表现出了更加依赖互联网、手机短信和电视一类数字化工具的特征；湖南省获得两类信息的农户比重都更低，且在信息获取上表现出了更加依赖政府部门渠道的特征；河南省获得两类信息的农户比重居中，在信息获取方面表现出了对政府部门和村民社会网络相对更为依赖的特征，而对数字化工具的利用程度较低。在政府应对干旱、洪涝灾害提供的指导培训与物质支持方面，河南省农户获得的政府两类支持的比例高于湖北省、湖南省的农户，三省的农户获得政府指导培训与物质支持两类帮扶的组合分布特征较为一致，湖南省从政府那里接受过应对干旱、洪涝灾害相关的资金或物资支持的农户比例最低。

关于自然灾害发生后的农户行为，湖北省农户更倾向于认为遭遇自然灾害，农作物绝收，会影响其下一季度继续从事农业生产，且更少比例的农户能依赖政府救济给补贴对绝收进行补偿；在绝收后的补偿方式上，对选择是否影响下一季度继续从事农业生产的农户进行分组统计，湖南省与湖北省农户呈现出认为农作物绝收不会影响其下一季度继续从事农业生产的农户，同时也更多地有其他收入补偿绝收损失的特征，而河南省农户则相反，呈现出认为农作物绝收不会影响其下一季度继续从事农业生产的农户，同时也更少地有其他收入补偿绝收损失的特征。

基于以上调研结果的统计分析，可以得出如下政策启示：第一，政府有必要构建有效的自然灾害相关信息发布平台，建立健全自然灾害信息发布和应对指导机制，强化自然灾害发生前的预警与培训以及自然灾害发生后的保障措施，为农户及相关主体提供有效的保障方案。第二，深化农业保险改革。除了在保险的理论体系、法律框架、组织制度、经营模式等方面逐步完善之外，也要注重并加强农业保险的宣传力度和方式，提升农户对农业保险的实际利用率，尽快使我国农民认同和接受农业保险并习惯运用。

四、农业保险*

我国政策性农业保险项目是农业发展政策的重要组成部分，担负着多种重要的制度功能和使命。自中国加入WTO以来，农业保险作为《农业协定》约束下的"绿箱政策"，逐步成为支持农业发展、保障粮食安全的重要举措，从2007年农业保险补贴计划的正式推出到2013年《农业保险条例》的实施，中国的农业保险制度在不断完善。农业保险的市场规模也在不断扩大，2007年至2021年农业保险保费收入实现近20倍的增长，2021年，农业保险保费保持2015年以来的两位数高增长态势，实现保费收入976.85亿元，同比增长19.7%，占财产保险行业保费收入比重达7.14%，同比增加1.14个百分点①。本节就省际农业保险参保趋势及农户投保行为和反馈的调研情况进行统计分析。

1. 三省概述

此次调研主要就农业保险推广、参保现状以及农户在保费、理赔方面的满意程度进行了问卷调查，清晰化华中地区湖南、湖北、河南三省的农业保险投保现状。农业保险推广成效较2020年调研结果有所提升，样本中仍有三成农户表示从未听说过农业保险，其中湖南省农业保险推广成效相对最低，从未听说过农业保险的农户占比达31%。华中三省近三年的农业保险参与率均在低水平下呈现上升趋势②，整体样本中47.9%的农户表示从未参与过农业保险，三省均有约五成农户表示从未参与过农业保险。农户对于保险公司赔付及时性的信任程度集中于较低水平，仅14.1%的样本农户对于出险后能获得及时的理赔表达了比较高或非常高的信任度；农户对于农业保险赔付金额存在普遍性的极低满意度，样本中86%的农户表示对农业保险的赔付金额满意程度很低；农户对于农业保险的参保费用满意程度相对较高，表示对农业保险的参保费用一般和较高满意度的农户各占样本农户的20%。华中三省农户对农业保险在赔付效率、赔付金额、保费三个维度的满意程度反馈基本一致。

在此概述后，本小节第二部分基于整体样本统计结果，分析2022年的调

---

* 执笔人：张玉、贺娟。

① 数据来自国家统计局年度数据：data. stats. gov. cn.

② 2020年的调研样本中（总计832份有效问卷）55.8%的农户表示从未对任何作物进行过投保，2019年的调研样本中（总计1 079份有效问卷）63.7%的农户表示从未买过农业保险。

研结果，并结合三次①调研数据探讨了纵向年度趋势，第三部分对调研结果分省份进行横向对比分析，最后总结并提出相应政策建议。

2. 主要指标分析

本节在华中三省整体样本下统计汇报 2022 年农业保险推广、参保现状以及农户对保费、理赔满意程度的调研结果，结合 3 次调研数据探讨年度趋势。

（1）农业保险推广及信息来源

仍有三成农户从未听说过农业保险，听说过农业保险农户的主要信息来源是政府部门和村委宣传。在 1 290 份调查样本中，394 户（占比 30.5%）的被访者表示从未听说过农业保险及相关政策，96 户（占比 7.4%）的被访者表示好像听说过农业保险，800 户（占比 62.0%）的被访者明确表示听说过农业保险，如图 5 - 34 所示。在听说过农业保险政策的农户中，有 45.3% 的农户是从政府部门（村干部、村组长）了解到农业保险政策的，有 33.4% 的农户是从村委会的宣传栏或广播中了解到农业保险政策的。加强农业保险的宣传和相关知识普及尚有一定的上升空间。

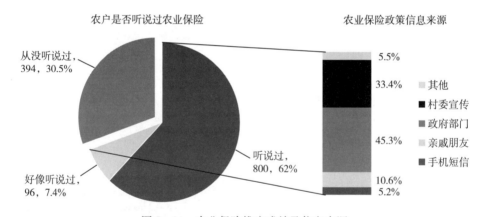

图 5 - 34　农业保险推广成效及信息来源

（2）农业保险参与率

华中三省的农业保险参与率在低水平下呈现上升趋势。在农业保险投保情况的问题下，共计收集到 980 个有效样本②，问卷在农户哪一年参加过农业保险这一问题下设置了五个备选项，分别是 2022 年、2021 年、2020 年、

---

① 2019 年、2020—2021 年、2022 年共三次调研问卷。其中部分的调研问题有调整，但农业保险投保情况这一关键问题在每一次调研中都存在，可以实现纵向对比。

② 去除了 309 个表示从未听说过农业保险且无法判断是否参与农业保险的样本，以及一条由于数据录入错误而缺失相关信息的样本。

2019 年及以前和从没有参加过农业保险，其中前 4 个备选项可以同时选择，最后一个选项不可以与前 4 个选项中任意一个同时被选择。

2022 年的调研结果显示华中三省的农业保险参与率仍处于较低水平。仍有 47.9% 的农户表示从未参加过农业保险，参加过农业保险的农户占样本的 52.1%[1]。在有效样本中，37.0% 的农户在 2019 年及以前购买过农业保险，225 户（占有效样本的 25.1%）农户在 2020 年购买了农业保险，257 户（占比 28.7%）农户在 2021 年购买了农业保险，232 户（占比 25.9%）[2] 农户在 2022 年购买了农业保险。

在有农业保险投保经历的农户中，不同年度的投保行为是存在差异的。为了直观地刻画投保农户近 3 年的投保行为，本书对样本参保农户的新生参保和退出参保行为进行了定义：若某农户在初次参保前的所有年度均未投过保，则认为他是这一阶段的新生参保农户；若某农户在某次参保后的所有年度均未投过保，则认为他是下一阶段的退出参保农户。本书也考虑了农户间断性参保行为的影响。但参保行为中具有"参保一年后暂停参保，在之后年度再次参保"这样的间断性特征的农户个数极少，在 2022 年的调查样本中只有 3 例，所以忽略这部分农户对统计结果的影响，不将其定义在新生参保和退出参保人群中。统计结果如图 5-35 所示，其中保有人数在数值上等于上一阶段的总参保人数减去本阶段退出参保人数。2019 年及以前参与过农业保险的 333 户农户中，仅 45.9% 的农户选择继续进行投保，剩余 54.1% 的农户则在近 3 年无投保行为。在 2020 年选择参保的 225 户农户中，有 32.0% 是当年的新生参保；2021 年选择参保的 257 户农户中，有 26.1% 是当年的新生参保；2022 年选择参保的 232 户农户中，有 16.8% 是当年的新生参保。每年会有一定数量的农户选择开始投保，也存在一定数量的农户选择退出。

华中三省的农业保险参与率呈现上升趋势。2022 年的调研样本中 47.9% 的农户表示从未参与过农业保险，在 2020 年的调研样本中（总计 832 份有效问卷），55.8% 的受访农户表示从未对任何作物进行过投保，在 2019 年的调研样本中（总计 1 079 份有效问卷），63.7% 的受访农户表示从未买过农业保险，对比结果显示华中三省近年来在吸纳新增投保农户，提升农业保险覆盖面上取得了一定的成效，扩大了农业保险的新增覆盖。

---

[1]　由于前 4 个选项可以多选，分别选择前 4 个选项的农户比重之和大于 52.1%。

[2]　2022 年样本投保率同比下降 2.8 个百分点，可能的原因是问卷调查时间为 2022 年 7 月，缺失下半年的农户决策信息。

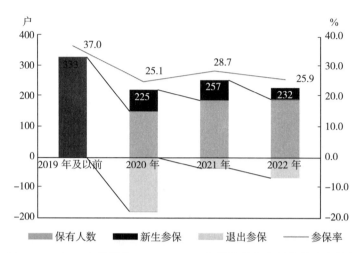

图 5-35　2019 年及以前、2020—2022 年调查样本参保趋势及参保率

　　为直观刻画参保农户的投保行为，对 2020 年的调研结果使用上述的新生参保和退出参保定义，构建参保趋势如图 5-36 所示。2020 年样本中 44.2% 的农户有过参加农业保险的经历，每一年度的样本参保率也在相对较低的水平下逐年增加。同样表现出农户购买保险决策在短期内具有一定的稳定性的特点，年度样本中的间断性参保行为每年不超过 3 户。2016—2019 年的平均新

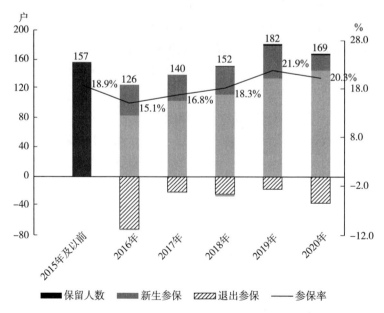

图 5-36　2015 年以前、2016—2020 年调查样本参保趋势及参保率

生参保人数约占有效样本量的 4.8%（约 40 人/年），每年也仍然有一定数量的农户不再购买农业保险。从整体趋势上来看，两次调研结果都显示华中三省农业保险的参与率在低水平中呈现上升趋势。

（3）农户满意程度

我们分别从农业保险的赔付效率、赔付金额、保费三个维度采集了抽样农户的反馈，以此刻画投保农户的实际受益情况和综合满意程度。

第一，赔付效率。农户对于保险公司赔付及时性的信任程度集中于较低水平。共计 805 户农户对问题"您是否相信在出险后得到比较及时的保险赔付？"的问题进行了答复，统计结果如图 5-37 所示，仅 14.1% 的样本对于出险后能获得及时合理理赔表达比较高或非常高的信任度，而 41.5% 的农户对于出险后保险公司理赔的效率和合理性持有比较低或很低的信任度，有 18.6% 的农户表示无法判断出险后保险公司是否值得信赖。

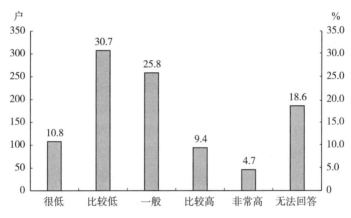

图 5-37　农户对出险后能获得及时合理理赔的信任程度

第二，赔付金额。农户对于农业保险赔付金额存在普遍性的极低满意程度。在农户对于农业保险的赔付金额的满意程度的问题下，共采集了 481 份有效问卷，统计结果见图 5-38。其中 86% 的农户都表示对农业保险的赔付金额满意程度很低，也显示有 4% 的农户表示对农业保险赔付金额的满意程度比较高，4% 的农户表示对农业保险赔付金额的满意程度一般[1]。

围绕农业保险赔付，问卷还对农户是否收到赔付款以及赔付款的金额进行

---

[1]　在拥有大量小农户生产的背景下，我国农业保险的保额水平普遍较低，根据 Ming Wang 等（2010）测算，多数作物的保额无法补偿农户在耕作中的实物投入成本（包括种子、化肥、除虫和灌溉等可测成本），即使没有计算农户的劳动力投入成本，现有的保额水平也是不足的。

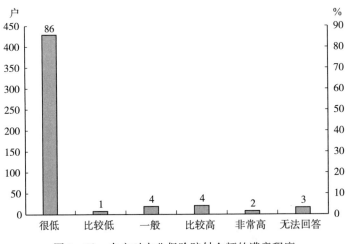

图 5 - 38　农户对农业保险赔付金额的满意程度

了调查。在"农户哪些年收到过参保作物的农业保险赔付款"的问题下，设置了五个备选项，分别是 2022 年、2021 年、2020 年、2019 年及以前和从未收到过农业保险赔付，其中前四个备选项可以同时选择，最后一个选项不可以与前四个选项中任意一个同时被选择。此题采集到了 804 份有效回答，统计结果见图 5 - 39。2022 年（截至调研时间前）有 4.4% 的农户收到了赔付款，2021 年有 14.9% 的农户收到了赔付款，2020 年有 10.6% 的农户收到了赔付款，2019 年及以前共有 15.7% 的农户收到了赔付款。在从未收到过农业保险理赔的 559 户农户中，有 52.1%（291 户）表示从未购买过农业保险[①]。

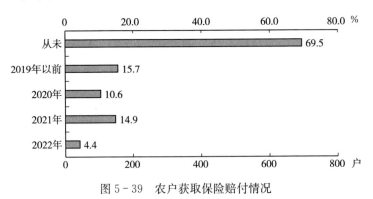

图 5 - 39　农户获取保险赔付情况

---

①　问卷还收集到剩余 268 户有过购买农业保险经历的农户中的 46 户农村居民近 3 年的受灾情况。在收集到的 46 户样本中，48% 的农户表示在近 3 年中作物没有遭受各种自然灾害，在 2021 年有 45.7% 的居民表示其作物遭受了自然灾害的影响。

在农户获得农业保险赔付的具体金额的回复中，删除了一条异常值，视收到 0 赔付额为空缺值，对数据进行描述性统计结果如表 5-16 所示。赔付额中位数远小于平均值，方差较大，表明大部分样本的农业保险赔付额集中于较低水平，存在收到较高赔付的个例。

表 5-16　农户收到保险赔付金额描述性统计

	数量 （个）	平均值 （元）	中位数 （元）	标准差 （元）	最小值 （元）	最大值 （元）
2022 年	7	1 106	450	1 769	40	5 000
2021 年	33	3 293	999	5 946	40	30 000
2020 年	29	6 975	999	21 146	40	112 000
2019 年及以前最高金额	105	2 726	700	7 997	20	70 000

第三，参保费用。农户对于农业保险的参保费用满意程度相对较高。我们询问了农户对农业保险参保费用的满意程度，共收到 822 户有效样本，统计结果如图 5-40 所示。样本中 32% 的农户对这个问题无法回答，20% 的农户表示对参保费用水平的满意度一般，27% 的农户比较高或非常高地满意参保费用水平，21% 的农户对保费水平持有比较低或很低的满意度。我国低保险费用的农业保险补贴政策，使得农户获得实际优惠的同时，在较好程度上得到了农户的认可，但仍存在优化空间。

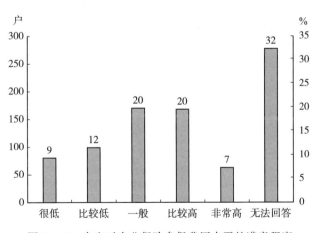

图 5-40　农户对农业保险参保费用水平的满意程度

调研还针对不同作物，农户对其农业保险费用（元/亩）的认知情况作了统计，表 5-17 对部分主要的参保作物进行了描述性统计。

表 5 - 17　主要参保作物保费描述性统计

	数量 （个）	平均值 （元/亩）	中位数 （元/亩）	标准差 （元/亩）	最小值 （元/亩）	最大值 （元/亩）
中稻	425	13.67	10	17.75	1.500	200
小麦	183	10.96	6	30.72	1	400
玉米	86	9.720	8	7.040	2	50
晚稻	63	17.92	7.700	41.46	2.800	200
早稻	60	28.21	8.650	52.02	1.500	300
总计	895	16.29	8.500	35.98	1	400

3. 三省对比分析

本次调研在华中三省展开，在湖南省、湖北省及河南省分别收集到 435、427 和 428 份问卷结果。本节同样按照 2022 年农业保险推广、参保现状以及农户在保费、理赔方面的满意程度的调研框架进一步探讨华中三省的省际差异。

（1）农业保险推广及信息来源

河南省和湖北省在农业保险推广上取得了较好的成效，分别有 25.00% 和 25.52% 的农户表示从来没有听说过农业保险，而湖南省有 41.22% 的农户表示从来没有听说过农业保险。具体统计结果如图 5 - 41 所示。

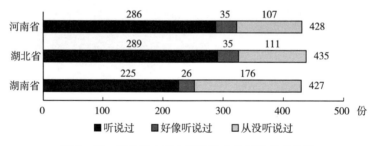

图 5 - 41　三省样本基本统计及农业保险普及状况

从农业保险的信息获取渠道来看，各省特征与全样本的整体特征较为一致。均以政府部门（村干部，村组长）和村委会宣传栏或广播为主要渠道，在 3 个省份中，两者总占比均达到了 77% 以上。其中又以政府部门为主要途径，而湖南省政府部门这一信息获取渠道占据了超 50% 的主导地位，具体统计结果如图 5 - 42 所示。

（2）农业保险参与率

湖南省参保率相对其他两省处于较低水平，但近 3 年参保状况处于较高水

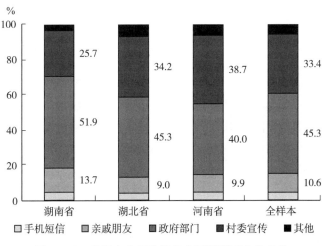

图 5 - 42　省际农业保险信息来源情况百分比对比

平。湖南省样本中总计 285 户农户对参保情况做出了答复，统计结果如图 5 - 43所示，其中 52.3％的受访者表示至今仍未购买过农业保险，这一比例在三省中是最高的。各年的样本参保率情况如图 5 - 43 左所示，样本 2020 年参保率为 24.6％，2021 年参保率为 27.4％，2022 年截至调研时间（7 月）参保率已经达到了 24.6％，虽然湖南省农业保险的发展起步较晚，但近 3 年参保状况有较好的增长。

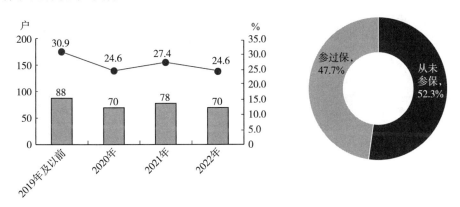

图 5 - 43　湖南省年度参保率趋势及总体参保情况

　　湖北省的历史参保率和近 3 年参保水平在三省中的表现都较好。湖北省样本中总计 354 户农户对参保情况做出了答复，统计结果如图 5 - 44（右）所示，其中 47.5％的受访者表示至今仍未购买过农业保险。各年的样本参保率情况如图 5 - 44（左）所示，样本 2020 年参保率为 25.1％，2021 年参保率为

26.8%，2022 年截至调研时间（7 月）参保率已经达到了 25.7%。

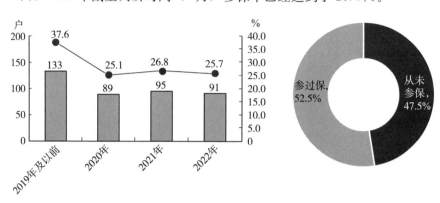

图 5-44　湖北省年度参保率趋势及总体参保情况

河南省投保参保情况在 2019 年以前较好，但近 3 年的参保率水平相对湖南省、湖北省而言比较乏力。河南省样本中总计 341 户农户对参保情况做出了答复，统计结果如图 5-45 右所示，其中 44.6% 的受访者表示至今仍未购买过农业保险。而各年的样本参保率情况如图 5-45 左所示，样本 2020 年参保率为 19.4%，2021 年参保率为 24.6%，2022 年截至调研时间（7 月）参保率已经达到了 20.8%。

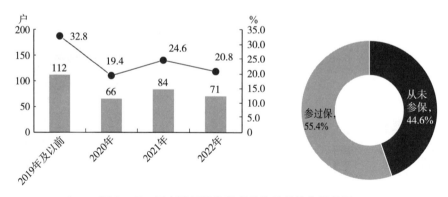

图 5-45　河南省年度参保率趋势及总体参保情况

（3）农户满意程度

同样分别从农业保险的赔付效率、赔付金额、保费三个维度采集了抽样农户的反馈，以此刻画投保农户的实际受益情况和综合满意程度，并对分省际的统计结果进行对比分析。

湖北省农户对于保险公司的支付保险赔付的及时性信任程度最高，而湖南省、河南省农户对于保险公司赔付的及时性信任程度相对较低。在对农业保险公司能给出比较及时赔付的相信程度这一评判问题下，分别在湖南、湖北及河南三省收集到 223、307 和 287 份有效回复，统计结果如图 5-46 所示。湖北省有 6.2% 的农户对保险公司能够及时赔付的信任度极低，有 19.2% 的农户都对保险公司赔付的及时性表达了比较高的信任程度。湖南省、河南省农户对于保险公司赔付的时效性信任程度相对低，湖南省 17.0% 的农户对保险公司能够及时对农业保险进行赔付的信任度极低，河南省 34.5% 的农户对农业保险公司能给出比较及时赔付的相信程度是比较低的。

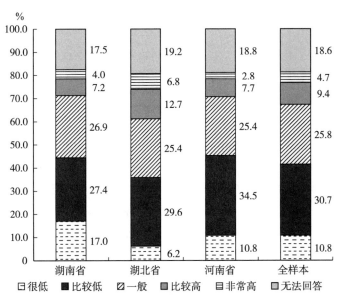

图 5-46　三省对农业保险公司能给出比较及时赔付的相信程度

华中三省农户对于赔付金额的反馈较为一致，在对农业保险赔付金额满意程度的问题下，分别在湖南、湖北及河南三省收集到 142、170 和 171 份有效回复，统计结果如图 5-47 所示。对农业保险的赔付金额表达了极低满意程度的农户在湖南、湖北及河南三省占比分别为 83.8%、88.8% 和 84.2%。其中湖南省表示较高或非常高满意程度的比例相对较高，总计占比 10.6%。总体而言三省对农业保险的赔付金额都表达了较为强烈的不满。

各省（市）对参保费用水平的满意程度差异不大，都有较好的满意度，但是无法回答这一问题的农户比例整体而言也较高。在对农业保险参保费用水平的满意程度问题下，分别在湖南、湖北及河南三省收集到 228、305 和 289 份有效回复，统计结果如图 5-48 所示。湖南省 17.5% 的农户对参保费用水平表达了比较低或很低的满意程度，在三省中占比最小，有 24.1% 的农户表示

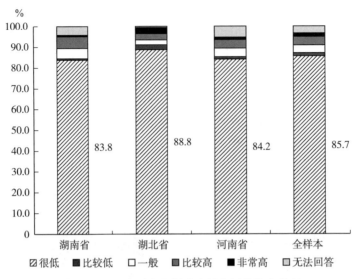

图 5-47 三省对农业保险赔付金额的满意程度

对农业保险参保费用水平表达了一般满意，30.3%的农户对参保费用水平表达了比较高或非常高的满意程度；而湖北省有 35.1% 表示无法回答这一问题，仅24.5% 的农户表示对农业保险参保费用水平的满意程度比较高或非常高；河南省23.2% 的农户都表示对农业保险参保费用水平的满意程度比较低或很低。

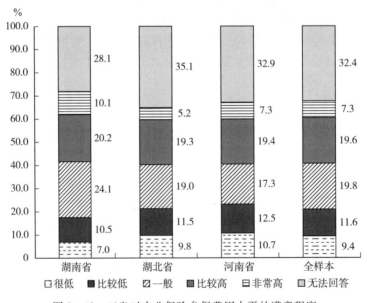

图 5-48 三省对农业保险参保费用水平的满意程度

4. 总结与政策建议

基于农业保险推广成效和参与率来看，仍有三成农户表示从未听说过农业保险，其中湖南省的推广效果较差，华中三省的农业保险参与率在低水平中呈现上升趋势，湖北省的发展近状和整体状况都保持相对优势，湖南省整体发展较晚但发展近况较好，河南省虽有历史发展优势但近年来增长势头不足。

基于农户对农业保险赔付效率、赔付金额、保费3个维度的反馈来看。农户对于保险公司赔付及时性的信任程度处于较低水平，但也有少数农户相信可以得到较为及时的赔付；农户对于农业保险赔付金额存在普遍性的不满；农户对于农业保险的参保费用满意程度相对较好，可见政府补贴政策的成效。华中三省对于上述三个维度的满意程度反馈比较一致。

农业和农村经济的发展是中国社会经济体系的重要组成部分，在面对自然灾害时，农业保险已成为保障农业产业增长和稳定农民收入的关键因素。基于上述分析和总结，提出如下政策建议：

其一，农业保险普及方式多样化与效率优化。地方政府在推广农业保险并提升农户对农业保险的认识上发挥了重要作用，但农民很少从保险公司获得实际的计划建议，这一模式的关键缺点是，农民可能不了解许多农业保险保障及赔付的细节，对其所承担的保费和保险赔付金额都缺乏了解，不利于农户充分地选择农业保险并利用其保障作用。优化农业保险政策的宣传和解读工作是基层组织的发展方向，但在农业农村现代化的时代背景下，随着农村地区的信息网络发达程度逐渐提高，新形式的宣传方法及市场的自主扩散也是值得利用的手段。

其二，充分利用村级分支机构，助力农业保险参与、赔付模式细化。中国农村村庄孤立分散，导致进入这些村庄的交通费用很高，虽然大部分县都有保险办事处，但农村或城镇开设的办事处很少，保险公司没有足够数量的专业人员来处理大量的小额索赔。政府因其拥有的大量村级分支机构，在实施细化农业保险业务办理的过程中具有规模经济效应，且避免了保险公司在乡村开设办事处的较高固定成本。在补贴之外，政府的指导作用可以有效地发挥在农业保险参与、赔付模式细化上，帮助保险工作建立起前期的农户链接网络，实现等额成本下更高的经济、社会效益。

其三，评估测算对国家粮食安全具有重要意义的作物农业保险保额。关于保险费率和保险范围的最终决定应由保险公司作出，并由市场作出调整，但是农业风险评估和保险区域化需要大量数据作为支撑，需要相关政府和专业机构提供支持。农业保险保额不足以覆盖农户投入的资本和劳动成本问题会使得农户对相应作物的投保、耕作积极性降低，制定合理的保险费率与保险范围需要大量数据的支持，以实现精算上的准确性，这一工作对于提高农业保险参保率和保证对国家粮食安全具有重要意义的作物产量有重要意义。

五、研究结论与政策建议

综合金融与风险管理的相关调研分析，得出以下主要结论。

金融方面：①农户家庭总收入低于全国平均水平，医疗及食物等生活必需品消费是受访者的主要支出，但农户支出存在较为明显的两极分化。②农户的金融账户以借记卡为主，信用卡的普及率还比较低。农户更倾向于在手机或互联网上进行消费，银行或其他类型的正规金融机构是农户储蓄的主要存放地。③农户务农投入的资金来源主要还是自家的储蓄，对融资机构的利用程度不高。风险管理方面：①农户更容易通过数字化多渠道获取气象灾害预警信息，政府部门在应对干旱、洪涝灾害的技术指导、培训和资金或物资方面的支持力度还需提高。②农户对于保险公司赔付及时性的信任程度普遍较低，但对于农业保险的参保费用满意程度相对较好。

调研结论为农村金融与风险管理提供了参考，据此，本报告提出以下政策建议概要。

第一，政府应采取必要措施帮助农户提高收入，如推广普惠金融和提供就业帮扶、医疗保障等，以促进农村经济发展。

第二，数字经济和数字金融为农村带来了移动支付的便利，但未来发展仍面临机遇和挑战，加速数字经济和数字乡村建设对乡村振兴和高质量发展具有重要意义。

第三，政府应构建有效自然灾害信息发布平台、强化预警培训和灾后保障措施，为农户提供有效保障方案。

第四，优化农业保险政策宣传和解读工作，充分利用村级分支机构，细化保险参与和赔付模式，实现更高经济社会效益。

第五，政府应在农业保险业务办理过程中发挥规模经济效应，避免保险公司在乡村开设办事处的高固定成本，以帮助保险工作建立农户链接网络，实现等额成本下的更高效益。

第六章 农村收入、居民饮食消费与健康分析报告*

食物是人类日常活动所需能量的重要来源，居民的食物消费和居民健康紧密相关，饮食消费水平会对居民的健康人力资本的长期发展产生影响。《中国食物与营养发展纲要（2014—2020年)》指出，我国经济社会正处于"四化同步"的关键阶段，城乡居民收入水平明显提高、消费方式显著变化、消费结构加速升级，居民的消费观念不再仅限于"吃得饱"，而是逐渐向"吃得好""吃得营养""吃得健康"转变。我国的食物生产现状并不能适应当下居民的营养需求，居民的营养不足与过剩并存、居民营养与健康知识匮乏等问题仍然突出，必须给予重视。《中国居民营养与慢性病状况报告（2020年)》也指出，居民不健康的生活方式仍然普遍存在，农村地区居民的膳食脂肪功能比首次突破30%的推荐摄入量上限，家庭蔬菜、水果、豆及奶制品消费量不足。

党中央、国务院高度重视，将实施慢性病综合防控战略纳入《"健康中国2030"规划纲要》，将合理膳食和重大慢性病防治纳入健康中国行动。准确理解和把握农村居民的收入状况和饮食消费现状，对促进乡村振兴战略和"健康中国"战略的实施具有重要作用。通过文献回顾不难发现以往研究多采用二手数据通过分析特定时期、特定人群的消费支出和地区差异来研究居民的食物消费行为，但是对于农村居民的收入和食物消费结构的研究尚且缺乏微观调研数据的支持。因此，为开展对农村居民合理有效的膳食引导，需要结合农村居民的收入现状和食物消费现状，准确掌握农村居民当下的饮食结构，针对性给予改善饮食结构的建议和意见。在乡村振兴的大背景下，ARMS调研收集了农村居民24小时饮食消费、一个月饮食消费和居民收入及健康状况的数据。基于调研数据，本章将对农村居民24小时饮食消费、一个月饮食消费进行描述性分析，并进一步分析农村居民收入和饮食消费与健康之间的联系。

---

* 执笔人：黄帆；参与人：柏忠虎、刘宇坤。

一、农村居民 24 小时饮食消费行为

1. 饮食次数

本次调研采用 24 小时膳食回顾法，记录了 1 291 户家庭的三餐用餐数据，剔除用餐数据缺失的样本，最终清理出河南、湖北和湖南三省 1 283 个样本农户一天（24 小时之内）的饮食次数。超过 89.5％的农村家庭一天当中用餐 3 次，仅有 9.6％的农村家庭一天只吃两顿饭，每天吃 4 顿饭和 1 顿饭的农村家庭各占 0.7％和 0.1％，具体农户数据见图 6 - 1。研究表明一日三餐可以基本满足一个人的日常能量需求，超过 99.9％的农村家庭的饮食可以达到基本满足个人日常需求的水平。2019 年农村居民 24 小时饮食调查显示，农村家庭一天吃三顿饭的家庭占比为 88.33％，相比之下，2022 年农村家庭一天用餐三次的家庭比例提升了 1.17 个百分点，由此推断，农村居民饮食习惯在向好发展，越来越多的农村家庭的膳食次数能够满足日常能量消耗所需。

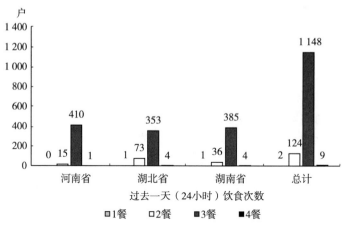

图 6 - 1　农村居民一天（24 小时）内饮食次数

2. 饮食类型

在对农村居民饮食次数进行分析的基础上，进一步对 2022 年的三省 1 283 个样本家庭一天之内（24 小时）的饮食类型进行分析。样本农户一日三餐饮食表现较为规律，分布比较均匀，其中早餐、午餐、晚餐用餐比例分别为 95.9％、96.5％、98.2％。除一日三餐之外，还有少数农户会选择上午小吃、下午小吃和夜宵，其中选择上午小吃和夜宵的居民占比均为 5％。重要的是，有 4.1％的农户没有吃早餐的习惯，吃晚餐的比例高出吃早餐 2.3 个百分点，

说明大多数居民更注重吃晚餐，而对于早餐的重视程度不够。此外，2019年三省居民饮食调查显示，农村居民早餐、午餐和晚餐用餐比例分别为95.4%，92.8%和98.0%，相比2019年农村居民选择吃午餐的比例有所提高。一日三餐的用餐习惯有利于提升居民营养摄入水平和身体健康状况，居民更注重吃晚餐，不注重吃早餐的情况是否会影响居民的健康状况还需要进一步分析。

对河南、湖北和湖南三省农户饮食类型进行对比分析发现，三省饮食类型分布与总体饮食分布趋同，绝大多数农户一日（24小时）内的能量来源依赖于早餐、中餐和晚餐。值得关注的是，湖北省的农村居民早餐、中餐和晚餐的比例差异比较大，其中早餐占比32.4%，午餐占比32.8%，晚餐占比34.1%，因此可以推测，湖北省的少部分居民没有吃早餐的习惯，而且更重视晚餐。总体而言，三省农户一天内饮食类型的区域差异并不显著，具体农户数据见图6-2。

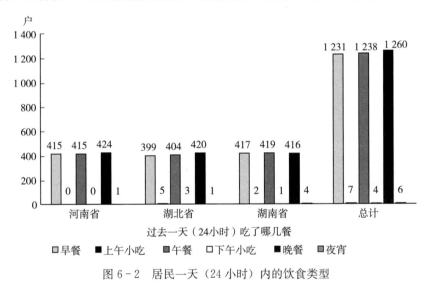

图6-2　居民一天（24小时）内的饮食类型

3. 食物消费及多样性分析

根据农村居民24小时饮食消费调研数据，分析河南、湖北和湖南三省1291个样本农户过去一天（24小时）内每餐饭就21种食物大类的消费比率和饮食多样化指数（表6-1），并与2019年的调研结果进行比较（表6-2）。从表6-1的数据来看，早餐的饮食多样性得分为18。具体而言，首先，有84.74%的农村家庭吃了谷类，35%以上的家庭吃了蔬菜类（35.94%）；其次，有10%以上的农村家庭吃了薯类（12.39%）和蛋类（18.98%），5.5%的农村家庭吃了畜肉类，3.64%的农村家庭吃了乳类，2.94%的家庭吃了咸菜，2.56%的家庭吃了干豆类；最后，早餐消费坚果类、禽肉类、速食、水果类、婴幼儿食品、小吃甜点、海藻、白酒和啤酒的家庭比例不足1%，且没有家庭在早餐消费菌类、碳酸饮料和果汁。此外，三省农村居民上午小吃的饮食多样性得分为7，主要消费了谷类、薯类、蔬菜类、水果类、畜肉类、蛋类和鱼虾类，但消费了这些食物的家庭比例均低于1%。与表6-2的2019年三省调研结果相比，三省农村居民早餐的饮食多样性有所增加，农村居民早餐增加了海藻和小吃甜点的摄入。具体到食物种类的消费上，早餐食用了谷类的家庭比例增加了17.76个百分点，食用薯类和蔬菜的家庭比例分别下降了28.72个和10.45个百分点，消费其他食物种类的家庭比例变化差异不大。

表6-1　2022年农村居民过去24小时内每顿饭的食物消费比例及多样性

单位：%

食物种类	早餐	上午小吃	午餐	下午小吃	晚餐	夜宵
谷类	84.74	0.23	86.44	0.00	88.46	0.23
薯类	12.39	0.39	9.22	0.00	10.84	0.00
干豆类	2.56	0.00	4.18	0.00	4.11	0.00
蔬菜类	35.94	0.08	78.85	0.00	70.10	0.00
菌类	0.00	0.00	0.77	0.00	0.23	0.00
水果类	0.39	0.08	1.78	0.23	1.32	0.00
坚果类	0.70	0.00	0.23	0.00	1.39	0.00
畜肉类	5.50	0.08	38.57	0.00	23.78	0.08
禽肉类	0.54	0.00	6.51	0.00	4.96	0.08
乳类	3.64	0.00	0.39	0.15	0.39	0.00
蛋类	18.98	0.08	12.70	0.00	10.07	0.00
鱼虾类	0.85	0.08	7.51	0.00	6.27	0.08
婴幼儿食品	0.23	0.00	0.39	0.00	0.08	0.00
小吃甜点	0.23	0.00	0.00	0.08	0.15	0.00
速食	0.46	0.00	0.23	0.08	0.46	0.15
海藻	0.23	0.00	0.62	0.00	0.23	0.00
咸菜	2.94	0.00	1.08	0.00	2.17	0.00
碳酸饮料	0.00	0.00	0.23	0.00	0.08	0.00
果汁	0.00	0.00	0.39	0.00	0.15	0.00
白酒	0.15	0.00	1.39	0.00	1.70	0.00
啤酒	0.15	0.00	2.09	0.00	1.16	0.08
多样性得分	18	7	20	4	21	6

表6-2　2019年农村居民过去24小时内每顿饭的食物消费及多样性

单位：%

食物种类	早餐	上午小吃	午餐	下午小吃	晚餐	夜宵
谷类	66.94	23.08	75.56	0.19	84.81	0.28
薯类	41.11	38.46	20.74	0.19	23.06	0.19
干豆类	3.52	0.00	7.04	0.00	5.00	0.28
蔬菜类	46.39	7.69	85.19	0.28	86.20	0.28
菌类	0.00	0.00	0.46	0.00	0.28	0.00
水果类	0.56	7.69	3.33	0.00	2.41	0.00
坚果类	0.19	0.00	0.09	0.00	0.19	0.00
畜肉类	7.13	7.69	36.67	0.00	25.74	0.19
禽肉类	0.74	0.00	4.72	0.09	4.35	0.09
乳类	1.76	0.00	0.46	0.00	0.65	0.00
蛋类	19.35	7.69	20.09	0.00	12.13	0.00
鱼虾类	2.87	7.69	13.52	0.00	11.11	0.09
婴幼儿食品	0.74	0.00	0.65	0.00	0.83	0.00
小吃甜点	0.00	0.00	0.09	0.00	0.09	0.00
速食	0.19	0.00	0.09	0.00	0.19	0.00
海藻	0.00	0.00	0.19	0.00	0.37	0.00
咸菜	3.61	0.00	2.22	0.00	2.96	0.00
碳酸饮料	0.00	0.00	0.28	0.00	0.28	0.00
果汁	0.00	0.00	0.56	0.00	0.28	0.00
白酒	0.93	0.00	3.43	0.00	5.00	0.09
啤酒	0.28	0.00	3.98	0.00	2.50	0.00
多样性得分	16	7	21	5	21	8

就午餐的食物消费情况而言，饮食多样性得分为20。午餐就21种食物的消费情况如下：首先，大多数家庭都吃了谷类（86.44%）和蔬菜（78.85%）；其次，38.57%的家庭午餐都吃了畜肉类，12.70%的家庭吃了蛋类；再次，午餐消费了薯类、鱼虾类、禽肉类、干豆类、啤酒、水果类、白酒、咸菜的家庭占比分别是9.22%、7.51%、6.51%、4.18%、2.09%、1.78%、1.39%、1.08%；最后，消费菌类、海藻、乳类、婴幼儿食品、果汁、坚果、速食和碳酸饮料的家庭不到1%。下午小吃的饮食多样性得分仅为4，主要消费的食物

种类为水果类、乳类、小吃甜点和速食，且消费占比均不到 1%。与 2019 年的调查结果相比，午餐的饮食多样性得分下降了 1 分。具体到食物种类，午餐食用谷类的比例上升了 10.88 个百分点，食用畜肉的家庭比例增加了 1.9 个百分点，午餐食用蔬菜、蛋类和薯类的家庭占比相比于 2019 年分别减少了 6.34、7.39 和 11.52 个百分点，消费其他食物种类的家庭比例变化浮动均在 6 个百分点以下。

晚餐的饮食多样性得分为 21，高于早餐和晚餐，主要的食物消费情况如下：首先，绝大多数的家庭都消费了谷类（88.46%）和蔬菜类（70.10%），其次，消费畜肉类、薯类、蛋类的家庭占比依次是 23.78%、10.84%、10.07%，再者，消费鱼虾类、禽肉类、干豆类、咸菜、白酒、坚果类、水果类、啤酒的家庭占比在 1%～7%；最后，消费速食、乳类、菌类、海藻、小吃甜点、果汁、婴幼儿食品和碳酸饮料的家庭占比均不到 1%。夜宵的饮食多样性得分为 6，消费谷类、畜肉类、禽肉类、鱼虾类、速食和啤酒的家庭占比均不到 1%。与 2019 年农村居民晚餐消费的数据比较，可以得知 2022 年晚餐的饮食多样性得分没有变化，但是消费谷类的家庭占比增加了 3.65 个百分点，消费薯类、蔬菜类、畜肉类、蛋类、鱼虾类的家庭占比均减少，依次减少了 12.22 个、16.10 个、1.96 个、2.06 个、4.84 个百分点。由此可以看出多数家庭的饮食结构可能发生了变化，更多家庭的晚餐依赖谷类等植物性食物，而减少了动物性食物的消费。

总体而言，农村居民的早餐、中餐和晚餐的饮食多样性得分都比较高，早餐、午餐和晚餐的饮食多样性得分依次递增，晚餐的饮食多样性得分为 21，早餐的为 18。由此可见，农村居民的三餐饮食并不均衡，午餐和晚餐更加丰富，但是这种不均衡的饮食模式，可能存在晚餐过于丰富，多吃少动，从而有更高的肥胖风险。

为了更直观地了解样本农户一天 24 小时内的食物消费情况，基于表 6-1 对河南、湖北、河南三省消费情况和饮食多样性的分析绘制了图 6-3。从图中可以直观地看到农村居民在早餐、中餐和晚餐都消费的 7 种食物从多到少依次为谷类、蔬菜、畜肉、蛋类、薯类、鱼虾类和干豆类，与 2019 年农村居民家庭的消费情况基本一致。由此可知，当前农村居民的食物消费变化不大，食物消费模式主要以植物性食物为主，动物性食物消费为辅。

4. 剩菜处理

根据农村居民 24 小时饮食消费数据，对 1 283 户农户的每顿饭所吃的每种食物的剩菜处理方式进行了统计（表 6-3），并与 2019 年的剩菜处理方式

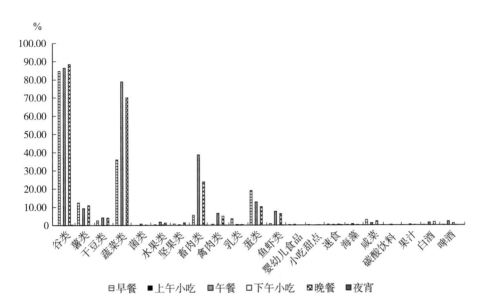

图 6-3 农村居民过去一天（24 小时）内每顿饭的食物消费情况

进行了对比。从表 6-3 中可知，绝大多数的农村家庭都能做到空盘行动（78.23％），现做现吃，不留剩菜。相比 2019 年，农户的空盘比例提高了 0.70 个百分点，这表明农村居民的用餐空盘率有所增加。当家庭用餐结束有剩菜时，10.92％的家庭会选择将剩菜保留下来，在下一餐接着吃，8.03％的家庭会选择将剩菜用于喂养畜禽牲畜。此外，还有 2.69％家庭会选择直接倒掉剩菜。相比 2019 年的调查，剩菜留作下顿继续吃的比例下降了 1 个百分点，减少吃剩菜可以降低剩菜变质给身体带来的负担，且剩菜的营养价值相比新鲜饭菜要差，不利于农村居民摄取充足的营养物质。这种吃剩菜的比例减少，虽然一定程度上可以反映出农村居民的健康意识有所提升，但是仍然有超过 8％的农村家庭会吃剩菜剩饭，鉴于此，认为对农村居民进行健康饮食的宣传十分有必要，呼吁大家应根据用餐需要合理烹饪食物的数量，减少剩菜剩饭，合理膳食。

表 6-3 农村居民的剩菜处理方式

剩菜处理方式	百分比（％）	
	2019 年	2022 年
没剩菜	77.53	78.23
留作下顿吃	11.91	10.92

（续）

剩菜处理方式	百分比（%）	
	2019年	2022年
喂给畜禽牲畜	8.67	8.03
倒扔	2.01	2.69
其他	—	0.14

5. 总结

基于对华中三省居民24小时饮食消费行为的分析可以得出以下结论。

首先，在日常饮食习惯上，尽管大部分农村居民坚持一日三餐的饮食习惯，但是仍然存在部分农村居民一天只吃两餐，甚至更少。此外，相比2019年三省居民的一日饮食次数，能够一天吃三餐的农村家庭比例有所上升。总体而言农村居民的饮食习惯有向好改善的趋势，越来越多的家庭的膳食次数能够满足日常能量所需。

其次，三省居民在饮食类型上更重视晚餐，不注重吃早餐，且相比2019年三省的饮食类型偏好，2022年农村居民重视吃午餐的比例上升。总体而言，三省居民的饮食类型偏好的区域差异不大，时间维度上有所偏移，更多家庭重视晚餐和午餐。

再者，从饮食多样性上看，农村居民的饮食多样性得分不均匀，晚餐的饮食多样性更高，再次说明农村居民更重视吃晚餐。在饮食结构上消费不均匀，动物性食物消费较少，更多依赖植物性食物消费，且相比2019年的饮食情况并没有很大的改善。

最后，农村居民的剩菜处理方式依然存在食物浪费的现象，同时也存在部分家庭吃剩菜剩饭的问题。呼吁农村居民合理烹饪，珍惜粮食，减少食物浪费依然非常有必要。

二、农村居民一个月饮食消费

1. 每个星期家庭食物消费频率

根据农村居民每周对11种大类食物消费调查的数据，分析一周农村居民家庭对11类食物消费的频率，即一周7天中有几天食用了该类食物（表6-4）。从消费频率上来看，农村居民一周7天中有6天都会吃粮食、蔬菜、食用菌、猪肉及制品、牛羊肉及制品、藻类、蛋类、奶及奶制品和瓜果类这9类食物，而较少吃禽肉及制品和鱼虾海鲜等水产品。农村居民较少消费禽肉，这可能与农村居民自家养殖禽类用于生产蛋类，供应家庭对蛋类的需求有关。此外，鱼虾海鲜等水产品消费较少，可能与该类产品的价格和可获得性有关，对于农村普通家庭而言，可获得性低的鱼虾海鲜等产品，一般价格较高，因此消费量也会因价格高而减少。

表 6-4　农村居民各类食物消费的一周消费频率

食物种类	7天中食物消费频率	最大消费频率
粮食	6.96	7
蔬菜	6.93	7
食用菌	6.39	7
猪肉及制品	6.57	7
禽肉及制品	4.16	7
牛羊肉及制品	6.47	7
鱼虾海鲜等水产品	5.52	7
藻类	6.67	7
蛋类	6.02	7
奶及奶制品	6.88	7
瓜果类	6.69	7

2. 每个月人均食物消费量

根据农村居民家庭一个月饮食消费的调研数据，分析 2022 年 1 291 户农户家庭就 11 种食物大类的月消费量和人均月消费量，并与 2019 年的调查结果和国家统计的居民人均月消费量进行了比较。首先，从表 6-5 数据可以得知，农村居民家庭月消费量和人均消费量最多的食物是粮食和蔬菜，研究表明农村居民多以植物性食物为主，主要原因有两个，一方面是农村居民的饮食习惯上依赖植物性食物，另一方面是收入限制，植物性食物价格便宜，且能满足日常能量需要，这种便宜的食物能满足较低收入水平的生活需要。其次，可以看出农村居民对瓜果类、猪肉及制品、牛羊肉及制品、蛋奶等价格较高的高附加值的食物消费得较少，这也能从侧面反映农村居民的食物消费可能与家庭收入紧密相关。最后，农村居民对食用菌和藻类的消费最少，食用菌和藻类的价格并不高，但食用菌和藻类富含人体所需的重要营养素，可能农村居民对于食材营养价值的认识并不深入，因此在日常消费者中并没有注意到营养均衡，所以对农村居民进行合理的膳食知识宣传，可能有助于改善农村居民的饮食结构。

对比 2019 年三省家庭对 11 种食物月消费量和人均月消费量，2022 年农村居民家庭的粮食和蔬菜月消费量均有所下降，而对于食用菌、猪肉及制品、禽肉及制品、牛羊肉及制品、鱼虾海鲜等水产品、藻类、蛋奶和瓜果类这 9 类食物的月消费量和人均月消费量均增加，这说明农村居民的饮食结构有所改变，植物性食物消费占比下降，肉类、瓜果类、蛋奶等高附加值食物消费占比增加，饮食模式的改变可能与农村居民收入改善紧密相关。

表 6-5 样本农村居民 VS 全国平均水平：各类食物的家庭月消费量、人均月消费量

食物种类	家庭月消费量（千克）		人均月消费量（千克）		国家统计农村居民人均月消费量数据*
	2019 年	2022 年	2019 年	2022 年	
粮食	32.75	28.59	11.89	9.36	12.88
蔬菜	39.42	32.9	14.75	11.02	7.52
食用菌	0.54	1.48	0.21	0.41	—
猪肉及制品	5.35	6.64	1.93	2.12	1.63
禽肉及制品	1.68	3.94	0.65	1.22	0.67
牛羊肉及制品	0.27	1.72	0.10	0.53	0.16
鱼虾海鲜等水产品	2.66	4.60	0.97	1.63	0.62
藻类	0.32	0.80	0.11	0.26	—
蛋类	4.37	5.02	1.54	1.60	0.74
奶及奶制品	2.37	7.82	0.81	2.39	0.58
瓜果类	15.70	21.23	5.55	6.78	3.2

* 国家统计数据来自《中国统计年鉴 2018》。

进一步将三省微观调研得出的人均月消费量数据与对应国家统计局数据进行对比，发现 2022 年农村居民人均消费量，除粮食外，其他 10 类食物消费均超过了国家统计的农村居民相应食品的消费量。其中牛羊肉、蛋类、鱼虾海鲜水产品等的人均消费量超过了国家统计数据的 2 倍，远远高于国内统计的农村居民的人均消费量，而 2019 年三省调研发现牛羊肉、禽肉的月人均消费量还略低于国家统计的农村居民月人均消费量，再次说明三省的农村居民食物消费模式有所改变。总体而言，三省样本农村居民的食物消费量已经达到国家统计量的平均水平。

3. 食物消费市场化与自给率

根据农村居民一个月饮食消费调查数据，分析农村居民 11 种食物大类的

家庭购买比例，自给率和家庭平均每月用于购买 11 类食物的支出（表 6 - 6），并与 2019 年家庭月消费调查的结果进行对比（表 6 - 7）。从表 6 - 6 得知，就家庭购买比例而言，首先，藻类（94.27%）、奶及奶制品（92.43%）、食用菌（88.72%）的家庭购买比例最高，说明家庭主要依赖市场购买获取藻类、奶及奶制品和食用菌；其次是牛羊肉及制品（87.80%）、瓜果类（77.69%）、猪肉及猪肉制品（76.93%）的市场购买比例相对较高，粮食（41.23%）和蔬菜（24.14%）的市场购买比例最低。从家庭食物自给率来看，农村居民日常消费的粮食（58.77%）、蔬菜（75.86%）、禽肉及制品（55.8%）以及蛋类（50.81%）的 50% 以上都是依赖家庭自产。从家庭购买支出金额来看，首先，农村家庭每个月花费在猪肉及制品、牛羊肉及制品和奶及奶制品上的支出最多，每个月的支出依次是 152.8 元、126.5 元和 121.4 元。其次，农村家庭月均消费支出较高的食物分别是瓜果类、蔬菜和粮食，每个月依次需要支出 95.23 元、71.60 元和 64.06 元。总体上来看，农村家庭动物性食物消费支出高于植物性食物支出，这种消费不对称可能与食品本身的价格紧密相关，此外，家庭自给率也会影响家庭食物购买支出。

表 6 - 6　2022 年农村居民的食物市场化获取率、自给率和家庭支出

食物种类	家庭购买比例（%）	自给率（%）	家庭购买支出金额（元）
粮食	41.23	58.77	64.06
蔬菜	24.14	75.86	71.60
食用菌	88.72	11.28	31.31
猪肉及制品	76.93	23.07	152.8
禽肉及制品	44.20	55.8	41.31
牛羊肉及制品	87.80	12.2	126.5
鱼虾海鲜等水产品	63.05	36.95	52.67
藻类	94.27	5.73	13.23
蛋类	49.19	50.81	33.50
奶及奶制品	92.43	7.57	121.4
瓜果类	77.69	22.31	95.23

对比 2019 年农村居民家庭月消费数据（表 6 - 7），从家庭购买比例上看，2022 年食用菌、猪肉及制品、牛羊肉及制品、鱼虾海鲜等水产品和藻类的家庭购买比例下降，粮食、蔬菜和瓜果类食物的购买比例有所上升，由此可以看

出2022年农村家庭购买的动物性食物减少，植物性消费增加，这可能与家庭收入相关。从家庭购买支出金额上看，2022年除了奶及奶制品的购买支出有所减少外，其余10种食物的家庭购买支出均增加，值得注意的是，2022年蔬菜的家庭月支出增加了接近1倍。总体而言，2022年农村家庭消费的大多数食物依赖市场购买，且每个月食物消费支出相比2019年均有所增加。

表6-7　2019年农村居民的食物市场化获取率、自给率和家庭支出

食物种类	家庭购买比例（%）	自给率（%）	家庭购买支出金额（元）
粮食	35.43	64.57	59.35
蔬菜	15.48	84.52	36.68
食用菌	92.96	7.04	22.4
猪肉及制品	77.28	22.72	97.72
禽肉及制品	41.38	58.62	32.73
牛羊肉及制品	93.57	6.43	112.83
鱼虾海鲜等水产品	72.17	27.83	47.02
藻类	97.49	2.51	11.68
蛋类	42.97	57.03	22.67
奶及奶制品	90.59	9.41	185.71
瓜果类	75.61	24.39	75.47

4. 白酒和烟类消费情况

根据农村居民一个月食物消费的调查数据，项目组整理出2022年农村居民在酒类和烟类上的消费量情况，并与2019年农村居民的烟酒消费量进行了对比（表6-8）。从表中可以看出，2022年农村居民酒类的月消费量为6.25千克，平均酒精度数为37.69度，平均购买酒类的支出为162.04元。与2019年家庭的酒类消费量相比，在酒类的消费量上，2022年与2019年基本没有差异；在消费的酒类的酒精度数方面，2022年农村居民消费的酒类平均酒精度数比2019年高2.49度；在酒类的月消费支出方面，2022年农村居民的酒类月消费支出金额增加了18.40元，相比2019年消费支出增加了12.8个百分点。由此可以推断出，2022年农村居民每天酒类的摄入量为4.17两，2019年农村居民每天的酒类摄入量为4.24两，相比之下，酒类的摄入量没有明显的变化，但是2022年农村居民消费的酒类的平均酒精度数有所上升，说明部分农村居民可能偏好饮用高度酒。

表 6-8　2019 年和 2022 年农村居民每月白酒和烟类的消费情况

| | 家庭月消费量（千克）/（包） | | 酒精度（度）/焦油量（毫克） | | 购买支出额（元） | |
	2019 年	2022 年	2019 年	2022 年	2019 年	2022 年
酒类	6.36	6.25	35.20	37.69	143.64	162.04
烟类	16.67	17.29	44.51	46.16	282.62	408.94

2022 年烟类的消费量和焦油量与 2019 年相差不大，烟类的月消费支出增加了 1 倍。由表 6-8 可知，2022 年农村居民烟类月消费量为 17.29 包，相比于 2019 年，烟类月消费量增加了 1.38 包；2022 年烟类消费的平均焦油量为 46.16 毫克，相比 2019 年增加了 1.65 毫克；在烟类购买支出方面，2022 年农村居民购买烟的月支出金额为 408.94 元，相比 2019 年增加了 126.32 元，烟类支出增加了 44.70%。由此可以得知，2022 年农村居民每天需要半包烟（20支标准烟），平均每天抽掉 11.5 支烟，与 2019 年相比略微增加。总体上，2022 年农村居民的烟类消费量与 2019 年差异不大，但是烟类的月消费支出增加了 44.70%，可能是部分农村居民对价格较高烟的消费量有所增加。

通过对 2019 年和 2022 年农村居民的烟酒消费量进行分析，发现农村居民的烟酒消费量较高，并且有增加的趋势，在烟酒上的消费支出明显增加，给家庭带来更多的支出负担，但是，烟酒本身不利于居民身体健康，还容易引发高血压、心脏病等疾病。因此，建议农村居民应当根据自身情况和家庭收入情况，削减烟酒的开支，尽量戒烟戒酒，降低患病风险。

5. 总结

基于对农村居民一个月食物消费的描述性分析，可以得出以下几点结论。

首先，农村居民就 11 大类的食物消费总体情况与 2019 年相比，植物性食物消费量下降，动物性食物消费量上升，农村居民增加了对猪肉、禽肉、牛羊肉和鱼虾等高蛋白质、高营养价值食物的消费，说明 2022 年农村居民的饮食结构相比 2019 年有所改善。

其次，在农村居民消费的食物中，动物性食物的市场购买比例比植物性食物高，说明农村居民消费的肉类、蛋类等高蛋白的食物主要依赖于市场购买。此外，与 2019 年相比，农村居民消费的食物更多地依赖市场购买，每个月的消费支出相比 2019 年有所增加。

最后，农村居民的烟酒消费量仍然较多，人均每天需要消费 4.17 两的酒类，每两天需要消费一包烟。与 2019 年的烟酒消费相比，2022 年的烟酒消费量略微有所上升，消费支出明显增加，逐渐增加的烟酒消费可能会给农村居民带来更多的健康风险。

三、收入与农村居民食物消费相关性分析

1. 农村居民的收入

根据 2022 年调研数据，分析农村居民的家庭收入，对农村居民的非农总收入、农业总收入、家庭总收入和人均总收入进行分析（表 6-9）。基于农村居民家庭收入的第 25 百分位数和第 75 百分位数的值将全部样本划分为低、中、高三组，以便于对不同收入水平进行比较，并分别计算了不同收入类型的平均收入和低收入的差距、高收入和平均收入的差距。由表 6-9 可知，2022 年三省农村居民的家庭平均非农收入总收入为 50 072 元，非农收入的低收入家庭组与平均非农收入相差 4.6 万元，高收入家庭组相比平均非农收入高出 2.3 万元，由此可以看出 2022 年三省农村居民的非农收入存在较大的差距，低非农收入的家庭一年中仅有 4 000 元的非农收入。在农业收入方面存在的收入差距更大，2022 年有 25% 的农村家庭的农业总收入为 0 元，平均家庭农业总收入为 22 774 元。在家庭总收入方面，2022 年三省农村居民的家庭平均总收入为 74 490 元，家庭总收入的平均收入与低收入组差距较大，相差 5.7 万元，家庭总收入的平均收入与高收入组的差距为 2.5 万元，由此可见，2022 年三省农村居民的家庭总收入存在较大的收入差距。在人均总收入方面，2022 年三省农村居民的人均总收入为 18 966 元，低收入组的人均总收入仅为 5 700 元，平均收入与低收入人群相差 1.3 万元，个人总收入的收入差距也比较大。总体而言，农村居民存在收入不平等的问题，低收入人群与平均收入人群和高收入人群的收入差距比较大，因此，建议应当关注农村居民的收入差距问题，并就改善农村居民收入差距进行相关研究，提出有意义的政策建议。

表 6-9　2022 年农村居民家庭收入情况

单位：元

收入种类	低	中	高	中—低	高—中
非农总收入	4 000	50 072	72 956	46 072	22 884
农业总收入	0	22 774	20 006	22 774	-2 768
家庭总收入	17 000	74 490	100 000	57 490	25 510
人均总收入	5 700	18 966	24 400	13 906	4 794

2. 农村居民收入与食物市场化比例的相关性分析

为了进一步比较分析不同收入水平下农村居民就 11 种食物市场化比例的差异，将农村居民人均总收入进行分组，基于农村居民家庭收入的第 25 百分位数和第 75 百分位数的值将全部样本划分为低、中、高三组，即人均总收入低于或等于 5 700 元为低收入组，收入在 5 700~24 400 元的为中收入组，高于或等于 24 400 元的为高收入组。分别将收入水平与 11 种食物消费市场化购买比例进行单因素方差分析。

结果表明，除谷物类、猪肉类、禽肉类、牛羊肉、鱼虾的市场购买比例在不同收入水平下不存在显著差异，蔬菜、食用菌、藻类、蛋类、奶类和瓜果类的市场购买比例存在显著差异。具体而言，不同收入水平的居民对蔬菜的市场购买比例存在显著差异（$M_{高}=26.17$，$M_{中}=26.99$，$M_{低}=16.52$，$P<0.05$），但总体上依赖市场购买的比例并不高。对于食用菌而言，食用菌的市场购买比例在不同收入水平下存在显著差异（$M_{高}=89.00$，$M_{中}=91.86$，$M_{低}=77.47$，$P<0.05$），且中等收入居民消费的食用菌更多来自市场购买。就藻类的消费而言，藻类的市场购买比例在不同收入水平下存在显著差异（$M_{高}=98.81$，$M_{中}=93.37$，$M_{低}=87.99$，$P<0.05$），结果说明随着收入水平的提升，居民依赖市场购买的可能性越来越大。蛋类的市场购买比例在不同收入水平下表现出差异（$M_{高}=49.42$，$M_{中}=52.04$，$M_{低}=43.00$，$P<0.05$），其中中等收入的居民更可能依赖市场购买蛋类。最后，蛋类（$M_{高}=95.94$，$M_{中}=92.69$，$M_{低}=86.11$，$P<0.05$）和瓜果（$M_{高}=85.99$，$M_{中}=76.69$，$M_{低}=70.84$，$P<0.01$）的市场购买比例在不同收入水平下存在显著差异，且随着收入水平的增加，依赖市场购买的比例随之增加。

3. 农村居民收入与食物消费相关性分析

前面的分析讨论了农村居民的收入水平可能会影响农村居民的食物消费量，因此为了进一步分析不同食物消费量下农村居民的人均年收入差异，在剔除收入缺失值之后，将低收入组（人均年收入≤5 700 元）、中等收入组（5 700 元<人均年收入<24 400 元）和高收入组（人均年收入≥24 400 元）和人均月食物消费量进行单因素方差分析。

结果表明，不同年收入水平居民的谷物、蔬菜类、食用菌、禽肉类、藻类、蛋类和奶类的消费量不存在显著差异，但是猪肉类、牛羊肉类、鱼虾海鲜类和瓜果类的消费量存在显著差异。就猪肉的消费而言，高收入组居民的猪肉消费量与中等收入组和低收入组居民的猪肉消费量存在显著差异（$M_{高}=$

5.04，$M_{中}$＝4.16，$M_{低}$＝3.60，$P<0.05$)，年收入高的居民相比年收入低的居民平均每个月多吃约 1.5 千克猪肉。就牛羊肉的消费而言，不同收入水平下居民的牛羊肉消费量存在显著差异（$M_{高}$＝1.30，$M_{中}$＝0.86，$M_{低}$＝1.15，$P<0.05$)，其中中等收入居民对牛羊肉的消费量最少。鱼虾海鲜类食物类的消费量在不同收入水平下差异显著，其中等收入居民和低收入居民的鱼虾消费量差距不大（$M_{高}$＝1.30，$M_{中}$＝0.86，$M_{低}$＝1.15，$P<0.01$)，高收入水平居民的鱼虾月均消费量为 4.23 千克，比低收入居民和中等收入居民每月多消费近 1 千克鱼虾。此外，瓜果的人均月消费量在不同人均年收入水平下差异显著（$M_{高}$＝15.21，$M_{中}$＝14.07，$M_{低}$＝10.62，$P<0.05$)，低、中、高三个收入水平的瓜果消费量依次增加。

4. 总结

首先，农村居民的收入差距仍然较大。在收入类型上，农村居民的主要经济来源为非农收入，其次是农业收入。在收入数量上，不同类型收入均存在差距，其中非农收入的差距最大，人均年总收入还不到 30 000 元。进一步稳定农民就业，增加农民收入的同时，也需要注意收入差距问题。

其次，农村居民的收入与食物消费紧密相关。分析发现，不同收入水平的居民对食物的市场购买比例不同，对于蔬菜、食用菌、藻类、瓜果类等植物性食物的购买比例随着收入水平的增加而有所增加。

再者，收入会影响农村居民的食物消费量。对于猪肉类，牛羊肉类、鱼虾类的消费量，随着居民收入的增加，有所增加。由此说明，收入会影响农村居民对价格高、高营养价值食物的消费。

四、农村居民饮食消费与身体健康情况相关性分析

1. 农村居民健康状况

根据 2022 年调研的农户基本信息，项目组对农村居民的主观报告的身体健康状况进行了分析，并与 2019 年调查结果进行对比（表 6－10）。2022 年调查结果显示，有 20.85% 的受访者认为自己很健康，37.45% 的受访者认为自己比较健康，总体健康占比为 58.30%，相比 2019 年的调查情况来看，总体健康占比增加了 2.47 个百分点。此外，认为自己很不健康和不健康的受访者分别占比 1.08% 和 14.59%，相比 2019 年的调查结果，认为自己健康状况不佳的比例下降了 1.46 个百分点。总体而言，相比 2019 年，2022 年农村居民的整体健康状况有所改善，但是健康状况仍然不佳。

表 6 - 10　农村居民健康状况

健康状况	2019 年		2022 年	
	农户数（户）	百分比（%）	农户数（户）	百分比（%）
很健康	297	27.50	270	20.85
比较健康	306	28.33	485	37.45
一般	201	18.61	330	25.48
不健康	172	15.93	189	14.59
很不健康	13	1.20	14	1.08
缺失值	91	8.43	7	0.54

2. 农村居民饮食消费与健康状况相关性分析

为了进一步比较分析不同农村居民健康水平下就 11 种食物消费量之间的差异，项目组将农村居民健康水平进行分组之后与 11 种食物的消费量进行单因素方差分析。健康水平被分为高健康水平，一般健康水平和不健康，其中"很健康"和"比较健康"被赋值为 1，代表高健康水平；"一般"被赋值为 2，代表中等健康水平，"不健康"和"很不健康"被赋值为 3，代表低健康水平，剔除健康状况缺失值后，进行单因素方差分析。

结果表明，谷物、蔬菜、食用菌、猪肉、禽肉、牛羊肉、藻类、蛋类、瓜果的消费量在居民不同健康水平下不存在显著差异，仅鱼虾和奶的消费量在不同的健康水平下差异显著。具体而言，高健康水平组的鱼虾消费量显著高于低健康水平组（$M_{高}=10.57$，$M_{中}=7.47$，$P<0.05$）；且高健康水平组的鱼虾消费量显著高于中等健康组，且两两比较均显著（$M_{高}=10.57$，$M_{中}=7.47$，$M_{低}=6.90$，$P<0.01$）。此外，高健康水平组的奶类消费量显著高于中等健康水平组和低健康水平组的家庭（$M_{高}=16.64$，$M_{中}=13.94$，$M_{低}=13.88$，$P<0.01$），且组间比较均显著。由此可以得知，除了鱼虾和奶类等高蛋白的食物消费在不同健康水平下消费量存在显著差异，大部分食物的消费量在不同健康水平下无显著差异。

3. 总结

基于对农村居民饮食消费与健康状况的分析，可以得出以下结论。

首先，相比 2019 年，农村居民自评健康状况不佳的居民比例下降了 1.46 个百分点，说明农村居民 2022 年的主观健康状况有所改善，但是仍然有 15% 以上的农村居民认为自身健康状况不佳，说明农村居民仍然存在着健康问题。

其次，农村居民的部分食物消费量在不同的健康水平下存在差异，如高健康水平居民的鱼虾的消费量相较于低健康水平的居民较高，一定程度上说明农村居民摄入鱼虾、奶类等优质蛋白质可能一定程度上能够改善自身健康状况。

五、研究结论与政策建议

通过对农村居民的饮食消费的分析，可以得到以下几点结论并提出以下几点建议：

总体而言，2022年农村居民食物消费结构相比2019年有所改善，但是仍然维持以植物性食物为主，动物性食物为辅的结构。在饮食习惯上，保持着一日三餐的习惯，仅少数居民忽略了早餐，比较注重吃晚餐，应当加强早餐重要性的宣传，提倡三餐均衡饮食。

在饮食结构方面，三餐的饮食结构不均衡，早餐主要以植物性食物为主，饮食多样性最低，而午餐和晚餐的饮食多样性大于早餐。总体上，一日三餐主要消费了7种食物，按照食物消费量多少依次为：谷类、蔬菜类、薯类、畜肉类、蛋类、鱼虾海鲜类、干豆类，与2019年的饮食消费结构相似，对奶类和蛋奶的消费量仍然较低。因此建议继续加强对农村居民膳食知识的宣传教育，提升农村居民的营养健康意识，从而提升农村居民饮食多样性的水平。

在剩余食物处理方面，仍然有部分农村居民存在吃剩菜和直接丢弃食物的行为。因此，一方面有必要继续呼吁农村居民合理烹饪食物数量，减少剩余食物，尽量做到空盘。另一方面是加强食物浪费的宣传，呼吁农村居民珍惜粮食，减少食物浪费，对于剩余食物可以合理利用，如喂养牲畜或者用于堆肥等。

在家庭月食物消费量方面，三省样本农村居民在11种食物大类上的月消费量已达到全国平均水平，并且相比2019年的月消费量有所增加。其中牛羊肉及制品、蛋类、鱼虾的消费量甚至超过了全国平均水平的2倍。过多的食物消费，可能会给居民身体带来负担，增加肥胖、高血压等慢性疾病的发病率。因此建议加强科学膳食摄入量的宣传和教育，引导居民养成良好的饮食习惯，营养搭配饮食，预防疾病发生。

根据对居民食物获取渠道的分析，农村居民消费的猪肉、牛羊肉、鱼虾海鲜等动物性食物主要依赖市场购买，而蔬菜、谷物等植物性食物主要依赖自家生产。但由于动物性食物本身的价格高于植物性食物，农村居民主要依赖植物性食物。由此认为，农村居民依然以植物性食物为主的饮食模式，与动物性食物价格较高有很大关系，特别是疫情之后，农产品价格上涨也给农村居民家庭的饮食多样性带来挑战。因此，建议相关部门能够制定有效的促进就业增收的政策，提高农村居民的收入，让农村居民能够买得起，吃得起高附加值的农产品。

农村居民烟酒消费量比较高，酒类人均消费支出相比 2019 年增加了 12.8％，烟类人均消费支出相比 2019 年增加了 44.70％。调查表明我国每年因吸烟相关疾病所致死亡人数超过 100 万人，世界顶级医学期刊《柳叶刀》刊文指出喝酒直接导致了全球 280 万人的死亡，可见抽烟喝酒有害人体健康。因此，建议应该加强对抽烟喝酒有害生命健康、增加个人患病风险的宣传，呼吁为避免抽烟喝酒对自身身体健康水平造成负面影响，建议农村居民减少烟酒消费，注意个人身体健康。

收入与食物市场化比例的分析结果表明，居民消费的蛋类、奶类和瓜果类的市场来源比例在不同收入水平下存在显著差异。说明农村居民的收入对食物消费市场化比例有影响，提高农村居民的收入有助于增加农村居民食物消费的市场化比例，即增加蛋类、奶类和瓜果类等食物的购买比例，说明增加收入可以在一定程度上增加居民购买高附加值农产品的比例。收入与居民的食物消费量的分析结果表明，农村居民消费的猪肉类、牛羊肉类、鱼虾海鲜类和瓜果类的消费量在不同收入水平下存在显著差异，且随着收入水平的增加，居民对于这些动物性食物的消费量有所增加。因此，建议增加农村居民就业机会，稳定就业形势，从而提升农村居民收入对于改善农村居民饮食结构具有重要意义。

第七章　能源消费

　　能源是经济社会发展的动力来源和人类生存的物质基础。近十年来，经济的快速发展促进了中国能源消费的持续增长。作为中国能源消费的重要组成部分，农村生活能源消费量也增长迅速，从 2010 年的 9 646.96 万吨标准煤增长至 2020 年的 16 475.36 万吨标准煤[①]。农村生活能源需求量增长，但能源清洁开发技术落后、高效利用手段欠缺等问题严峻，柴草和煤炭等传统固体能源仍然是不少农户的主要生活燃料。据第三次全国农业普查公报数据显示，农民做饭取暖使用的能源中，主要使用柴草的有 10 177 万户，占 44.2%；主要使用煤的有 5 506 万户，占 23.9%。农村地区非清洁能源的使用不仅加剧了空气污染，而且增加了以呼吸道疾病为代表的农村居民健康损伤。为改善农村能源消费结构，我国政府采取了一系列旨在推进能源清洁化进程的措施。《乡村振兴战略规划（2018—2022 年)》提出了优化农村能源结构，推进农村能源消费升级的明确目标。2021 年国家能源局、农业农村部、国家乡村振兴局联合印发《加快农村能源转型发展助力乡村振兴的实施意见》提出要将能源绿色低碳发展作为乡村振兴的重要基础和动力，推动构建清洁低碳、多能融合的现代农村能源体系。2022 年中央 1 号文件指出，要推进农村光伏、生物质能等清洁能源建设。在"双碳"目标、"健康中国"和乡村振兴战略深入实施的背景下，推进现代农村能源体系建设势在必行。因此，对当前能源结构及能源消费现状进行刻画，并挖掘当前能源消费体系建设的可行方案，对推进现代化农村能源建设具有重要的现实意义。

　　本章对华中三省 2022 年和 2021 年农户能源消费数据展开统计分析，内容主要包括如下四节：第一节是华中三省的能源消费结构，包括能源消费结构现状及其空间和时间特征；第二节是华中三省农户的炊事能源使用情况，包括炊事能源使用现状及其空间特征；第三节是取暖、制冷与热水能源使用，包括主要取暖方式、制冷方式与热水设备；第四节总结华中三省能源消费情况，得出相关结论并给出可能的政策建议。

---

① 数据来源于历年《中国能源统计年鉴》。

值得说明的是，对于具体内容描述中的能源分类情况，本章参考了史清华等（2014）和畅华仪等（2020）的研究，将能源划分为传统固体能源与现代清洁能源，其中，传统固体能源进一步可以划分为传统生物质能源（如秸秆、薪柴、畜禽粪便等）和传统化石能源（如蜂窝煤/煤球、煤块、汽油等）；现代清洁能源进一步可以划分为燃气（如煤气、天然气、石油液化气等）和电力。

一、能源消费现状[*]

1. 2022 年华中三省农户能源消费现状

（1）能源消费结构

能源消费结构定义为现代清洁能源消费量（瓶装液化气、管道天然气和电力等）与能源消费总量的比例关系和传统固体能源消费总量（蜂窝煤/煤球、煤块和薪柴等）与能源消费总量的比例关系。由表 7-1 可知，2022 年华中三省农户能源消费结构呈现传统固体能源与现代清洁能源共存的局面，但现代清洁能源使用的占比更大。农户使用传统固体能源——蜂窝煤/煤球、煤块和薪柴的比例分别为 7.77%、2.95% 和 38.38%；相比之下，使用现代清洁能源——瓶装液化气、管道天然气和电力的比例分别为 72.73%、10.96% 和 93.32%。从能源使用的普及程度来看，电力能源的普及程度最高，占比高达 93.32%，瓶装液化气的普及程度次之，比例为 72.73%。此外，可以发现农户对传统固体能源的使用率均较高，对清洁能源的使用率仍有待提高。农户对农业生产和生活过程中产生的农业废弃物利用程度较低，其中对畜禽粪便和农作物秸秆的使用率分别为 0.70% 和 0.93%。目前农户对农作物秸秆、畜禽粪便等有机废弃物的无害化处理和资源化利用程度较低（李傲群、李学婷，2019）。

表 7-1　华中三省农户能源消费结构

能源类型	河南省		湖北省		湖南省		总计	
	使用户数（户）	使用户的比率（%）	使用户数（户）	使用户的比率（%）	使用户数（户）	使用户的比率（%）	使用户数（户）	使用户的比率（%）
蜂窝煤/煤球	6	1.41	30	6.98	64	14.88	100	7.77
煤块	2	0.47	8	1.86	28	6.51	38	2.95

＊　执笔人：李文静；参与人：秦江楠、赵世龙。

（续）

能源类型	河南省		湖北省		湖南省		总计	
	使用户数（户）	使用户的比率（%）	使用户数（户）	使用户的比率（%）	使用户数（户）	使用户的比率（%）	使用户数（户）	使用户的比率（%）
汽油	74	17.33	132	30.70	108	25.12	314	24.40
柴油	34	7.96	105	24.42	38	8.84	177	13.75
瓶装液化气	267	62.53	323	75.12	346	80.47	936	72.73
管道天然气	130	30.44	11	2.56	0	0.00	141	10.96
管道煤气	3	0.70	17	3.95	13	3.02	33	2.56
畜禽粪便	0	0.00	7	1.63	2	0.47	9	0.70
农作物秸秆	2	0.47	6	1.40	4	0.93	12	0.93
薪柴	79	18.50	263	61.16	152	35.35	494	38.38
电力	420	98.36	395	91.86	386	89.77	1 201	93.32
其他能源	2	0.47	6	1.40	1	0.23	9	0.70

（2）能源获取方式与成本

农户获取能源的方式有市场购买、自行购买原材料、免费获取、公共管网等。从分析结果来看，调研区域农户获取能源方式的前三种为市场购买（647.67%）、免费获取（294.58%）和公共管网（180.28%）（图7-1）。农户获取蜂窝煤/煤球、煤块、汽油、柴油、瓶装液化气和管道煤气均主要依靠市场购买这一方式，其中农户通过市场购买这一方式获取能源占比最高的是消费蜂窝煤/煤球，高达99.00%。农户获取管道天然气和电力能源主要依托公共管网这一方式，分别达到了87.94%和78.60%。主要原因是我国现行城镇管道燃气特许经营制度把燃气销售和燃气输送进行一体化垄断经营，阻碍了潜在竞争者进入燃气销售市场，农户可选择的渠道少（陈宇，崔双，2021）。同时，我国境内拥有完善的天然气管道和电网，农户能够轻易地获取该类能源。除此之外，农户获取以农作物秸秆和畜禽粪便为主的农业废弃物主要通过免费获取这一方式，分别达到了75.00%和100.00%。农作物秸秆和畜禽粪便在农村地区较为常见，基于其售卖价格低廉、利用成本过高以及其他能源的高效率，农户对这两种能源的利用率低（刘志雄，2019），获取方式也主要是通过自家农业生产和生活所产生或者邻里亲属赠予。

成本收益是农户进行能源选择时首先考量的因素，因此对农户能源获取成本展开分析有助于识别影响农户能源选择的关键性影响因素。在调研中用交通

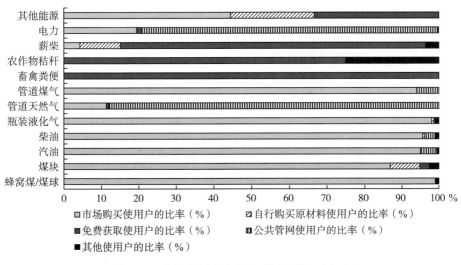

图 7-1　能源使用农户获取不同能源方式占比

及其他成本来考量农户获取能源的成本支出情况。由表 7-2 可知，从能源类别来看，农户使用管道天然气的平均成本为 213.31 元，远高于使用其他类别能源的平均成本。农户获取畜禽粪便和农作物秸秆的交通成本及其他成本最低。从能源消费结构来看，农户获取现代清洁能源所消耗的交通及其他成本的平均成本高于获取传统固体能源消费的平均成本。农户获取以瓶装液化气、管道天然气为代表的现代清洁能源的平均成本分别为 30.46 元和 213.31 元，农户获取以蜂窝煤/煤球、煤块为代表的传统固体能源的平均成本分别为 3.51 元和 12.68元。从能源消费的地域差异来看，南方农户消耗传统化石能源的平均成本高于北方，如湖北省和湖南省农户消耗汽油和柴油的平均成本最低为 54.16 元。

表 7-2　农户获取能源交通及其他成本

单位：元

能源类型	平均成本			
	河南省	湖北省	湖南省	总计
蜂窝煤/煤球	0.00	5.45	2.92	3.51
煤块	1.00	0.63	16.96	12.68
汽油	2.93	130.44	54.16	74.16
柴油	33.15	216.73	63.07	148.47
瓶装液化气	4.27	69.80	13.91	30.46
管道天然气	223.64	92.18	0.00	213.31

（续）

能源类型	平均成本			
	河南省	湖北省	湖南省	总计
管道煤气	0.67	11.24	3.54	7.24
畜禽粪便	0.00	0.00	0.00	0.00
农作物秸秆	0.00	0.00	0.00	0.00
薪柴	0.90	61.34	0.94	33.09
电力	0.79	2.63	12.75	5.24
其他能源	0.00	0.00	0.00	0.00

注：平均成本是指该省份农户消费该能源的户均成本。

（3）能源年消费总量

2022 年华中三省农户的能源消费总量情况如表 7 - 3 所示，为了便于分析，此处合并了计量单位一样的样本，剔除掉了缺失及无效样本。从传统生物质能源来看，畜禽粪便与农作物秸秆的户均消费量分别为 844.3 立方米与 541.9 千克，薪柴的使用户数为 221 户，户均消费量 4 261 千克。从传统化石能源来看，由于蜂窝煤/煤球与煤块的计量单位不一，蜂窝煤/煤球的户均消费量为 287.6 千克或 672.4 个；以千克为计量单位的农户煤块的户均消费量为 257.1 千克，以个为计量单位的农户煤块的户均消费量为 832.5 个；汽油与柴油的户均消费量分别为 585.1 升和 862.6 升。从燃气来看，瓶装液化气、管道天然气、管道煤气的户均消费量分别为 33.4 瓶、1 904.9 立方米与 4.8 瓶。从电力来看，华中三省农户电力的户均消费量为 12 253.6 千瓦时。

表 7 - 3　2022 年华中三省农户能源消费总量

能源类型	使用户数（户）	计量单位	年消费总量	户均消费量
蜂窝煤/煤球	10	千克	2 876.0	287.6
	90	个	60 513.0	672.4
煤块	20	个	16 650.0	832.5
	18	千克	4 627.5	257.1
汽油	298	升	174 352.6	585.1
柴油	156	升	134 570.5	862.6
瓶装液化气	781	瓶	26 093.1	33.4
管道天然气	130	立方米	247 637.3	1 904.9
管道煤气	22	瓶	106.0	4.8

（续）

能源类型	使用户数（户）	计量单位	年消费总量	户均消费量
畜禽粪便	4	立方米	3 377.0	844.3
农作物秸秆	8	千克	4 335.5	541.9
薪柴	221	千克	941 685.0	4 261.0
电力	1 193	千瓦时	14 618 586.0	12 253.6
其他能源	9	—	—	—

（4）能源年消费总支出

2022年华中三省的能源消费总支出情况如表7-4所示，从传统生物质能源来看，畜禽粪便、农作物秸秆和薪柴的户均消费支出分别为222.0、4.2和230.6元。从传统化石能源来看，蜂窝煤/煤球与煤块的户均消费支出分别为791.5和733.0元，汽油与柴油的户均消费支出分别为3 942.1和5 013.0元。从燃气来看，瓶装液化气、管道天然气、管道煤气的户均消费支出分别为871.1、2 261.7与709.1元。从电力来看，户均消费支出为11 829.0元。通过图7-2可以发现电力的户均消费支出最高，这是由于电力对农户生活的各个方面均具有重要作用。相比瓶装液化气、管道天然气等清洁能源，畜禽粪便、农作物秸秆、薪柴、煤等非清洁能源的户均消费支出更低，这也是低收入农户选择非清洁能源的重要影响因素（廖华，2019）。

表7-4　2022年华中三省农户能源消费总支出情况

能源类型	总计		年消费总支出（元）	户均消费支出（元）
	使用户数（户）	使用户的比率（%）		
蜂窝煤/煤球	100	7.76	79 151.3	791.5
煤块	38	2.95	27 855.0	733.0
汽油	314	24.38	1 237 821.0	3 942.1
柴油	177	13.74	887 304.7	5 013.0
瓶装液化气	937	72.75	816 255.1	871.1
管道天然气	141	10.95	318 903.4	2 261.7
管道煤气	33	2.56	23 400.0	709.1
畜禽粪便	9	0.70	1 998.0	222.0
农作物秸秆	12	0.93	50.0	4.2
薪柴	494	38.35	113 894.6	230.6
电力	1 202	93.32	14 218 502.0	11 829.0
其他能源	9	0.70	—	—

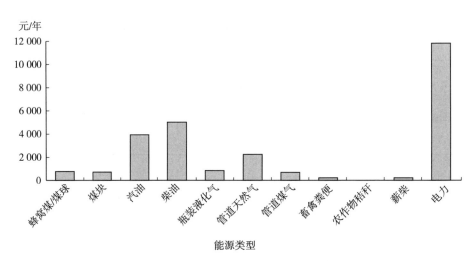

图 7-2　华中三省农户户均能源消费支出

（5）能源主要用途

能源消费的最终用途是满足农户生产与生活需要（李鑫等，2015），不同的能源类型对农户生产与生活的作用不同（表 7-5 和图 7-3）。从传统生物质能源来看，在使用畜禽粪便的农户中，100％的农户将其作为炊事用能；在使用农作物秸秆的农户中，选择将其作为炊事用能与取暖用能的比例分别为83％与 25％；在使用薪柴的农户中，选择将其作为炊事用能与取暖用能的比例分别为 82％与 64％。从传统化石能源来看，在使用蜂窝煤/煤球的农户中，选择将其作为炊事用能与取暖用能的比例分别为 60％与 59％；在使用煤块的农户中，选择将其作为炊事用能与取暖用能的比例分别为 32％与 92％；在使用汽油的农户中，92％的农户将其作为交通用能；在使用柴油的农户中，81％的农户将其作为农机用能。从燃气来看，在使用瓶装液化气、管道天然气和管道煤气的农户中，分别有 99％、99％和 100％的农户将其作为炊事用能。从电力来看，选择将其作为炊事用能、取暖用能、洗澡用能、照明及家电用能、交通用能和农机用能的比例分别为 46％、46％、51％、97％、31％和 6％，其中，选择照明及家电用能的比例最高。

表 7-5　2022 年华中三省农户能源主要用途

能源类型	使用户数（户）	能源主要用途					
		炊事用能（％）	取暖用能（％）	洗澡用能（％）	照明及家电用能（％）	交通用能（％）	农机用能（％）	其他（％）
蜂窝煤/煤球	100	60	59	4	0	0	0	3

（续）

| 能源类型 | 能源主要用途 | | | | | | |
	使用户数（户）	炊事用能（%）	取暖用能（%）	洗澡用能（%）	照明及家电用能（%）	交通用能（%）	农机用能（%）	其他（%）
煤块	38	32	92	11	0	0	0	5
汽油	314	0	0	0	0	92	18	1
柴油	177	0	0	0	0	25	81	3
瓶装液化气	937	99	1	1	0	0	0	0
管道天然气	141	99	13	11	0	0	0	0
管道煤气	33	100	0	6	0	0	0	0
畜禽粪便	9	100	11	11	0	0	0	0
农作物秸秆	12	83	25	8	0	0	0	0
薪柴	494	82	64	9	0	0	0	2
电力	1 202	46	46	51	97	31	6	1
其他能源	9	78	44	33	11	0	0	0

注：图中比例为选择某种能源类型作为某种能源用途的比例，如第一行中使用蜂窝煤/煤球的 100 位农户，选择将其作为炊事用能的占比 60%。

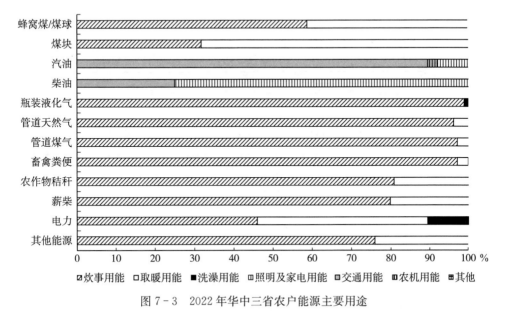

图 7 - 3　2022 年华中三省农户能源主要用途

（6）能源消费与身体健康的关系

大量研究已经表明能源对人体健康的重要作用（方黎明、刘贺邦，2019；

宋德勇、李东方，2021）。畜禽粪便、农作物秸秆等传统生物质能源以及煤炭等传统化石能源的不完全燃烧会产生大量固体颗粒物、一氧化碳等污染物，散烧煤中甚至还含有氟、砷等有毒物质，容易形成严重的室内空气污染（廖华，2019），对农村居民身体健康造成极大损害。

第一，能源消费与自评身体健康。表7-6、图7-4为不同能源类型下华中三省农村居民的自评身体健康状况。从传统生物质能源来看，选择畜禽粪便、农作物秸秆和薪柴的农户，身体健康状况为不健康和很不健康的比例分别为0%、25%与19%，从传统化石能源来看，选择蜂窝煤/煤球与煤块的农户，身体健康状况为不健康和很不健康的比例分别为19%与21%；选择汽油与柴油的农户，身体健康状况为不健康和很不健康的比例分别为13%与11%。从燃气来看，选择瓶装液化气、管道天然气、管道煤气的农户，身体健康状况为不健康和很不健康的比例分别为15%、4%与30%，从电力来看，选择电力的农户，身体健康状况为不健康和很不健康的比例为15%。总体而言，选择蜂窝煤/煤球、煤块、农作物秸秆等非清洁能源的农户，自评身体健康为不健康和很不健康的比例相对较大。

表7-6　不同能源类型下华中三省农村居民的自评身体健康状况

能源类型	受访者的自评身体健康状况									
	很健康（户）	占比（%）	比较健康（户）	占比（%）	一般（户）	占比（%）	不健康（户）	占比（%）	很不健康（户）	占比（%）
蜂窝煤/煤球	15	15	36	36	30	30	18	18	1	1
煤块	6	16	18	47	6	16	7	18	1	3
汽油	64	20	130	41	80	25	38	12	2	1
柴油	43	24	74	42	41	23	19	11	0	0
瓶装液化气	211	23	337	36	248	26	131	14	10	1
管道天然气	32	23	76	54	28	20	5	4	0	0
管道煤气	5	15	12	36	6	18	6	18	4	12
畜禽粪便	3	33	3	33	3	33	0	0	0	0
农作物秸秆	2	17	5	42	2	17	3	25	0	0
薪柴	80	16	172	35	144	29	91	18	7	1
电力	244	20	461	38	313	26	171	14	13	1
其他能源	0	0	4	44	4	44	1	11	0	0

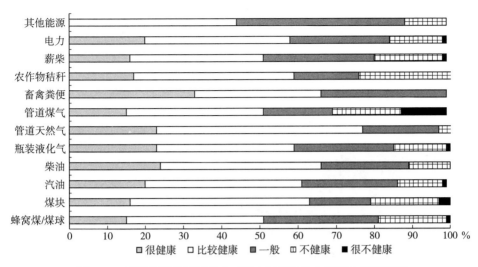

图7-4　不同能源类型下华中三省农村居民的自评身体健康状况

第二，能源消费与慢性阻塞性肺疾病、呼吸系统疾病。固体燃料燃烧所形成的室内空气污染导致农村居民患病风险的增加，如多种呼吸道疾病（Dherani et al.，2008；Chen et al.，2018）、慢性阻塞性肺疾病（Liu et al.，2020）等。与这两种疾病直接相关的是炊事能源的使用，因此，仅保留前文中作为炊事用能的比例大于50%的农户样本，结果如表7-7所示。与瓶装液化气、管道天然气和管道煤气等清洁能源相比，蜂窝煤/煤球、农作物秸秆、薪柴等非清洁能源使农户患病的比例更大。值得说明的是，畜禽粪便的样本量较少，仅有5户，因此出现了0.00%的比例。从慢性阻塞性肺疾病来看，使用瓶装液化气、管道天然气和管道煤气作为炊事能源的农户，家庭成员中患有慢性阻塞性肺疾病的比例分别为6.54%、1.02%和4.55%，农户的患病比例小于使用蜂窝煤/煤球、农作物秸秆等的农户。从呼吸系统疾病来看，使用瓶装液化气、管道天然气和管道煤气作为炊事能源的农户，家庭成员中患有呼吸系统疾病的比例分别为3.12%、1.02%和9.09%，相对而言比例更小。

表7-7　不同炊事能源类型下华中三省农村居民的患病状况

能源类型	在过去5年中，是否有家庭成员曾被诊断患有			
	慢性阻塞性肺疾病		呼吸系统疾病	
	是（%）	否（%）	是（%）	否（%）
蜂窝煤/煤球	8.20	91.80	3.28	96.72
瓶装液化气	6.54	93.46	3.12	96.88

（续）

	在过去 5 年中，是否有家庭成员曾被诊断患有			
能源类型	慢性阻塞性肺疾病		呼吸系统疾病	
	是（%）	否（%）	是（%）	否（%）
管道天然气	1.02	98.98	1.02	98.98
管道煤气	4.55	95.45	9.09	90.91
畜禽粪便	0.00	100.00	0.00	100.00
农作物秸秆	20.00	80.00	20.00	80.00
薪柴	7.26	92.74	5.05	94.95

2. 农户能源消费结构现状的空间特征分析

（1）能源消费结构省级层面特征

华中三省农户除能源消费具体类别不同外，能源消费结构的地域差异明显。由图 7-5 可知，北方地区现代清洁能源的使用率最高，南方地区传统固体能源的使用率最高。以现代清洁能源为例，河南省农户管道天然气的使用率超过了湖北省和湖南省农户的使用率，河南省农户管道天然气使用率高达30.44%，而湖北省仅有 2.56%，湖南省为 0.00%。河南省农户电力能源的使用率也最高，比湖北省高 6.5 个百分点，比湖南省高 8.59 个百分点。以传统固体能源为例，湖南省农户的蜂窝煤/煤球使用率最高，达到了 14.88%，湖北省使用率为 6.98%，而河南省仅有 1.41%。值得注意的是，湖北省和湖南省农户薪柴的使用率也远远高于河南省农户薪柴的使用率，河南省农户薪柴的使用率比湖北省低 42.66 个百分点，比湖南省低 16.85 个百分点。南方地区传统固体能源使用率高于北方地区的原因可能在于，南方地区天气湿热、植被茂盛、多丘陵山地，以薪柴和煤块为代表的传统固体能源储量丰富、开采方便，获取传统固体能源的成本较低（熊伟，付宗平等，2017）。

（2）能源消费结构县级层面特征

第一，河南省县级层面农户使用能源消费情况。本次调研所抽取的河南省样本县（市、区）包括偃师区、南召县、安阳市、新乡市、新郑市和确山县。由表 7-8 可知，河南省不同县（市、区）农户消费能源类别差异较大。从能源类别来看，总体而言，河南省各县（市、区）消费传统固体能源比重低，消费现代清洁能源比重高。但不同县（市、区）消费的传统固体能源和现代清洁能源内部种类差异较大，如新郑市农户消费瓶装液化气占比 94.44%，而新乡市农户消费瓶装液化气占比仅有 9.72%。但新乡市农户消费管道天然气比重为 90.28%，远远高于河南省其他县（市、区）。此外，各县（市、区）消费

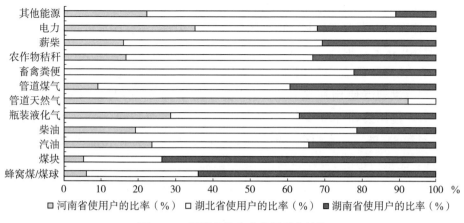

图 7-5　不同省份农户能源消费结构

电力能源比较集中且占比最大，占比均维持在 95.83% 以上。说明电力能源的普及程度最高。

表 7-8　河南省县级层面农户使用能源消费情况

能源类型	偃师区 使用户数（户）	偃师区 使用户的比率（％）	南召县 使用户数（户）	南召县 使用户的比率（％）	安阳市 使用户数（户）	安阳市 使用户的比率（％）	新乡市 使用户数（户）	新乡市 使用户的比率（％）	新郑市 使用户数（户）	新郑市 使用户的比率（％）	确山县 使用户数（户）	确山县 使用户的比率（％）
蜂窝煤	5	7.35	0	0.00	0	0.00	1	1.39	0	0.00	0	0.00
煤块	0	0.00	0	0.00	0	0.00	1	1.39	1	1.39	0	0.00
汽油	13	19.12	12	16.90	13	18.06	21	29.17	7	9.72	8	11.11
柴油	1	1.47	3	4.23	2	2.78	12	16.67	1	1.39	15	20.83
瓶装液化气	45	66.18	59	83.10	25	34.72	7	9.72	68	94.44	63	87.50
管道天然气	23	33.82	0	0.00	41	56.94	65	90.28	1	1.39	0	0.00
管道煤气	0	0.00	1	1.41	0	0.00	0	0.00	0	0.00	2	2.78
畜禽粪便	0	0.00	0	0.00	0	0.00	0	0.00	0	0.00	0	0.00
农作物秸秆	0	0.00	2	2.82	0	0.00	0	0.00	0	0.00	0	0.00
薪柴	6	8.82	33	46.48	0	0.00	1	1.39	0	0.00	39	54.17
电力	68	100.00	69	97.18	72	100.00	72	100.00	69	95.83	70	97.22
其他能源	0	0.00	1	1.41	0	0.00	0	0.00	1	1.39	0	0.00

　　第二，湖北省主要县（市、区）层面农户使用能源消费情况。样本涉及湖北省县（市、区）的有建始县、当阳市、枣阳市、洪湖市、罗田县以及谷城县。由表 7-9 可知，从能源普及程度来看，瓶装液化气、薪柴和电力能源普

及程度高，煤块、管道天然气、管道煤气、农作物秸秆和畜禽粪便普及程度低。总体而言，湖北省各县（市、区）农户电力能源消费比重最高，瓶装液化气消费比重次之，但各个县（市、区）农户能源消费比重存在明显差异，如罗田县有 91.55% 的农户使用薪柴，相比之下洪湖市使用薪柴的农户比重为 31.51%。洪湖市使用瓶装液化气的农户比重为 87.67%，而罗田县仅有 33.80%。建始县和谷城县农户使用能源最多的是瓶装液化气，比重分别为 79.17% 和 84.93%，当阳市、枣阳市、洪湖市和罗田县使用能源最多的是电力能源，比重均超过了 97.14%。

表 7-9　湖北省主要县（市、区）层面农户使用能源消费情况

能源类型	建始县		当阳市		枣阳市		洪湖市		罗田县		谷城县	
	使用户数（户）	使用户的比率（%）	使用户数（户）	使用户的比率（%）	使用户数（户）	使用户的比率（%）	使用户数（户）	使用户的比率（%）	使用户数（户）	使用户的比率（%）	使用户数（户）	使用户的比率（%）
蜂窝煤	9	12.50	5	7.14	4	5.63	3	4.11	0	0.00	9	12.33
煤块	2	2.78	0	0.00	1	1.41	2	2.74	0	0.00	3	4.11
汽油	14	19.44	29	41.43	24	33.80	30	41.10	24	33.80	11	15.07
柴油	2	2.78	25	35.71	33	46.48	27	36.99	6	8.45	12	16.44
瓶装液化气	57	79.17	59	84.29	57	80.28	64	87.67	24	33.80	62	84.93
管道天然气	1	1.39	6	8.57	1	1.41	1	1.37	1	1.41	1	1.37
管道煤气	1	1.39	0	0.00	0	0.00	4	5.48	9	12.68	3	4.11
畜禽粪便	1	1.39	5	7.14	0	0.00	0	0.00	1	1.41	0	0.00
农作物秸秆	0	0.00	0	0.00	3	4.23	0	0.00	0	0.00	3	4.11
薪柴	34	47.22	37	52.86	55	77.46	23	31.51	65	91.55	49	67.12
电力	53	73.61	68	97.14	71	100.00	72	98.63	71	100.00	60	82.19
其他能源	3	4.17	0	0.00	1	1.41	0	0.00	1	1.41	1	1.37

第三，湖南省主要市/县级层面农户使用能源消费情况。参与本次调研的湖南省各县（市、区）涉及华容县、安仁县、新晃县、浏阳市、耒阳县和隆回县。由表 7-10 可知，瓶装液化气和电力能源是湖南省各县（市、区）主要使用的能源类型，其次为汽油和薪柴，管道天然气、畜禽粪便和农作物秸秆农户使用程度最低。不同县（市、区）农户使用能源类别同河南省和湖北省差异较大。如华容县有 92.96% 的农户使用瓶装液化气，而安仁县只有 67.61% 的农户使用瓶装液化气。华容县使用电力能源的农户比重为 73.24%，而新晃县却为 100%，不过新晃县农户使用薪柴的比重最高，比华容县高 60.88 个百分

点。原因可能为，新晃县通过实施易地扶贫搬迁工程，将生活在自然条件差、交通不便、信息闭塞的山区贫困群众搬迁至发展要素齐全、基础设施完善的开阔平缓地带，因而电力能源使用比重最高。同时，新晃县农户沿袭山区生活使用薪柴能源的习惯，致使薪柴使用比重高（姜璐，余露等，2019）。

表 7-10　湖南省主要市/县级层面农户使用能源消费情况

能源类型	华容县		安仁县		新晃县		浏阳市		耒阳县		隆回县	
	使用户数（户）	使用户的比率（%）	使用户数（户）	使用户的比率（%）	使用户数（户）	使用户的比率（%）	使用户数（户）	使用户的比率（%）	使用户数（户）	使用户的比率（%）	使用户数（户）	使用户的比率（%）
蜂窝煤	3	4.23	15	21.13	0	0.00	12	16.67	26	36.11	8	11.11
煤块	0	0.00	5	7.04	3	4.17	1	1.39	14	19.44	5	6.94
汽油	12	16.90	19	26.76	29	40.28	22	30.56	11	15.28	15	20.83
柴油	4	5.63	6	8.45	15	20.83	2	2.78	6	8.33	5	6.94
瓶装液化气	66	92.96	48	67.61	55	76.39	67	93.06	58	80.56	52	72.22
管道天然气	0	0.00	0	0.00	0	0.00	0	0.00	0	0.00	0	0.00
管道煤气	0	0.00	9	12.68	0	0.00	1	1.39	3	4.17	0	0.00
畜禽粪便	0	0.00	0	0.00	1	1.39	1	1.39	0	0.00	0	0.00
农作物秸秆	1	1.41	0	0.00	0	0.00	0	0.00	1	1.39	2	2.78
薪柴	12	16.90	11	15.49	56	77.78	20	27.78	25	34.72	28	38.89
电力	52	73.24	64	90.14	72	100.00	59	81.94	71	98.61	68	94.44
其他能源	0	0.00	0	0.00	0	0.00	1	1.39	0	0.00	0	0.00

3. 农户能源消费结构的时间特征分析

（1）华中三省能源消费结构

在时间维度上华中三省能源消费结构如表 7-11 和图 7-6 所示。从能源消费总量来看，在 2019 年、2020—2021 年、2022 年三年间华中三省农户使用比率最高的能源皆为电力、瓶装液化气、汽油和薪柴，其他能源的使用比率相对较小。从能源消费结构来看，华中三省农户的能源消费结构呈现传统固体能源与现代清洁能源并存的局面。随着时间的推移，华中三省农户使用传统生物质能源和传统化石能源的比例在不断下降，而使用管道天然气等清洁能源的比例在不断上升，说明华中三省农户正在经历能源消费结构的转型。从传统生物质能源来看，畜禽粪便、农作物秸秆和薪柴的使用比例呈现不断下降的趋势，分别从 2019 年的 3.80%、5.83% 与 54.35% 下降至 2022 年的 0.70%、0.93% 与 38.35%。从传统化石能源来看，蜂窝煤/煤球的使用比例在不断下降，从

2019 年的 23.15％降至 2022 年的 7.76％，煤块的使用比例相差不大；汽油的使用比例下降较大，下降了 41.64 个百分点；柴油的使用比例 2019 年与 2020—2021 年基本相同，2022 年有所下降，下降了 13.02 个百分点。从燃气来看，瓶装液化气的使用比例略有降低，而管道天然气、管道煤气的比例在不断上升，分别从 2019 年的 5.19％与 0.56％上升至 2022 年的 10.95％与 2.56％。从电力来看，电力的使用比例呈现先降后增的趋势。

表 7-11　2019 年、2020—2021 年、2022 年华中三省能源消费结构

能源类型	2019 年		2020—2021 年		2022 年	
	使用户数（户）	使用户的比率（％）	使用户数（户）	使用户的比率（％）	使用户数（户）	使用户的比率（％）
蜂窝煤/煤球	249	23.15	68	8.50	100	7.76
煤块	22	2.04	30	3.75	38	2.95
汽油	713	66.02	315	39.38	314	24.38
柴油	290	26.76	215	26.88	177	13.74
瓶装液化气	811	75.09	603	75.38	937	72.75
管道天然气	56	5.19	82	10.25	141	10.95
管道煤气	6	0.56	11	1.38	33	2.56
畜禽粪便	41	3.80	26	3.25	9	0.70
农作物秸秆	63	5.83	38	4.75	12	0.93
薪柴	584	54.35	358	44.75	494	38.35
电力	1 072	99.26	669	83.63	1 202	93.32
其他能源	13	1.20	5	0.63	9	0.70

（2）河南省能源消费结构

河南省的能源消费情况如表 7-12 和图 7-7 所示。从能源消费总量来看，在 2019 年、2020—2021 年、2022 年三年间河南省农户使用比率最高的能源为电力、瓶装液化气、汽油、柴油、管道天然气和薪柴，其他能源的使用比率相对较小。从能源消费结构来看，河南省农户的能源消费结构呈现传统固体能源与现代清洁能源并存的局面，三年中，传统固体能源的比例在不断下降，而现代清洁能源的比例在不断上升，说明河南省农户正在经历能源消费结构的转型。从传统生物质能源来看，畜禽粪便、农作物秸秆和薪柴的使用比例呈现不断下降的趋势，分别从 2019 年的 1.11％、6.67％与 30％下降至 2022 年的 0％、0.47％与 18.50％。从传统化石能源来看，蜂窝煤/煤球和煤块的使用比例在不断下降，蜂窝煤/煤球的下降幅度更大，从 2019 年的 12.50％降至 2022 年的 1.41％；汽油的使用比例下降最大，下降了 43.78 个百分点；柴油

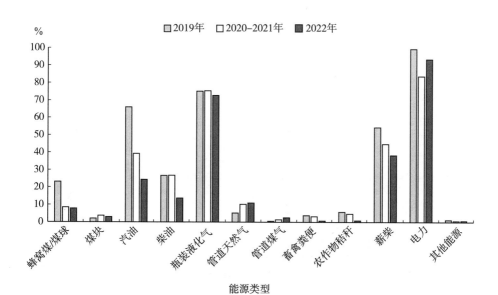

图 7-6　2019、2020—2021、2022 年华中三省能源消费结构

的使用比例也在不断下降，下降了 17.87 个百分点。从燃气来看，瓶装液化气的使用比例略有降低，管道煤气的使用比例先升后降，而管道天然气比例则呈现不断上升的趋势，从 2019 年的 13.33％上升至 2022 年的 30.44％。从电力来看，电力的使用比例呈现先降后增的趋势。

表 7-12　2019 年、2020—2021 年、2022 年河南省农户能源消费结构

能源类型	2019 年		2020—2021 年		2022 年	
	使用户数（户）	使用户的比率（％）	使用户数（户）	使用户的比率（％）	使用户数（户）	使用户的比率（％）
蜂窝煤/煤球	143	12.50	8	2.48	6	1.41
煤块	5	1.67	5	1.55	2	0.47
汽油	257	61.11	106	32.82	74	17.33
柴油	73	25.83	72	22.29	34	7.96
瓶装液化气	282	77.22	229	70.90	267	62.53
管道天然气	3	13.33	73	22.60	130	30.44
管道煤气	1	0.28	5	1.55	3	0.70
畜禽粪便	13	1.11	0	0.00	0	0.00
农作物秸秆	14	6.67	13	4.02	2	0.47
薪柴	231	30.00	97	30.03	79	18.50
电力	360	100.00	237	73.37	420	98.36
其他能源	8	2.22	1	0.31	2	0.47

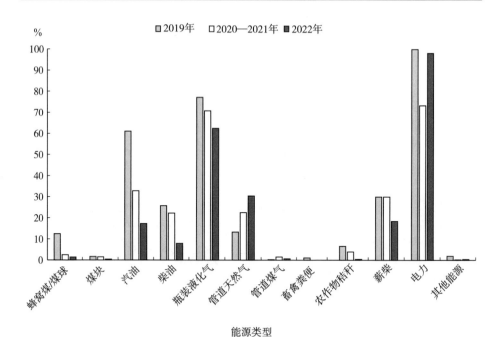

图 7-7 2019 年、2020—2021 年、2022 年河南省能源消费结构

（3）湖北省能源消费结构

湖北省的能源消费情况如表 7-13 和图 7-8 所示。从能源消费总量来看，在 2019 年、2020—2021 年、2022 年三年间湖北省农户使用比率最高的能源为电力、瓶装液化气、薪柴、汽油和柴油，其他能源的使用比率相对较小。从能源消费结构来看，湖北省农户使用传统固体能源的比例在不断下降，使用现代清洁能源的比例在不断上升，正在经历能源消费结构的转型。从传统生物质能源来看，畜禽粪便、农作物秸秆和薪柴的使用比例呈现不断下降的趋势，分别从 2019 年的 6.67％、6.94％与 68.89％下降至 2022 年的 1.63％、1.40％与61.16％，薪柴的下降比率较小。从传统化石能源来看，蜂窝煤/煤球的使用比例在不断下降，从 2019 年的 17.22％降至 2022 年的 6.98％，煤块的使用比例呈现先增后降的趋势，汽油使用比例的下降幅度最大，下降了 34.86 个百分点，柴油的使用比例也呈现先增后降的趋势。从燃气来看，瓶装液化气的使用比例远高于管道天然气与管道煤气，并呈现不断上升的趋势，2022年瓶装液化气使用农户的比率达到 75.12％，管道天然气与管道煤气使用户的比例略有上升，但仍在 5％以内。从电力来看，电力的使用比例呈现先降后增的趋势。

表7-13　2019年、2020—2021年、2022年湖北省能源消费结构

能源类型	2019年		2020—2021年		2022年	
	使用户数（户）	使用户的比率（%）	使用户数（户）	使用户的比率（%）	使用户数（户）	使用户的比率（%）
蜂窝煤/煤球	62	17.22	46	12.78	30	6.98
煤块	11	3.06	20	5.56	8	1.86
汽油	236	65.56	151	41.94	132	30.70
柴油	123	34.17	126	35.00	105	24.42
瓶装液化气	251	69.72	270	75.00	323	75.12
管道天然气	5	1.39	7	1.94	11	2.56
管道煤气	4	1.11	5	1.39	17	3.95
畜禽粪便	24	6.67	24	6.67	7	1.63
农作物秸秆	25	6.94	25	6.94	6	1.40
薪柴	248	68.89	248	68.89	263	61.16
电力	354	98.33	324	90.00	395	91.86
其他能源	4	1.11	4	1.11	6	1.40

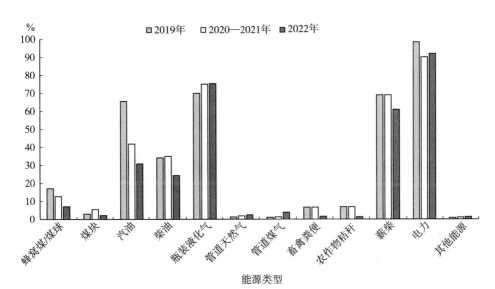

图7-8　2019年、2020—2021年、2022年湖北省能源消费结构

（4）湖南省能源消费结构

湖南省的能源消费情况如表7-14和图7-9所示。从能源消费总量来看，

在 2019 年、2020—2021 年、2022 年三年间湖南省农户使用比率最高的能源为电力、瓶装液化气、汽油和薪柴，其他能源的使用比率相对较小。从能源消费结构来看，湖南省农户使用煤块等传统固体能源的比例还在上升，清洁能源的使用比例基本呈现上升趋势。从传统生物质能源来看，畜禽粪便和农作物秸秆使用户的比率较小，并基本呈现下降趋势，薪柴使用户的比率呈现先降后升的趋势，从 2019 年的 64.17％降至 2020—2021 年的 11.11％后，2022 年又升至 35.35％。从传统化石能源来看，与河南省和湖北省不同的是，湖南省蜂窝煤/煤球使用户的比例呈现先降后增的趋势，煤块的使用户比例在逐渐上升。汽油和柴油使用户的比率均呈现不断下降的趋势，汽油使用户的下降幅度最大，下降了 46.27 个百分点。从燃气来看，瓶装液化气与管道天然气均呈现先增后降的趋势，华中三省中湖南省瓶装液化气使用户的比例最高，2022 年达到 80.47％。管道煤气使用户的比率呈现不断上升的趋势，从 2019 年的 0.28％上升至 2022 年的 3.02％。从电力来看，湖南省三年中使用户的比率呈现不断下降的趋势，2022 年降至 89.77％。

表 7 - 14　2019 年、2020—2021 年、2022 年湖南省能源消费结构

能源类型	2019 年		2020—2021 年		2022 年	
	使用户数（户）	使用户的比率（％）	使用户数（户）	使用户的比率（％）	使用户数（户）	使用户的比率（％）
蜂窝煤/煤球	45	38.89	14	11.97	64	14.88
煤块	6	1.39	5	4.27	28	6.51
汽油	220	71.39	58	49.57	108	25.12
柴油	93	20.28	17	14.53	38	8.84
瓶装液化气	278	78.33	104	88.89	346	80.47
管道天然气	48	0.83	2	1.71	0	0.00
管道煤气	1	0.28	1	0.85	13	3.02
畜禽粪便	4	3.61	2	1.71	2	0.47
农作物秸秆	24	3.89	0	0.00	4	0.93
薪柴	108	64.17	13	11.11	152	35.35
电力	358	99.44	108	92.31	386	89.77
其他能源	2	0.56	0	0.00	1	0.23

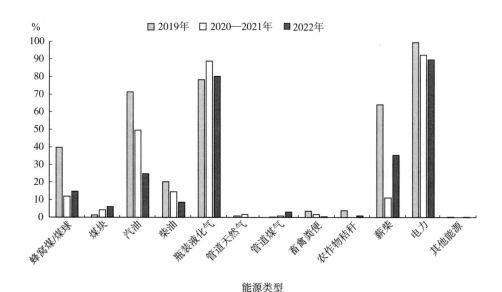

图 7 - 9　2019 年、2020—2021 年、2022 年湖南省能源消费结构

4. 结论与政策建议

（1）研究结论

对调研数据进行基本描述性统计分析和比较，可以得到如下基本结论。

第一，2022 年华中三省农村农户能源消费结构呈现传统固体能源与现代清洁能源共存的局面，农户对传统固体能源的使用率均较高，对清洁能源的使用率有待提升。

第二，农户获取能源主要通过市场购买、免费获取和公共管网三种方式，不同能源类型的获取方式存在明显的异质性。获取现代清洁能源的交通及其他成本高于获取传统固体能源。

第三，相比管道天然气等清洁能源，薪柴、煤等传统固体能源的户均消费支出更低。

第四，选择农作物秸秆、煤等传统固体能源的农户，自评身体健康状况为不健康和很不健康的比例相对较大，家庭成员患有慢性阻塞性肺疾病与呼吸系统疾病的比例更高。

第五，从能源消费结构的空间特征来看，能源消费结构的地域差异明显，北方地区现代清洁能源的使用率高，南方地区传统固体能源的使用率高。华中三省不同县（市、区）能源利用类型和结构各有差异，与行政区划、地理位置以及农村居民能源消费观念等因素有关，农村能源公共服务供给能力较弱。

第六，从能源消费结构的时间特征来看，随着时间的推移，华中三省农户使用传统生物质能源和传统化石能源的比例在不断下降，而使用管道天然气等现代清洁能源的比例在不断上升，说明正在经历能源消费结构的转型。华中三省不同县（市、区）能源消费结构的时间特征略有差异。

（2）政策建议

第一，要提高农村清洁能源的普及率和农户清洁能源的使用效率。一方面政府应加大对清洁能源的支持力度和宣传力度，促使清洁能源供给能力不断提升。另一方面各地区要制定差异化区域策略促进清洁能源发展，提升清洁能源整体效率。

第二，要增强农户现代清洁能源的可获得性，优化现代清洁能源的获取方式、降低其获取成本。在获取方式方面，可以从市场层面加大对农村清洁能源以及器具的供给力度进而优化农村居民获取清洁能源的方式。如设置便利的清洁能源供应点，鼓励从事清洁能源生产的企业提供辐射城乡的配套服务。在获取成本方面，一方面，需要加强基础设施建设，改善交通条件，以降低能源获取成本；另一方面，要提高农村家庭收入，如实行清洁生物质能反馈补贴等措施，从而改善家庭收支状况。

第三，提高华中三省农户清洁能源的消费能力。更低的消费支出是低收入农户选择非清洁能源的重要影响因素。一方面，充分发挥市场的作用，进一步挖掘天然气、煤气等的降价潜力；另一方面，政府应通过补贴等手段优化农村居民的能源消费结构，加大对低收入群体的补贴力度，并将其及时、持续、足额地发放到户。

第四，提高华中三省农户向清洁能源转型的积极性与主动性。应加强能源与健康相关知识的宣传教育，引导农村居民重视非清洁能源燃烧对人体所带来的生理与心理健康问题，提高农村居民对固体燃料的环境危害和健康风险的认识，进而促进其向清洁能源转型的积极性与主动性。

第五，通过多举措加大华中三省农村清洁能源设施，优化华中三省农村能源供给结构和能源消费结构。应增加燃气等清洁能源的设施建设，加大资金、人员等要素资本的投入力度，在尊重农户意愿、保障安全和落实气源的前提下，加快推进有条件地区管道天然气和管道煤气向农村覆盖。在交通不便、居住分散等燃气建设难度大的农村偏远地区，可以发展太阳能、风能等，提高华中三省农户使用清洁能源的比率。扎扎实实推进农村能源供给侧改革，从根本上优化农村能源供给结构，扩大清洁能源与非化石能源的供给比例，从而改变现有的农村能源供给结构，进而优化农村能源消费结构。

第六，要基于各地资源禀赋，结合新型城镇化、产业扶贫、乡村旅游、土地利用等相关规划，因地制宜地编制各县（市、区）能源建设实施方案。需要在深入调研基础上，把握农村能源供给与消费情况，制定有针对性的农村能源供给侧改革顶层设计。

二、炊事能源使用*

1. 农户炊事能源使用现状

（1）炊事能源使用结构

表 7-15 为华中三省炊事能源使用现状，家庭消费的管道煤气和畜禽粪便全部用作炊事能源，但是使用这两种能源的户数相对较少，总户数仅有 42 户。瓶装液化气和管道天然气用来做炊事能源的比例最高，分别占比 99.47％和98.58％，总户数高达 1 070 户。像秸秆、薪柴和蜂窝煤/煤球等传统固体能源的使用占比也较高，分别为 83.33％、81.98％和 60％，其中使用秸秆和蜂窝煤/煤球的总户数比较少，分别为 10 户和 60 户，而薪柴则高达 405 户。可见在传统能源使用当中，薪柴是主要炊事能源。电力用作炊事能源的比例相对较低，使用电力的户数为 549 户，占比 45.71％。煤块能源使用占比最低，总使用户数有 12 户，占比仅为 31.58％。

表 7-15　华中三省炊事能源使用结构

炊事能源种类	总计		河南省		湖北省		湖南省	
	使用户数（户）	用户比例（％）	使用户数（户）	用户比例（％）	使用户数（户）	用户比例（％）	使用户数（户）	用户比例（％）
蜂窝煤/煤球	60	60.00	1	16.67	28	93.33	31	48.44
煤块	12	31.58	0	0.00	3	37.5	9	32.14
瓶装液化气	931	99.47	266	99.63	322	99.69	343	99.13
管道天然气	139	98.58	129	99.23	10	90.91	0	0.00
管道煤气	33	100.00	3	100.00	17	100.00	13	100.00
畜禽粪便	9	100.00	0	0.00	7	100.00	2	100.00
农作物秸秆	10	83.33	2	100.00	4	66.67	4	100.00
薪柴	405	81.98	72	91.14	209	79.47	124	81.58
电力	549	45.71	168	40.00	199	50.38	182	47.15
其他能源	7	77.78	1	50.00	5	83.33	1	100.00

＊　执笔人：李文静；参与人：甘海清、徐洋兵。

图 7-10 为不同省份农户炊事能源消费结构，华中三省农户都把瓶装液化气作为最主要的炊事能源，三省农户使用瓶装液化气占比家庭能源总消费均为 99% 以上，但是从户数上来看，湖南省最多，为 343 户，湖北省次之，为 322 户，河南省则为 266 户。使用管道天然气的农户河南省有 129 户，湖北省仅有 10 户，湖南省则没有使用管道天然气作为炊事能源的农户。对于蜂窝煤/煤球，湖北省将其作为炊事能源的比例高达 93.33%，湖南省为 48.44%，但是从使用户数上来说，湖北为 28 户，湖南为 31 户，从总户数来看不相上下，河南省将其作为炊事能源的农户比例仅为 16.67%，使用户数仅为 1 户。

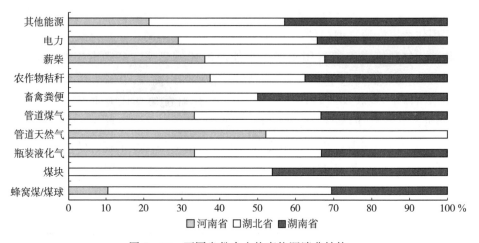

图 7-10　不同省份农户炊事能源消费结构

（2）炊事能源选择原因

华中三省农户选择炊事能源时的主要考虑因素分布见表 7-16。结果表明，由于几代人一直沿用，37.87% 的农户认为使用习惯是选择能源的首要原因。相比使用习惯，经济条件也是一个很重要的选择原因，30.95% 的人把能源价格和费用、18.35% 的人把获取能源所需的交通费用作为选择原因考虑。同时，能源供应点的距离和做饭味道更好也是炊事能源主要的选择原因，分别占比 19.98% 和 17.79%。此外还存在着一些客观原因，例如有的村内未通天然气和管道气等，12.13% 的农户选择炊事能源时会考虑这个原因。有 5.52% 的农户认为邻居或亲友使用的炊事能源也会影响自己的选择，占比相对较低。此外，炊事能源选择也呈现出地域差异，河南省的农户主要选择原因是能源价格和费用，占比 37.24%，而湖北省和湖南省的农户主要选择原因则是使用习惯，占比分别为 38.79% 和 43.16%。

表 7 - 16　华中三省农户炊事能源选择原因

炊事能源 选择原因	总计		河南省		湖北省		湖南省	
	户数 （户）	用户比例 （%）	户数 （户）	用户比例 （%）	户数 （户）	用户比例 （%）	户数 （户）	用户比例 （%）
做饭味道更好	229	17.79	44	10.30	102	23.83	83	19.26
几代人一直用， 习惯了用这种燃料	487	37.87	135	31.62	166	38.79	186	43.16
与燃料供应 点距离近	257	19.98	92	21.55	85	19.86	80	18.56
获取燃料所需 的交通费低	236	18.35	94	22.01	82	19.16	60	13.92
燃料的价格 和费用低	398	30.95	159	37.24	135	31.54	104	24.13
村内未通天然 气、管道气等	156	12.13	45	10.54	63	14.72	48	11.14
邻居或 亲友使用	71	5.52	33	7.73	19	4.44	19	4.41
其他（请注明）	305	23.72	100	23.42	124	28.97	81	18.79

除了炊事能源的具体选择原因不同外，选择原因的地域差异也客观存在，从图 7 - 11 中可以看出，河南省最主要的选择原因是能源价格和费用达到 37.24%，湖北 31.54%，湖南只有 24.13%。湖北省和湖南省最主要的选择原因都是炊事能源的使用习惯，分别占比 38.79% 和 43.16%，河南省则相对较少，占比 31.62%。对于做饭味道更好这个选择原因，湖北省和湖南省相对考虑的较多，分别占比 23.83% 和 19.26%，河南省仅占比 10.30%。获取能源所需的交通费这个选择原因河南省占比最大，为 22.01%，湖北省为 19.16%，湖南省仅为 13.92%。

（3）炊事能源满意程度

表 7 - 17 和图 7 - 12 为华中三省农户炊事能源满意程度，华中三省的整体炊事能源满意程度比较高，满意度比例高达 82.89%，不满意度比例仅占 3.26%。三省横向比较而言，河南省满意度最高，占比 85.48%，湖南省满意度仅次于河南省，占比 82.60%，湖北省相对较低，但绝对占比也高达 80.61%。对于不满意度，华中三省占比都比较低，三省比较而言，湖北省最高，占比 4.67%，河南省次之，占比 3.04%，湖南省仅占比 2.09%。

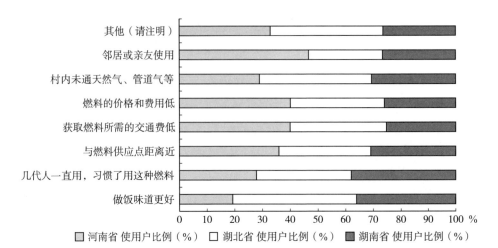

图 7 - 11 不同省份农户炊事能源选择原因

表 7 - 17 华中三省农户炊事能源满意程度

炊事能源 满意程度	总计		河南省		湖北省		湖南省	
	户数 （户）	用户比例 （%）	户数 （户）	用户比例 （%）	户数 （户）	用户比例 （%）	户数 （户）	用户比例 （%）
非常不满意	7	0.54	3	0.70	3	0.70	1	0.23
不太满意	35	2.72	10	2.34	17	3.97	8	1.86
一般	178	13.84	49	11.48	63	14.72	66	15.31
比较满意	781	60.73	282	66.04	243	56.78	256	59.40
非常满意	285	22.16	83	19.44	102	23.83	100	23.20

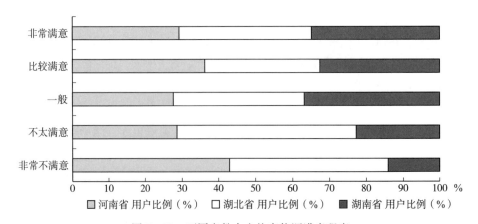

图 7 - 12 不同省份农户炊事能源满意程度

2. 农户炊事能源使用结构的空间特征分析

（1）河南省炊事能源使用结构

表 7-18 和图 7-13 为河南省炊事能源使用现状，河南省炊事能源以清洁能源为主，非清洁能源占的比重较小。对于煤块、畜禽粪便和其他能源，河南省所有样本县均没有农户采用这些能源作为炊事能源。对于蜂窝煤/煤球，仅偃师区有 1 户将其作为炊事能源，其他县农户均没有使用。同时，南召县和确山县分别有 1 户和 2 户农户将管道煤气作为炊事能源，秸秆也仅有南召县的 2 户农户在使用。瓶装液化气、管道天然气、电力都是农户使用较多的炊事能源，其中新郑市使用的瓶装液化气最多，有 68 户，管道天然气新乡县使用得最多，有 65 户，电力南召县使用得最多，有 34 户。安阳县、新乡县、新郑市都已经不再使用薪柴作为炊事能源，偃师区用得也较少，只有 3 户，南召县和确山县使用得相对较多，分别有 31 和 38 户。

表 7-18　河南省炊事能源使用现状

类型	偃师区		南召县		安阳县		新乡县		新郑市		确山县	
	使用户数（户）	使用户比例（%）	使用户数（户）	使用户比例（%）	使用户数（户）	使用户比例（%）	使用户数（户）	使用户比例（%）	使用户数（户）	使用户比例（%）	使用户数（户）	使用户比例（%）
蜂窝煤/煤球	1	20.00	0	0	0	0	0	0	0	0	0	0
煤块	0	0	0	0	0	0	0	0	0	0	0	0
瓶装液化气	44	97.78	59	100	25	100	7	100	68	100	63	100
管道天然气	22	95.65	0	0	41	100	65	100	1	100	0	0
管道煤气	0	0	1	100	0	0	0	0	0	0	2	100
畜禽粪便	0	0	0	0	0	0	0	0	0	0	0	0
农作物秸秆	0	0	2	100	0	0	0	0	0	0	0	0
薪柴	3	50	31	93.94	0	0	0	0	0	0	38	97.44
电力	29	42.65	34	49.28	29	40.28	15	20.83	33	47.83	28	40
其他能源	0	0	0	0	0	0	0	0	1	100	0	0

（2）湖北省炊事能源使用结构

表 7-19 和图 7-14 为湖北省炊事能源使用现状，湖北省农户主要也是以清洁的炊事能源为主，相比河南省来说，分布更均匀，且整体使用的能源种类更多。对于固体能源，蜂窝煤/煤球除了罗田县没有农户使用外，其余县农户均有使用，谷城县使用农户最多，有 9 户；煤块只有枣阳市、洪湖市、谷城县农户在使用，且每个县也只有 1 户农户在使用；畜禽粪便有建始县、当阳市和

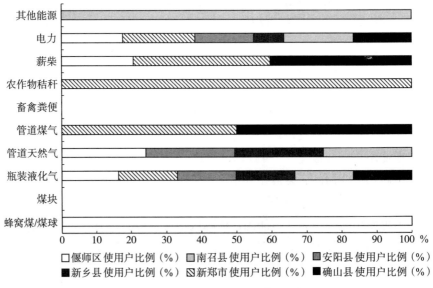

图7-13　河南省炊事能源使用现状

罗田县农户在使用，其中当阳市农户使用得最多，有5户；农作物秸秆只有枣阳市和谷城县农户在使用，枣阳市农户有3户，谷城县有1户；薪柴湖北省每个样本县农户都有使用，其中罗田县农户使用最多，有64户，当阳市农户使用最少有11户。对于清洁能源，瓶装液化气是使用农户数最多的，洪湖市最多，有64户，罗田县最少，有24户；管道天然气除了罗田县其他县农户也均有使用，但是总体户数不多，当阳市有6户，其余各县各有1户；电力使用分布也较为均匀，每个县都有使用农户，其中枣阳市户数最多为42户，建始县最少，有25户。

表7-19　湖北省炊事能源使用现状

类型	建始县		当阳市		枣阳市		洪湖市		罗田县		谷城县	
	使用户数（户）	使用户比例（%）	使用户数（户）	使用户比例（%）	使用户数（户）	使用户比例（%）	使用户数（户）	使用户比例（%）	使用户数（户）	使用户比例（%）	使用户数（户）	使用户比例（%）
蜂窝煤/煤球	7	77.78	5	100	4	100	3	100	0	0	9	100
煤块	0	0	0	0	1	100	1	50	0	0	1	33.33
瓶装液化气	57	100	59	100	57	100	64	100	24	100	61	98.39
管道天然气	1	100	6	100	1	100	1	100	0	0	1	100
管道煤气	1	100	0	0	0	0	4	100	9	100	3	100
畜禽粪便	1	100	5	100	0	0	0	0	1	100	0	0

（续）

类型	建始县 使用户数（户）	建始县 使用户比例（%）	当阳市 使用户数（户）	当阳市 使用户比例（%）	枣阳市 使用户数（户）	枣阳市 使用户比例（%）	洪湖市 使用户数（户）	洪湖市 使用户比例（%）	罗田县 使用户数（户）	罗田县 使用户比例（%）	谷城县 使用户数（户）	谷城县 使用户比例（%）
农作物秸秆	0	0	0	0	3	100	0	0	0	0	1	33.33
薪柴	22	64.71	11	29.73	53	96.36	18	78.26	64	98.46	41	83.67
电力	25	47.17	39	57.35	42	59.15	32	44.44	27	38.03	34	56.67
其他能源	3	100	0	0	1	100	0	0	1	100	0	0

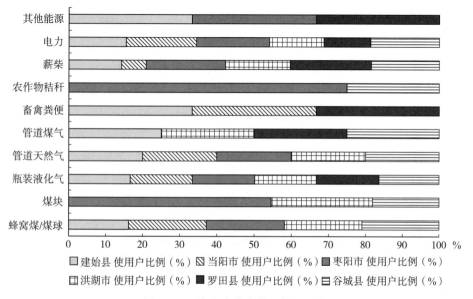

图 7-14　湖北省炊事能源使用现状

（3）湖南省炊事能源使用结构

表 7-20 和图 7-15 为湖南省炊事能源使用现状，湖南省的炊事能源使用既没有像湖北省分布得那么均匀，也没有河南省分布得那么极端，介于两者之间。对于固体能源而言，蜂窝煤/煤球只有新晃侗族自治县没有农户使用，浏阳市使用农户最多，为 12 户；华容县和隆回县没有使用煤块作为炊事能源的农户，其余县虽然有使用农户但也不多，耒阳县有 7 户；畜禽粪便只有新晃侗族自治县和浏阳市还在使用，分别只有 1 户，其他县没有使用农户；农作物秸秆有华容县、耒阳县、隆回县农户还在使用，户数都比较少，分别为 1 户，1 户和 2 户；薪柴都有使用，新晃侗族自治县使用农户最多，有 51 户，浏阳市使用农户最少，有 8 户。对于清洁能源，湖南省抽样县当中都没有使用管道天

然气的农户；瓶装液化气的使用非常普遍，并且分布十分均匀，最多的是浏阳市有 67 户农户，最少的安仁县也有 47 户农户；电力也一样使用很普遍，但是分布稍有不均，隆回县有 43 户，华容县只有 13 户。

表 7-20　湖南省炊事能源使用现状

类型	华容县		安仁县		新晃侗族自治县		浏阳市		耒阳县		隆回县	
	使用户数（户）	使用户比例（%）	使用户数（户）	使用户比例（%）	使用户数（户）	使用户比例（%）	使用户数（户）	使用户比例（%）	使用户数（户）	使用户比例（%）	使用户数（户）	使用户比例（%）
蜂窝煤/煤球	3	100	4	26.67	0	0	12	100	11	42.31	1	12.5
煤块	0	0	1	20	3	100	1	100	7	50	0	0
瓶装液化气	66	100	47	97.92	53	96.36	67	100	58	100	52	100
管道天然气	0	0	0	0	0	0	0	0	0	0	0	0
管道煤气	0	0	9	100	0	0	1	100	3	100	0	0
畜禽粪便	0	0	0	0	1	100	0	0	0	0	0	0
农作物秸秆	1	100	0	0	0	0	0	0	1	100	2	100
薪柴	10	83.33	10	90.91	51	91.07	8	40.00	20	80.00	25	89.29
电力	13	25	27	42.19	39	54.17	26	44.07	34	47.89	43	63.24
其他能源	0	0	0	0	0	0	1	100	0	0	0	0

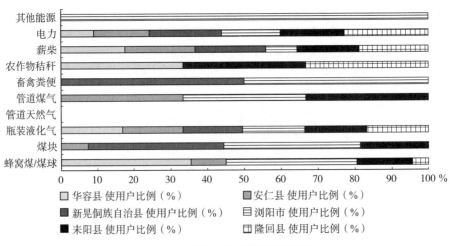

图 7-15　湖南省炊事能源使用现状

3. 结论与建议

（1）研究结论

从华中三省炊事能源使用现状来看，农户炊事能源结构呈现出多样化的特点，一些新型的能源消费方式如：电力、太阳能等也正在被农户接受。虽然农户已大力采用以液化气为代表的清洁能源，但以薪柴为代表的传统固体能源使用率依旧比较高。从三省的炊事能源选择因素来看，三省整体来看，使用习惯是最重要的选择因素，经济因素则是农户选择的第二大因素。从炊事能源的满意度来看，华中三省的整体炊事燃料满意程度达到80%以上。

从空间特征来看，华中三省都把瓶装液化气作为最主要的炊事能源，户数上来看，湖南省最多，湖北省次之，河南省最少。从炊事能源的选择因素来看，河南省最主要的选择因素是燃料价格和费用，湖北和湖南省最主要的选择因素则是燃料的使用习惯。从炊事能源的满意度来看，河南省最高，湖南省仅次于河南省，湖北省最低。

（2）政策建议

第一，要继续优化炊事能源使用结构，加大清洁能源使用的鼓励与补贴力度，提高农户使用清洁能源的积极性。继续保持清洁炊事能源的使用比例，减少薪柴、蜂窝煤等非清洁炊事能源的使用比例，对于集中特困地区，可以采取适当的价格控制，防止价格过高引起的使用频率过少等问题，同时加大宣传清洁炊事能源的力度，使农户在认识层面进一步拓展深化对清洁能源的认识。

第二，对于习惯使用的以柴薪为代表的非清洁能源，可以通过优化室内通风设施等措施来缓解室内空气污染。对于很多农户来说，薪柴的获取难度较低，祖祖辈辈的使用习惯更是无法一时消除，基于此，政府施行强制性措施势必有难度，但是在同样的条件下，优化室内的通风设施也可以起到缓解空气污染的作用，相关部门可以加大对排气扇、油烟机等的宣传力度。

第三，强化村庄内部基础能源设施建设，加大管道天然气等的普及力度，同时考虑对一些交通不方便的特困村庄进行帮扶补助。农户想用但用不上的问题客观存在，需要政府在宏观层面进行把控，加大管道煤气等基础设施建设，完善基础硬件设施。

三、取暖、热水与制冷能源使用 *

改革开放以来，伴随着经济的不断发展，我国农村生活用能的需求不断加大，能源消费结构现在正面临着重大转型（张希良等，2022）。优化能源消费结构不仅可以节约化石能源、改善空气质量，达到碳减排的目的，还能够有效

＊　执笔人：李文静；参与人：甘海清、徐洋兵。

降低农村居民因吸入污染气体和有毒气体而患病的概率。在此背景下，针对河南省、湖北省和湖南省三个省展开了有关农户取暖、热水与制冷能源使用情况的调研，以下为对调研结果的统计分析。

1. 农户取暖方式与热水设备

（1）取暖方式概况与空间特征分析

从表 7-21 可以看出，华中三省农户主要取暖方式存在差异，我国农村主要的取暖方式呈现着传统取暖方式与现代取暖方式共存的特征，有 42.89% 的农户采用像柴火、炭火这样的传统取暖方式，有 5.75% 的农户采用蜂窝煤取暖方式，同时也分别有 20.12% 和 23.31% 的农户采用电力等现代取暖方式。从取暖方式的选择上看，农户更倾向于选择柴火以及空调、电暖器等常见的取暖方式，较多农户选择柴火取暖这种传统方式，所占比例达到了 35.74%，同时农户采用电暖器取暖以及空调取暖方式的比例也不低，都达到了 20% 以上。但是农户对于太阳能清洁能源和地暖这种节能取暖方式使用的比例都较低。此外，农户采用地暖取暖以及太阳能取暖方式呈现出地域特征，地暖取暖方式仅出现在河南省，太阳能取暖方式出现在湖南省与湖北省。两种取暖方式所占比例也较低，仅占 0.23% 和 0.16%。

表 7-21　华中三省农户主要取暖方式

取暖方式	总计		河南省		湖北省		湖南省	
	使用户数（户）	使用户比例（%）	使用户数（户）	使用户比例（%）	使用户数（户）	使用户比例（%）	使用户数（户）	使用户比例（%）
无任何取暖设备	69	5.36	31	7.26	28	6.51	10	2.33
柴火取暖	460	35.74	96	22.48	257	59.77	107	24.88
炭火取暖	92	7.15	11	2.58	22	5.12	59	13.72
蜂窝煤取暖	75	5.75	15	3.51	1	0.23	58	13.49
电暖器取暖	259	20.12	70	16.39	64	14.88	125	29.07
空调取暖	300	23.31	187	43.79	47	10.93	66	15.35
壁挂炉取暖	7	0.54	3	0.70	2	0.47	2	0.47
地暖取暖	3	0.23	3	0.70	0	0	0	0
太阳能取暖	2	0.16	0	0	1	0.23	1	0.23
其他（请注明）	21	1.63	11	2.58	8	1.86	2	0.47

（2）华中三省农户主要取暖方式地域差异

除了具体取暖方式的不同外，取暖方式的地域差距也比较明显，如图 7-16 所示：河南省现代取暖方式的使用率更高，而湖北省和湖南省传统取暖方式的使用率更高。从图7-16中可以明显地看到，河南省主要取暖方式为空调取暖的比率最高，达到了43.79%，而湖北只有10.93%，湖南仅15.35%。湖南省主要取暖方式为电暖器取暖的比率也大大高于河南省和湖北省，比例达到了29.07%，但河南省与湖北省只有16.39%和14.88%。从传统取暖方式来看，湖北省柴火取暖方式的使用率达到了59.77%，在各种主要取暖方式中所占的比例最高，领先于河南省和湖南省37.29和34.89个百分点。但是湖北省主要取暖方式为炭火取暖的比率只有5.12%，要高于河南省的2.58%，低于湖南的13.72%。从图7-16中可以明显看出：河南省传统取暖方式的使用率低于湖北省和湖南省，但现代取暖方式使用率高于湖北省和湖南省。

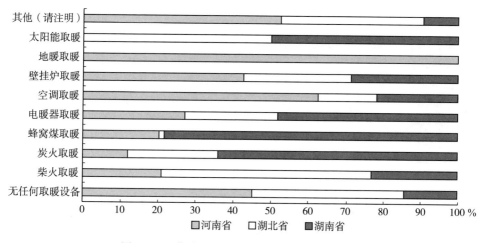

图7-16　华中三省农户主要取暖方式地域差别

（3）华中三省农户主要取暖方式满意度

通过对华中三省农户主要取暖方式满意度分析，如表7-22所示，我们发现：农户取暖方式的满意度也因为取暖方式的不同存在着差异。从整体来看，太阳能取暖方式与地暖取暖方式的使用户数较少，只有2户和3户，但是对于太阳能取暖方式与地暖取暖方式的满意度却是9种方式中较高的，分别达到了4.50分和4.33分。虽然主要采用太阳能取暖方式的农户最少，但是太阳能取暖农户体验的满意度在各种取暖方式中是最高的。除此之外，空调取暖和壁挂炉取暖方式的满意度也较高，都达到了4分以上。相比以上四种取暖方式的满意度，主要用柴火取暖、炭火取暖、蜂窝煤取暖以及电暖器取暖的农户满意度较低，只有3.81分、3.62分、3.83分和3.92分。而无任何取暖设备的农户满意度最低，只有2.96分。从传统取暖方式与现代取暖方式来看，农户主要使用现代取暖方式，比如使用太阳能、地暖和空调等取暖方式的满意度要高于主要使用柴火、炭火以及蜂窝煤等传统取暖方式的满意度。从地区分布来看，越往北，农户不使用任何取暖设备的满意度越低，这说明农户不使用任何取暖设备的满意度与地理位置、地区温度有关。同时，农户主要使用柴火、炭火、电暖器、空调、太阳能取暖的满意度湖南省和湖北省要高于河南省。但是农户主要使用蜂窝煤、地暖取暖方式的满意度河南省要高于湖南省和湖北省。

表 7-22　华中三省农户主要取暖方式满意度

取暖方式	总计		河南省		湖北省		湖南省	
	使用户数（户）	满意度（分）	使用户数（户）	满意度（分）	使用户数（户）	满意度（分）	使用户数（户）	满意度（分）
无任何取暖设备	67	2.96	31	2.94	26	2.85	10	3.1
柴火取暖	459	3.81	96	3.61	256	3.95	107	3.88
炭火取暖	92	3.62	11	3.55	22	3.73	59	3.59
蜂窝煤取暖	74	3.83	15	3.93	1	4.00	58	3.55
电暖器取暖	259	3.92	70	3.84	64	3.97	125	3.96
空调取暖	299	4.01	187	3.80	46	4.09	66	4.15
壁挂炉取暖	7	4.06	3	3.67	2	4.50	2	4.00
地暖取暖	3	4.33	3	4.33	0	0	0	0
太阳能取暖	2	4.50	0	0	1	4.00	1	5.00
其他（请注明）	21	3.36	11	3.82	8	3.75	2	2.5

（4）农户主要热水设备差异

华中三省农户主要热水设备使用户数与使用户比例如表 7-23 所示，从表中可以看出：我国农村最主要的热水设备使用方式呈现着 3 种热水设备并存的特征，主要有太阳能热水器、电热水器以及燃气热水器。其中电热水器所占比例最高，有 46.10%。太阳能热水器占的比例仅次于电热水器，占比 41.98%。三者之中，占比最低的是燃气热水器，仅占比 2.70%。虽然有超过 90% 的农户使用了热水设备，但是仍然有 9.22% 的农户无任何热水设备。

表 7-23　华中三省农户主要热水设备

热水设备	总计		河南省		湖北省		湖南省	
	使用户数（户）	使用户比例（%）	使用户数（户）	使用户比例（%）	使用户数（户）	使用户比例（%）	使用户数（户）	使用户比例（%）
无任何热水设备	123	9.22	37	8.49	33	7.24	53	11.99
太阳能热水器	560	41.98	253	58.03	237	51.97	70	15.84
电热水器	615	46.10	135	30.96	178	39.04	302	68.33
燃气热水器	36	2.70	11	2.52	8	1.75	17	3.85

（5）华中三省农户主要热水设备地域差别

华中三省农户主要热水设备地域差别如图 7-17 所示，从地区分布情况来看：河南省和湖北省农户主要热水设备以太阳能热水器为主，分别占比 58.03％和 51.97％，与河南省与湖北省不同，湖南省农户主要热水设备以电热水器为主，占比 68.33％。河南省和湖北省无任何热水设备的农户占比 8.49％和 7.24％，少于湖南省的 11.99％。农户主要热水设备为太阳能热水器占比最多的省份是河南省，农户使用主要热水设备最多的为电热水器和燃气热水器的省份是湖南省。

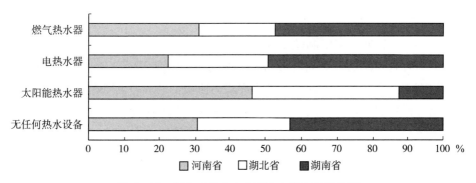

图 7-17 华中三省农户主要热水设备地域差别

2. 农户制冷方式

（1）制冷方式差异

制冷过程需要消耗一定的能源，主要以电力为主，因此将其纳入能源消费的范畴。关于华中三省农户主要制冷方式的结果见表 7-24，结果显示：省与省之间，各省县域之间的农户主要制冷方式使用户比例存在很大的差异。华中三省主要的制冷方式为电风扇和空调，分别占总制冷方式的 44.63％和 52.81％，说明有超过 95％的农户选择用电力制冷，其中农户主要制冷方式为使用空调，占总量的 52.81％。与此同时，仍然有小部分农户无任何制冷设备，这类农户占了总农户数量的 2.56％。从地区分布来看，湖北省和湖南省分别有 5.59％和 2.09％的农户无任何制冷设备，河南省不存在无任何制冷设备的农户。湖北省和湖南省农户主要使用电风扇制冷的比例也比较高，分别达到了 53.85％和 57.31％。相比湖北省与湖南省，河南省农户主要制冷方式为电风扇的比例只有 22.72％。但是湖北省与湖南省农户主要冷方式为使用空调的比例较低，分别为 40.56％和 40.60％，明显低于河南省的 77.28％。

表 7 - 24　华中三省农户主要制冷方式

制冷方式	总计		河南省		湖北省		湖南省	
	使用户数（户）	使用户比例（%）	使用户数（户）	使用户比例（%）	使用户数（户）	使用户比例（%）	使用户数（户）	使用户比例（%）
无任何制冷设备	33	2.56	0	0	24	5.59	9	2.09
电风扇	575	44.63	97	22.72	231	53.85	247	57.31
空调	679	52.81	330	77.28	174	40.56	175	40.60

（2）河南省农户主要制冷方式

河南省农户使用主要制冷方式的比例分布情况如表 7 - 25 所示，可以看出：河南省 6 个县域地区的主要制冷方式为使用空调或者电风扇，不存在没有任何制冷设备的农户。河南省使用电风扇为农户主要制冷设备的为南召县，所占比例为整个南召县的 33.80%。除此之外，偃师区、安阳县、新乡县、确山县这 4 个县主要制冷方式为电风扇的比例也都达到了 20% 以上，其中安阳县和确山县使用电风扇为主要制冷设备的比例达到了 25.00%。新郑市使用电风扇制冷的用户比例最低，只有 11.11%。河南省除了使用电风扇为主要制冷设备外，使用空调的用户比例也不低。从表 7 - 25 中 6 个县的情况来看，6 个县使用空调为主要制冷方式的农户比例都达到了 60% 以上，其中新郑市的用户使用比例达到了最高，有 88.89%。偃师区和新乡县两个县的空调使用用户比例也都达到了 79% 以上，分别占比 79.41% 和 79.17%。安阳县和确山县的空调使用用户比例相同，都为 75.00%。南召县的空调用户使用比例在 6 个县域地区中最低，仅占 66.20%。

表 7 - 25　河南省农户主要制冷方式

制冷方式	偃师区		南召县		安阳县		新乡县		新郑市		确山县	
	使用户数（户）	使用户比例（%）	使用户数（户）	使用户比例（%）	使用户数（户）	使用户比例（%）	使用户数（户）	使用户比例（%）	使用户数（户）	使用户比例（%）	使用户数（户）	使用户比例（%）
无任何制冷设备	0	0.00	0	0.00	0	0.00	0	0.00	0	0.00	0	0.00
电风扇	14	20.59	24	33.80	18	25.00	15	20.83	8	11.11	18	25.00
空调	54	79.41	47	66.20	54	75.00	57	79.17	64	88.89	54	75.00

（3）湖北省农户主要制冷方式

湖北省农户主要制冷方式的比例分布情况如表7-26所示，从表中可以看出：湖北省的建始县、罗田县和谷城县都存在无任何制冷设备的农户。其中，建始县无任何制冷设备的用户比例最高，达到了30.56%，罗田县与谷城县无任何制冷设备的用户分别占比1.41%和1.39%。从农户使用电风扇为主要制冷设备的情况来看，罗田县使用用户比例最高，达到了76.06%。建始县的电风扇使用用户比例也达到了59.72%，仅低于罗田县，但是高于洪湖市与谷城县的54.79%和58.33%。同时，当阳市与枣阳市电风扇的用户使用比例在50%以下，分别只有31.43%和42.25%。从农户使用空调为主要制冷设备的情况来看，建始县仅9.72%的农户使用空调制冷，所占比例在6个县中最低。其次是罗田县，使用空调为主要制冷设备的农户占比22.54%。洪湖市与谷城县的空调使用用户比例分别有45.21%和40.28%，但是低于当阳市与枣阳市的68.57%和57.75%。

表7-26 湖北省农户主要制冷方式

制冷方式	建始县		当阳市		枣阳市		洪湖市		罗田县		谷城县	
	使用户数（户）	使用户比例（%）	使用户数（户）	使用户比例（%）	使用户数（户）	使用户比例（%）	使用户数（户）	使用户比例（%）	使用户数（户）	使用户比例（%）	使用户数（户）	使用户比例（%）
无任何制冷设备	22	30.56	0	0.00	0	0.00	0	0.00	1	1.41	1	1.39
电风扇	43	59.72	22	31.43	30	42.25	40	54.79	54	76.06	42	58.33
空调	7	9.72	48	68.57	41	57.75	33	45.21	16	22.54	29	40.28

（4）湖南省农户主要制冷方式

当前湖南省农户主要制冷方式的比例分布情况如表7-27所示，从表中可以看出：湖南省仅仅浏阳市和耒阳县不存在无任何制冷设备的现象，隆回县农户无任何制冷设备的比例在6个县中最高，达到了5.56%，安仁县和新晃侗族自治县农户无任何制冷设备的比例分别为2.82%和2.78%；除此之外，华容县无任何制冷设备的用户仅1户，占比1.39%。从农户主要制冷方式为电风扇的情况来看，新晃侗族自治县和隆回县的比例比其他4个地区高，分别占比80.56%、90.28%，其中隆回县农户使用电风扇制冷的比例最高。安仁县和耒阳县的农户使用电风扇的比例也比较高，都达到了65%以上。相比之下，华容县与浏阳市的农户使用电风扇的比例较低，仅有19.44%和16.67%。从农户主要制冷方式为使用空调的情况来看，浏阳市的使用户比例最高，达到了

83.33％，且高于华容县的 79.17％和耒阳县的 30.56％、安仁县的 29.58％。新晃侗族自治县农户主要制冷方式为空调的使用比例较低，仅为 16.67％，但是要高于隆回县的 4.17％。总的来说，隆回县无任何制冷设备和使用风扇制冷的农户比例在 6 个县中最高，但是使用空调制冷的农户比例却最低。

表 7 - 27   湖南省农户主要制冷方式

制冷方式	华容县		安仁县		新晃县		浏阳市		耒阳县		隆回县	
	使用户数（户）	使用户比例（％）	使用户数（户）	使用户比例（％）	使用户数（户）	使用户比例（％）	使用户数（户）	使用户比例（％）	使用户数（户）	使用户比例（％）	使用户数（户）	使用户比例（％）
无任何制冷设备	1	1.39	2	2.82	2	2.78	0	0.00	0	0.00	4	5.56
电风扇	14	19.44	48	67.61	58	80.56	12	16.67	50	69.44	65	90.28
空调	57	79.17	21	29.58	12	16.67	60	83.33	22	30.56	3	4.17

3. 结论与建议

（1）研究结论

农户取暖方面，受访农户的取暖方式仍有较大改善空间，且其对于不同取暖方式的满意度具有较大差异。同时，农户主要取暖方式还是以传统的取暖方式为主，但是传统取暖方式的满意度要比现代清洁取暖方式的满意度低。受访农户的制冷方式之间具有较大差异，河南省以空调制冷为主，湖北省和湖南省以电风扇制冷为主。同时，电风扇与空调制冷方式在 3 个省份基本普及，但是湖南省与湖北省仍然存在农户无任何制冷设备的现象。农户热水设备使用方面，虽然市场上售卖的热水器的种类比较多，但是在农村受到相关条件的限制，使用仍然以电热水器和太阳能热水器为主。农户热水设备使用方面：华中三省农户主要热水设备存在地域差别，河南省和湖北省农户主要热水设备以太阳能热水器为主，湖南省农户主要热水设备以电热水器为主。同时，三省仍然有较大比例的农户无任何热水设备。

（2）政策建议

基于以上结论，一方面，政府应当进一步加强关于使用清洁能源取暖、制冷和热水使用的宣传，尤其是注重利用媒体等优势资源，通过入户讲解等宣传方式，使农户充分认识到使用清洁能源在改善生态环境与发展绿色农业经济中的重要作用。另一方面，应当加强电力等基础设施的建设，积极宣传、推广使用节能设备；与此同时，积极推进农村地区的热水设备供给侧结构性改革，推动农村地区热水设备节能减排，减轻农户热水设备使用的负担，同时推广使用低能源使用量、低运行费用的热水设备。以此推动农村地区取暖、制冷、热水使用方式节能减排，贯彻落实科学发展观、构建社会主义和谐社会。

四、研究结论与政策建议[*]

综合能源消费的相关调研分析，主要得出如下研究结论：①从能源消费结构来看，一是农户能源消费结构总体呈现传统固体能源与现代清洁能源共存的特征，农户正在经历清洁能源转型。二是传统固体能源使用户身体健康状况相对较差，其家庭成员患有慢性阻塞性肺疾病与呼吸系统疾病比例更高。三是农户获取能源的方式主要为市场购买、免费获取和公共管网，能源选择受地理条件和消费观念影响较大，农村能源公共服务供给能力相对较弱。②从炊事能源使用现状来看，一是农户炊事能源结构呈现出多样化的特点，尽管瓶装液化气为最主要的炊事能源，但以薪柴为代表的传统固体能源依旧广泛存在。二是炊事燃料使用习惯是农户进行能源选择时考虑的主要因素，其次为经济因素。③从农户取暖、热水与制冷能源来看，一是农户取暖、制冷以及热水设备呈现出多样化的特点，以传统的取暖、制冷和热水方式为主，电力、太阳能等也正在被农户接受，但传统固体能源使用率依旧比较高，且部分农户取暖、制冷状况有待改善。二是取暖、制冷能源使用满意度存在地区差异，农户使用现代清洁能源的满意度要高于农户使用传统能源。

基于上述研究发现，本研究提出如下政策建议。

第一，提高农村清洁能源的普及率和农户清洁能源的使用效率，强化村庄层面基础能源设施建设以提高能源供给能力，优化农村居民现代清洁能源获取方式。

第二，注重农户资源禀赋及经济可行能力，降低农户现代清洁能源的获取成本，提高其消费意愿和消费能力。

第三，提高农户向清洁能源转型的积极性与主动性，充分利用互联网等媒体资源改变农户的传统消费观念，加强能源与健康相关知识的宣传教育，提高农村居民对固体燃料危害环境和增加健康风险的认知。

第四，优化炊事能源使用结构，加大清洁能源使用的鼓励与补贴力度，提高农户使用清洁能源的积极性。

第五，优化室内通风设施以缓解室内空气污染带来的健康损伤。

＊　执笔人：李文静；参与人：秦江楠、赵世龙。

第六，积极推广使用节能、减排的取暖、制冷与热水设备，推动传统设备更新为现代设备，可加大农户购入节能减排设备的补贴力度以减轻农户购置相关设备的负担。

第七，加大能源方面的科技投入力度，提升农户使用现代清洁能源的体验感和满意度。

第八章 调研组织与实施方法[*]

一、调研前的准备与人员组织

1. 教师队伍组建与队伍职责

组建一支能够持续参与和具有较高社会调研素养的教师队伍是跟踪调研能够持续顺利开展的基本保证。本项目的调研教师队伍由华中农业大学经济管理学院和华中农业大学宏观农业研究院的近 10 名青年骨干教师组成，这些教师大部分具有海外学习或工作经历，接受过国际规范调研训练；他们从事农业农村调研的经验丰富，且具有运用调研数据开展研究的专业技能。教师队伍的主要职责包括设计问卷、编写调研手册、组织调研培训及带队入户调研等。

教师们结合自身调研经验和已有的研究基础，发挥在固定研究领域的特长设计编制问卷并组织调研前的集中培训。在开展入户调研时，带队教师负责调研队伍的安全，对调研过程中可能会遇到的或存在的威胁调研员人身安全、食物安全和财务安全的情况进行提前预防，并能够及时处理可能出现的突发情况。调研队伍抵达样本村后，带队教师将先与样本村联络人（一般为村支书或者会计）沟通对接，在村联络人的协助指引下安排调研员顺利入户。在调研过程中，带队教师对调研员进行规范性指导及质量控制，及时解答现场问题，监督现场操作及质量控制。带队教师需指导每日调研问卷的检查环节，包括调研员互查和队长核查，解答问卷审查中出现的问题，必要时还需与由本年度 ARMS 调研参与老师组成的项目组沟通反馈相关情况。

2. 调查问卷设计与完善

调查问卷所包含的问题分为两类。第一类是基础性问题，主要关于农业农村农民的基本情况描述和一般性特征，问卷内容包括行政村（村级问卷）与农户（农户问卷）基本情况、土地确权和土地流转、农户生产经营投入与产出、

———————————
　* 执笔人：熊航、芦旭然；参与人：辜香群、姜雨昕。

农户各环节的种植情况和农户基本养殖情况等，此类问题在ARMS调查问卷中的占比约为40％。基础问卷中的问题原则上在多年的调研中保持不变，便于长期固定性地观察农户的特征，形成面板数据。第二类是专题性问题，有针对性地聚焦农业农村农民的某个方面进行研究并具体设计调查问卷，问卷内容包括生产经营风险及管理、新品种与新技术采纳、农户数字素养、互联网使用与电商参与、能源消费与废弃物处理、饮食消费与食品安全行为、农户健康等，此类问题占比约为60％。专题问卷中问题可根据研究问题的转变在不同年份中有所调整，但鼓励开展具有持续性的研究，目前的实践中也总体上保持了稳定。

项目组在调研开始前3个月就组织参与调研的骨干老师开始设计问卷，设计期间每月召开2到3次研讨会，同时多次邀请海内外专家进行相应指导，精心设计打磨问卷模块设置和所采用的问题。问卷初稿完成后，通过针对小范围农户贷焦点访谈优化问题表述方式和题量，使得问卷时长控制在两小时左右。首套调查问卷于2019年3月形成初稿，随即在进行两次实地预调研后再次修改完善，并在2019年7月第一次调研中开始使用。后续追踪调研均在此问卷基础上根据新的研究内容和研究需要进行少量调整和充实，基础性问题基本上保持稳定，专题性问题每年有局部修改。

3. 调查问卷电子化

ARMS调研采用电子问卷。相较于纸质问卷，电子问卷具有易于整理数据、便于大规模使用、省时、环保等优点，更适合ARMS调研。世界银行数据部开发的Survey Solutions是一套免费电子问卷制作系统，在国外的农村调研中得到普遍应用。其中，Survey Solutions制作的电子问卷可以满足支持多种题型，具有设置跳转、关联和引用逻辑等功能，数据结果可以导出为Stata、SPSS等数据文件格式。ARMS调研采用该系统制作电子问卷，并依托该系统开展问卷填写情况检查等质量控制。

为保证电子问卷能够全面、准确反映问卷设计者的意图，电子问卷制作人会参与调查问卷设计研讨会，并于调研培训前完成电子问卷的录入工作。电子化问卷虽能够避免由于调研员个人操作失误导致的逻辑跳转错误，但程序一旦失误则有可能带来一整批样本的损失，故在调研培训之前，项目组会邀请部分调研员对所有问题的逻辑跳转进行一一排查，确保逻辑跳转无误。在调研培训期间，电子问卷制作人集中收集老师、调研员反馈的电子问卷存在的漏洞并及时修改，确保正式调研使用的电子问卷可以规避系统性错误跳转模式、选项不完整等问题。

4. 调研手册的编写

调研手册作为实地调研的指导性文件,对调研工作全过程做出了详细、具体的规划和设计。具体内容包括:①纪律要求。主要针对安全和保密两个方面:一是要求所有的调研参与人员在调研过程中始终遵循"安全第一"的原则,另一方面要求未经项目组和被访者允许,不能将调研过程中所获得的任何数据泄露给其他主体。②任务安排和组织实施。为确保按时完成调研工作,手册中会详细列出各项调研日程安排,包括培训安排、组队信息、调研任务、联系方式等,便于调研员随时查阅。③问卷介绍及填写规则。本部分内容整体介绍样本村及农户问卷内容、前站调研前准备工作及抽样、入村调研基本流程与技巧、电子问卷填写和检查规则及数据上传规则。④财务规定与物资使用。⑤其他注意事项及问卷内容相关公共知识介绍。

5. 调研员招募

参与调研的学生通过面向华中农业大学研究生和高年级本科生的公开招募来确定,一般在调研前一个月开始实施。首先,面向校内外硕博研究生和二年级及以上本科生发布招募启事。进而,根据报名者的籍贯、居住地等信息对报名学生进行一定的初筛。然后,邀请通过初筛的候选人参加笔试及面试环节。了解报名学生的综合能力,完成队伍组建工作。具有调研经验的学生优先作为队伍骨干成员或队长,承担相应职责。此外,项目组会让具有较强的创新意识、遇事能够随机应变、待人接物得体大方的同学担任前站人员。

目前历次调研的调研员大部分来自华中农业大学人文社会科学类专业的研究生和高年级本科生,也有华中农业大学自然科学类专业和武汉市其他高校的学生参与。参与调研的学生普遍表示不仅加深了对"三农"的认识,也学习到了开展实地调研的方法。

6. 调研培训

调研员开展调研之前要经过系统性的培训,培训分为理论培训和实地培训。理论培训的内容主要包括实地调研的理论知识和基本技巧、问卷中问题的含义和问法、调研项目基本信息和调研活动的安排等。具体而言,项目负责人向调研员介绍该项调研的计划、内容、目的、方法,及相关的其他情况,以便调研员对该项工作有一个整体性的了解,同时还要就调研要求、时间安排、工作量、报酬等具体问题加以说明。此外,参与问卷设计的老师就问卷内容展开逐题讲解。考虑到正式调研期间使用电子问卷,项目组还增加了问卷系统及电子问卷使用培训。在调研员熟悉问卷内容后使用电子问卷进行一对一的角色对练，分别担当被访者和访问者，以了解实际问访的流程和注意点。老师会结合自身经验介绍和传授一些农业农村的基本知识以及调研过程中的实用技巧，包括如何进行自我介绍，如何客观地提出问题，如何记录回答，如何处理突发情况等，为调研期间顺利开展工作提供实质性建议。

实地培训是安排调研员到武汉市郊区的村庄进行入户访谈演练，发现实地调研中可能存在的问题并及时统一解答。与正式调研一样，实地培训由带队老师带队，以调研队伍为单位开展入户访谈。每位调研员进行两次入户访谈，第一次为两位调研员一道进入一户农户家中开展访谈，两位调研员分工配合完成整个访谈过程；第二次为一位调研员单独进入一户农户家中开展访谈，独立完成整个访谈过程。在实地培训中，带队老师一方面对调研员的访谈实施开展一对一、一对多的指导，另一方面及时总结带有一般性的问题并集中指导解决。

7. 调研队伍组建

调研员们以调研队为单位开展调研，一个调研队共同完成一个样本村的调研任务。考虑到每个样本村样本农户的数量、当地常见的租用车辆载客人数等因素，每支调研队由 11～13 人组成。在调研队的人员配置上，综合考虑调研区域的语言、安全保障、学习层次及专业等因素。例如，为减少调研员听不懂方言的情况，队伍中一般会安排户籍为样本省的同学。为确保调研员的人身安全，每支调研队中至少配备两名男生。在学习层次及专业的配置上，每支调研队中研究生比例为 30%～50%。每个调研队设置一名队长和一名副队长，队长负责调研队的分工协调、问卷质量审查和日常管理等事务，同时承担村级问卷访谈的任务，往往是一个调研队的核心；副队长主要负责管理调研队的账务。前者一般从具有调研经验、认真负责、沟通能力强的优秀调研员中选拔；后者一般在队伍中推举产生，由细心且有财务工作经验者担任。

8. 抽样

本项目的调研样本分为原始样本和新增样本，样本遵循严格的分层随机抽样方式产生。具体而言，首先根据人口数量和耕地面积等指标对各个样本省的县级行政单位采用 k - means 聚类分析分为 6 类，再在每类中随机抽取 1 个作为样本县（市、区）；再在每个样本县（市、区）中抽取 3 个样本乡镇，而后在每个样本乡镇中抽取 2 个样本村；最后在每个样本村随机抽取 15 个农户作为样本农户，其中 10 户为正式样本，5 户作为备用样本。由于本项目调研为追踪调研，因此可能出现原样本户去世或举家迁移的情况，此时将会优先使用备用户。由此，在华中三省获得 108 个样本村和 1 620 个样本农户。

二、调研中的标准化工作与制度保障

1. 前站制度

前站作为调研队伍的先行官，需要提前抵达样本村与村联系人对接抽取样本农户名单，确定调研时间，为调研队伍安排好食住行，是整个调研能否顺利进行的关键。前站提前调研队伍一天出发前往样本村所在县，在参考上一次调研中其前站所撰写的调研日志后，挑选符合标准的住宿酒店和调研车辆。如果调研日志对之前的酒店和车辆评价不好，则按照《调研手册》中的相关标准重新挑选。住宿酒店一般选择在县城，以安全卫生为主，同时方便行车路线的安排。选择调研车辆的大小主要依据调研队伍人数及调研行程安排，同时优先选择对县城各村庄路线较为熟悉的司机，并与司机提前沟通好每天的调研路线。

在做好食住行安排后，前站提前一天与下一个样本村进行联系并前往该村考察路线（包括路况和用时），到样本村后确保与每位样本农户进行联系确认调研时间，如出现样本户去世或举家迁移的情况，则与备用户进行联系，及时将最终确认参加调研的样本农户信息及受访时间与带队教师和队长对接。在途中也需考察是否有环境卫生较好的餐馆，方便调研队伍在转换样本村的途中用餐，并做好调研日志的记录工作。

2. 食宿行统一安排

每年 ARMS 调研总时长为 8～10 天，为确保调研顺利安全进行，整个调研过程中调研队伍都是统一行动。调研队伍提前一天或半天时间从学校统一乘车出发前往车站，抵达样本村所在县，与前站取得联系，入住已预订的酒店。在附近统一就餐后，回到酒店召开调研前小组会，带队老师强调调研过程中的安全问题并做好正式调研前的准备工作，包括熟悉问卷、检查所需携带物品，在问卷系统中下载第二天需要用的问卷、了解调研样本农户的时间安排等。

调研当天调研队伍统一乘车出发前往样本村完成农户访谈。如果有距离较远的样本农户，则安排车辆将调研员送至农户家中，调研结束后全体调研员在村委会办公楼集合返程。利用在行车路上的时间讨论交流上一阶段调研中出现的问题，开展问卷自查工作。在完成所有调研任务后，可以选择当天统一返校或是休整后第二天再回校。

3. 财务制度

调研中的财务工作始终秉持"实事求是、科学合理、勤俭节约"的原则，项目组会单独安排一位老师负责统筹调研期间的财务工作。为起到监督和合作的作用，调研队遵循钱账分离的原则，调研经费由队长保管，账务支出由副队长记录。调研前，项目组会为每支调研队准备调研经费，保障调研期间各项财务支出。同时，为每一位参与调研的师生购买人身保险，准备各种调研物资，包括培训纸质问卷、平板电脑等。调研中，由负责财务的老师跟进各调研队财务支出情况，及时处理调研队遇到的财务问题。如遇突发情况，负责财务的老师还需起到统筹协调整体调研经费的作用。调研后，负责财务的老师与调研队前站、队长、副队长对接，做好各队伍财务支出统计、票据收集、财务报账等工作。

4. 质量检查与控制

为确保问卷调查规范和保证数据质量，项目组设置了质量检查和质量控制环节。质量检查一共分为四查，包括自查、互查、队长查和问卷系统管理员查。其中前三查主要检查所填问卷的完整度、是否符合实际以及前后是否逻辑一致。在调研员完成问卷填写后，开始自查环节，利用行车途中和饭后时间完善问卷，确保问卷没有因漏问等原因而产生的空缺，如果发现有空缺或是有矛盾的地方，调研员则通过电话及时与农户回访确认。自查完成后，团队成员间进行互查，确保每一份问卷被两位同组成员检查过，这一环节可能会存在成员间因对问题的理解不同而导致的填写误差，这时需与带队老师沟通，老师指导讲解后再向所有调研员反馈，以确保对问题的统一理解。队长查是调研队伍问卷质量把关的最后一环，在团队成员交换平板完成互查后，队长会对当天所做问卷进行统一核查，确保问卷内容填写的统一规范之后上传到问卷系统后台。问卷系统管理员查，即管理员对已提交的问卷填写完整度、数据间逻辑关系、填写整份问卷和单个模块问题所用时间的有效性进行核查，以确保问卷及数据质量。此外，在调研过程中为对数据进行质量控制，确保访问过程的真实性，调研员在进行访问时会开启录屏和录音功能，一方面便于后续问卷核查发现有空缺或是逻辑问题时再次进行确认，另一方面也对问卷填写规范性起到监督作用。

三、调研后的总结与维护

1. 调研材料及数据整理储存与管理

调研结束后调研员会对调研期间各项纸质或电子材料进行整理保存，包括前站负责的抽样信息、调研日志等，队长负责的村级问卷、入户调研情况记录表、调研路线明细、调研日志等。调研原始数据从 Survey Solutions 系统中导出后，首先会对农户基本信息再次进行核对及清理确保数据准确性；然后将汇总后的数据录入数据管理系统以便对外共享。数据申请使用者须填写数据使用申请表及数据保密与使用协议书，经数据库负责人审核后，由数据库管理员才可以将数据发送至申请人。

2. 调研员评价

调研员评价是调研的重要组成部分，是项目组评选优秀调研员的重要依据。在调研结束后的一个月内，调研员和带队老师需要完成调研员评价。评价表通过问卷星线上发放，各调研员以调研队为单位进行评价。本着实事求是的精神对所在调研队全部队员（包括本人）在调研期间的表现进行评价，包含自评和互评。若综合评分相同，带队老师则需获取进一步信息再做判断。评价内容包括工作积极性与吃苦耐劳程度、操作规范性与做事严谨程度、专业知识与技能应用水平和调研任务完成的数量与质量四个方面，从而评价调研员在本次调研工作中的表现。每次调研活动评分结果在前50％者参与年度评优，每年"优秀调研员"评选的比例不超过当年调研员总数的1/3。

3. 调研总结

调研结束后，项目组会组织参与调研的师生开展总结交流会，通报调研实施情况，分享调研经验、总结调研过程发现的新问题和解决办法。会上，项目负责人对本年度调研的情况进行总结，包括参与人员、财务支出、问卷及数据等情况；对优秀调研员进行表彰，并颁发《优秀调研员荣誉证书》，感谢他们的辛勤付出；同时邀请调研队长代表、调研员代表以及前站代表发言，分享调研心得。最后，项目组梳理调研中遇到的问题，总结经验及时调整。

项目组鼓励参与调研的师生撰写调研心得，从自身角度出发对调研进行总结。项目组进行统一回收并根据采用情况给予一定的奖励支持。调研心得充分表达参与者在调研过程中的真实感受，分享对"三农"问题和农村农民社会经济发展的全新认识、遇到的困难和获得的经验等，为更加完善之后的调研提供参考。项目组也鼓励参与调研的师生将撰写的调研心得投稿至华中农业大学南湖新闻网、公众号或其他新闻媒体平台，分享开展调研工作的收获和体会。

4. 调研报告撰写

调研报告由项目组组织参与问卷设计的老师根据调查问卷内容及研究方向进行梳理撰写。调研报告主要根据对调研数据进行的描述性统计分析结果撰写，包括与典型文献和资料相结合的分析，内容涵盖问卷所涉及的各个方面。在撰写调研报告前，项目组会组织教师队伍进行讨论，确定当年调研报告的内容及框架结构，安排撰写及推进日程。调研报告每一章节会确定一位负责人老师，明确该章节及小节框架内容和执笔人，完成章节内容汇总工作。调研报告初稿完成后，根据进度安排采取层层审查的方式，对稿件开展审查及修改工作，主要包括：①形式初查，确保报告整体内容无偏差，格式、表述一致等；②章节负责人交叉校稿，确保章节内容描述性统计的全面性、描述方法的丰富性和适用性、结构的逻辑性和内容的连贯性、结论和政策启示的充分性和针对性、文字表述的准确性和规范性；③专家审查，由项目领导小组成员对整体汇总稿件进行审稿并给出修改意见；④出版社校稿。

5. 农村固定观察点维护

农村固定观察点指的是作为调研对象的样本农户和样本村，维护好这些固定观察点是持续开展跟踪调研的保障。ARMS调研固定观察点自2019年建立以来，项目组积极通过多种方式维护与样本村和样本农户的关系。主要有：①为参与调研的农户发放误工补贴。②通过微信号和微信公众号建立线上联系，及时解答疑问。公众号为农业经营主体提供与农业生产、农村生活相关的资讯和科学知识，打造新型农人的知识社区与交流平台。③赠送挂历。每逢新年之际，项目组会为样本乡镇、村委会及农户送去定制的具有学校特色的新年挂历。挂历可以在家里摆放一整年，第二年课题组再次前往样本农户家中进行入户调研时很多时候都可以看到华中农业大学的挂历，更容易与农户拉近关系，建立信任。

四、持续完善的一些建议

根据三年调研中发现的相关问题，调研组特提出以下改进措施。

1. 调研员培训常态化

考虑到部分参与调研的学生对于农业农村情况了解不足及调研经验缺乏，项目组计划采取多项措施提升调研队伍综合水平，其中一项重要的措施就是在现有调研培训的基础上使培训全年常态化。时间上，计划4～6周组织一次理论培训或实地培训，每学期大约开展4次，每次半天时间。每次培训安排两位老师主讲或带队，主讲老师由设计问卷的老师分批次担任。内容上，理论培训主讲调研方法及技巧、问卷内容、电子问卷使用等，也可邀请往届调研员分享心得体会等，在培训过程中增设换角色对练及随堂测试等内容；实地培训开展二对一、一对一入户调研，并在实地调研结束时组织集中总结讨论。在每年7月份正式调研前进行一次综合培训及演练，综合考虑参与学生在常态化培训中的表现，选拔最终参与正式调研工作的调研员。项目组会为全程参与并完成培训内容的同学颁发《调研培训证书》，为参加正式调研且符合条件的调研员颁发《社会实践调研证书》。调研员培训常态化不仅起到了育人的作用，同时也丰富了同学们对农业农村的了解，学习了调研方法和技巧。

2. 强化带队老师的质控职能

针对调研质量整齐性有所下滑的现象，项目组考虑增加质量控制环节，其中较为重要的一项措施是进一步强化带队老师对调研质量、数据质量的质控职能，提高调研数据质量。在每日实地调研过程中，带队老师应随着学生入户调研达到一定数量，监督把控调研员对问题的理解、调研的技巧等的掌握程度，遇到问题及时修正，在日常总结时提醒大家注意避免出现重复错误。对于调研能力较弱的学生，应该重点关注并给予更多的专业指导。在每日问卷检查过程中，带队老师应全程参与调研员互查、队长查等环节，要求调研员严格执行每一个质检步骤并保质保量地完成。

3. 提升数据库的管理共享水平

在数据处理上，编写程序使得历次的调研数据自动化地根据农户对接起来形成面板数据，并实现问卷系统导出的数据与数据管理系统的顺畅对接。在数据共享上，实现通过数据管理系统来进行用户管理和处理用户的数据使用申请，提高数据共享的效率。在数据应用上，一定程度实现数据的可视化描述性统计，同时通过数据挖掘方法实现不同维度下数据指标的关联并形成知识图谱。

第九章 调研参与见闻与体会

参与华中三省 ARMS 调研的一些思考
——基于 2022 年暑期河南两县调研经历

黄帆

华中农业大学经济管理学院 博士研究生

2022 年 7 月，我响应宏观农业研究院的号召，报名参加了 2022 年华中农业大数据平台建设项目，申请以调研队长的身份和调研队员们一起前往河南省南阳市南召县和洛阳市偃师区开展调研活动。非常感谢宏观农业研究院给予我这个机会，在经济管理学院郑宏运老师的带领下前往河南省完成为期 11 天的调研。调研团队共 13 人，由 5 名本科生、7 名硕士研究生和 1 名博士研究生组成。在郑宏运老师的带领下，团队成员默契配合，共计完成了 139 份农户问卷和 11 份村级问卷的调研工作。总体而言，我们团队完成了预期调研目标，但回顾整个调研过程，也存在一定的不足，现将自己下乡调研的一点感悟总结于此。

一、调研过程中的所见所闻

曾耳闻"00 后"的学生浑身娇气，毛病不少，而今自己接触到的这些同学并非如此。此次调研队伍中，本科生同学占绝大多数，他们最小的甚至不满 18 岁。回想起自己 18 岁时，还处在迷茫无知的状态，不知道自己想读哪所大学，会去向何方，该如何成长。而自己眼前的这些少年，在学习方面，就已经开始参与和学习微观社会调研，开始训练自己的科研能力，积累经验。有的同学刚迈入本科二年级的学习阶段，就已经在早早积累调研经验，为自己以后读研究生做准备，明确自己的成长方向。在相处的过程中，听着他们交流学习、成绩和各类大学生竞赛项目，我不禁感到惭愧，昔日的自己不曾像他们一样，对自己的成绩有高要求、对自己的发展有明确目标、对个人能力的发展有规划。我深受触动，脑子里一直回响着"东方春来早，奋斗向未来"这句话。

在整个调研过程中，整个团队默契配合，互帮互助，他们"事不避难，义不逃责"。七月的河南，烈日灼烧大地，戴着调研员"小蓝牌"的队员们，总是行动一致，服从安排，高效率地穿梭于目的村镇。有些村落比较偏僻，给受访者买瓶水，需要跑几里路，才能找到小超市。团队里的男孩子就会争先恐后地冲过去，扛着一箱矿泉水，在太阳下跑得满头大汗。他们将一瓶一瓶的矿泉水分给自己的队友，双手送给农户，这些大男孩在一声声"谢谢"里忘记了自己汗湿的衣衫。访谈过程并不总是一帆风顺，有些年纪较大的老爷爷老奶奶，他们难以听懂书面化的表述，调研队员只能模仿着河南话，换各种表达方式进行解释。有时天黑透了，调研员和农户肚子饿得咕咕叫，调研员还得耐心安慰农户，直到完成问卷。过程中，也会有已经完成任务的同学主动帮助对当地语言不熟的同学，向农户进行解释说明。大家在相互帮助、相互鼓励的氛围中，克服调研中的困难，行为举止间体现出来他们"事不避难，义不逃责"的品质。

回忆起调研那段时光，凌晨2点还趴在床边核对问卷的场面仿佛就在昨天。在学校时，我们其中大多数人都是"夜猫子"，早不起晚不睡，在调研期间我们每个人都变成了早起的"鸟儿"。俗话说"早起的鸟儿有虫吃"，在这次疲惫的社会调查过程中，我们确实收获了诸多珍贵的东西。对于我自己而言，在此次调研过程中，我重新认识了农村生活。

广袤的土地上，淳朴的农民背靠山，面朝地，依赖自己精耕细作的土地生活。秋收的果实是对他们辛勤劳作的回报，攒入银行卡的每一分钱都是他们对于美好生活的期许。我看到手上满是茧子的七旬老汉，听说调研员家访，立马肩挑背扛着牛草从地里赶回来接受家访。其实我们准备去地里找老爷爷的，但是善良的他怕我们跑错地方，地里没地方坐下，宁可自己受累也不肯给别人添麻烦，连一瓶水都坚持留给调研员自己喝。七旬老爷爷竟然还记得之前来回访的调研员，甚至说出了他的名字，这让我很惊讶。通过聊天得知，老汉想减轻儿女负担，一直和老伴儿坚持种粮，维持自己的生活开销。他开心得向我分享了他儿女的幸福生活，在他黝黑又松弛的笑脸上，我看到了他对生活的热爱，对儿女的疼爱，对未来生活的美好愿望。在老汉的身上，我看到一位老父亲的爱，那是一种"父母之爱子，则为之计深远"的如山父爱。

田间地头的小房子，升起炊烟袅袅，鸡鸣犬吠声声。我回忆起儿时，光脚踩在松软的泥土上，可以闻到新翻的泥土气息，夹杂着打碎的青草香。融入这些美丽的农村景色和热情亲切的农民中，听着他们丰收的故事，阖家欢乐的幸福趣事和他们面临的困惑难处，对农村的生活和生产有了更深刻的认识和理解。作为农业类院校的研究生，特别是研究农村问题的研究生，更应该深入农村，了解农村居民的生产生活现状。实地调研有助于发现农村发展中存在的问题，提出重要且现实的科研问题，做好研究，为乡村振兴献言献策，将论文写在祖国的大地上。

二、调研过程的所思所想

虽然我是第一次作为调研队长负责配合带队老师，带领队员去农村做社会调查，但是我在此之前，多次参加过农村社会调研。作为一个带队的小队长，我感觉自己的压力还是很大的，在队伍建立之前，我曾一度处于焦虑的状态，不知道自己能否担任队长，能否做好队长。当调研队伍组建好时，我知道箭在弦上，不得不发。我能做的就是，从团队的衣食住行的各个方面，提前做好安排，与带队老师保持良好的沟通和紧密的配合。

团队高效工作的基础是吃好和休息好。每天的调研任务是十分繁重的，队员的能量补充和休息十分重要，因此我和带队老师以及副队长每天都会提前做好就餐攻略，尽可能为大家提供一个好的就餐环境，一方面可以保证能量补充，另一方面尽可能保证大家有休息的机会。团队和谐的基础是相互包容。作为队长，尽可能平衡大家的想法，为大家做好后勤保障，承担更多团队的繁杂琐事，营造团队融合氛围。我一直将"方便他人就是方便自己"这句话放在心里，我也能感受到每位队员对我工作的支持。我非常感谢这些活泼可爱的队员，让我有机会做一次调研小队长，带领着他们和我一起上山下乡，走村访户。也非常感谢郑宏运老师，当我惶恐不知如何是好时，是他给予我的鼓励和支持，带领着我和我们的队员一起圆满完成了此次调研任务。再次回忆起2022年的7月，我依然觉得是幸运让我遇到这些可爱的人，一起听过很多故事，看过很多风景。

调研之路　成长之途

吴汉辉

华中农业大学经济管理学院　硕士研究生

不知不觉中为期一周的宏观农业大数据平台建设项目——华中三省农村经济社会调研在骄阳似火的九月圆满落下帷幕。这次 ARMS 大调研不仅仅是我研学路上的一次实践活动，更是我成长之途的宝贵财富。"纸上得来终觉浅，绝知此事要躬行"就是我对这次调研实践最真实的感悟。

调研启程篇

凡事预则立，不预则废。用这句话来形容这次调研的启程再合适不过了。自 2020 年初开始，新冠疫情便成为我们日常生活中的常态化风险，当然，这次调研出行中最重要的计划安排就是应对疫情风险可能产生的任何行程改变。果然，提前的预备总是应对突发情况最好的工具。

2022 年 7 月 8 日，以华中农业大学经济管理学院主办的华中三省 ARMS 调研活动正式开始。在同学的推荐下，我十分荣幸地成了河南二队的调研队长，跟随张泽宇老师一同前往河南省郑州市、驻马店市进行调研。在学院开完培训会之后，我将会议内容重点整理成文档并开始规划第一站——驻马店确山站的行程。当我做完所有安排工作，准备将信息发布到通信群时，突然接到驻马店疫情严重的消息，二队要先行改到郑州市新郑县进行调研。我先是愣了一下，因为这意味着我前期做的驻马店站调研攻略好像全白费了，但在稍做镇定之后，我发现，因为有疫情突发的预判准备，所以，在规划中也没有提前购买车票，现在也只需要和第二站的行程规划进行先后调整即可。我随即对事先预备好的信息文档做出更改，并在很短的时间内将材料都替换完毕并发布到通信群，万事俱备，整装待发。不得不说，多亏了启程前的预先计划做得周全，才能让我在应对突发事件时多了一层保障，少了一丝慌忙。

调研过程篇

最好的学习方式就是经历。辗转两地，为时一周，虽然在外人听起来只是一个入户调研问卷搜集的小小活动，但只有经历过才知道实际过程中的辛苦与劳累：从问卷的培训、任务的分工、调研路线的临时变更、与村委会的交接沟通、队内人员的饮食住宿到核酸健康码24小时常绿等等这些问题都要队长一一考虑、合理安排，任何一件事情发生变动都会产生蝴蝶效应导致整个调研进程的延误。

调研过程中，让我印象最深刻的事是在郑州市Y村调研时，Y村村主任家中突发白事，也因此让我们的行程在无意中增加了好些难题。在培训时，曾有一位同学提到万一我们调研当天的农户外出"吃席"怎么办？我当时也只是觉得哪有这么巧合的事，咋能啥事都给我们遇上，结果现实就恰恰来了一记重拳。红白事的操办历来就是我国农村地区的重要习俗，我们这次的ARMS调研亦是对农村经济社会现状的问卷调研。要说让村主任放下自家事务前来调研自然是不符合习俗的，要是换人接受调研问卷质量又会打折扣。但调研行程也不可能再往后推迟一天，与租车公司的合约以及酒店的入住合约也都在当天就要到期，我们的行程陷入困境。经过考虑后，我们决定当天先完成对空闲农户的调研，前往村主任家的调研安排到第二天。但怎么来？第二天什么时候来？以及第二天村主任是否可以接受调研？这又是一连串的问题。只得在当天回去之后，等村主任家中事务稍稍办妥之后再打电话确认第二天的详细规划。回到住处，我和张老师就安排分工：由我来主持当日总结会，将一天的问卷进行质量核验，并与Y村村主任再次沟通确定第二天八点开车再次前往调研，张老师则负责寻找租车公司租借次日所需车辆，并向学院报告突发事件以求备案。好在临时方案确有奏效，行程虽紧但最终也都如期完成任务。

突发事件总发生在我们的行程与计划之外，或许我们无法阻止事件的突发，但我们可以尽最大的努力去补救。不实践我们永远不会了解这其中的曲折与不易，只有经历了，才能明白其中的坎坷，并获得相应的成长，这便是读万卷书不如行万里路的真实解读吧。

结束整理篇

在老师和队员们团结一致的合作下，河南二队的调研数据收集任务在2022年9月2日圆满完成，但要说完成整个完整的调研流程，财务支出报账必须占有一席之地。

财务报账，可谓是每个出差人员最期待的事，但也是令每个出差人员最头疼的一件事。财务报账虽说不难，但却最为考验耐心、细心和做事规范与否。也因此，财务报账被戏称为每个研究生必须具备的基本素养和技能。在调研出发前，学院特地对财务方面的事宜加以培训，在整个调研过程中，我也时时关注每项花销的记录，坚持一支一记，一天一总。我原本以为只要这样，最终报账就能十分顺利，但在最终汇总时却发现，前站的开销和队伍内的开销有许多是重叠的，比如租车花销、住宿；还有些花销是队员自垫的花销，要想把这些零碎的账目汇总起来，我需要和队员一一沟通并获得购买发票，完全整下来确实需要下一番功夫。终于，在经过两天的加班加点后，前站和队内所有花销的支付截图、报销发票、支出明细等材料被我一一理顺，并于9月5日顺利完成报账。不得不说，这次报账再次锻炼了我做事细致入微的能力。

　　七天的调研路程虽短但却意义深远。作为一个队长，这次实践调研让我明白了职责的意义，也让我体会到了计划、组织和协调在学习工作和生活中的重要意义。作为一名研究生，我们要把论文写在祖国的大地上，这次实践给了我下基层、深入调研的机会，让我在文献之外拓宽了视野、感受了书本之外的世界。作为一名党员，在此过程中让我看到了国家在乡村振兴过程中的努力，也看到了基层干部对政策的落实、群众对政府的信任和拥护，更看到了新时代青年在振兴乡村具体实践中的不懈努力。这次调研，不仅是我科研生涯的一部分，也是我深入基层的一次实践，更是我人生旅途的一次成长。

田中大课三省行
——记赴河南前站调研有感

王孝文

华中农业大学经济管理学院　本科生

作为涉农高校的学生，参与"三农"调研是我大学生活中必不可少的一课。第一次调研活动始于 2020 年春，由于疫情的原因，当时是电话调研。但从那以后，我每一年都会参加宏观农业研究院的华中三省 ARMS 调研。最近的一次调研中我担任的是前站的角色，负责先队伍之前到达调研地点，安排相关调研事项，这也是我之前从未尝试过的工作，在此简单谈一下我的感悟。

孤身担重任

前站的工作和以往我做的工作最不一样的地方就是这次我是单独行动，需提前到调研地安排好队伍的行程、吃住行等事务，不像以往一样可以大家一起共同商量、共同帮助和学习。我先于队伍出发，由于初次到陌生的地方，没有做好提前规划，找住宿的地方以及队伍需要用到的车辆就花费了我很多时间，住宿的地方可以从相关的平台上找到，并且相互对比也比较方便。但是租车相关的平台较少，尤其是较大的车辆更难以租到，到当地再找的话时间不允许，很多租车公司都已经下班。因此我想到了到抖音等平台试一试，功夫不负有心人，终于让我在抖音平台上找到了一家资质较为良好的租车公司，顺利取得联系并租到了合适的车辆。等到事情全部安排妥当已经是夜里十点多，我还要抓紧时间做好总结将相关信息传递回团队。因此，很多事情除了多请教老师、请教前辈，更多的是要自己主动去思考、去规划，充分运用各种信息渠道，提前做好详细的规划才能够保证事情有条不紊地进行。

冷静勤思索

第一次当前站，即使已经经过了老师和前辈的多次培训，我自己在脑海里也预演了好几遍流程，但真正到调研地以后，面对层出不穷的新状况还是有些手忙脚乱。比如本来准备的流程是先同当地的农业农村部的领导取得联系并互换函件，但由于当地政府的办公地与农业农村局的办公地点不在同一个地方，等到了当地政府才发现应该去另外一个地方，但当时的时间已经比较紧迫，因为还要赶往下面的乡镇。我赶紧同农业农村局的领导取得联系，幸好农业农村局的领导热心协调，节省了后续的流程和时间，才让我顺利地完成了接下来的工作。面对突如其来的状况，一定要保持绝对的冷静并积极去寻找解决的办法，始终相信办法总比困难多，勤加思考是重要的法宝。

励志筑担当

通过前站的工作，我学习到了很多课本上学不到的知识。同以往不同的一点是我这次和当地的领导有了更多的交流，也让我了解到了很多以往了解不到的信息。在完成既定任务后，我对村里的领导做了一些小的访谈，我了解到"三农"问题不是简单的发展问题，更不是课堂上的公式推导，因为每一个具体事件背后都是真实的农民家庭。作为涉农高校的学生，当以强农兴农为己任。中国现代化离不开农业农村现代化，农业农村现代化关键在科技、在人才。新时代，农村是充满希望的田野，是干事创业的广阔舞台。我从小生活在农村，打小便在心底埋下了学成之后报效家乡、建设农村的理想种子。家乡的一草一木、一花一叶常常出现在我的梦中，对那片土地，我爱得深沉。

人生无难事，只要肯登攀。面对未知的事物，恐惧只是一时的，要勇敢地迈出自己的舒适圈。并且，作为新时代的大学生，要不忘初心、牢记使命，时刻将自己的命运同祖国紧密地联系在一起，与祖国同行，为人民奉献自身！

提高问卷质量的几点思考
——基于 2022 年暑期河南两县带队经历

郑宏运

华中农业大学经济管理学院　经济学系

2022 年 7 月，根据学校安排，我有幸带队赴河南省开展了为期 11 天的调研。调研团队成员共 13 人，由 5 名本科生、7 名硕士研究生和 1 名博士研究生组成。在团队成员的密切配合下，我们共完成了 97 份追踪农户问卷、23 份换户农户问卷、47 份新增大户问卷和 11 份村级问卷。回顾整个调研历程，我们基本完成了预期目标，所有团队成员安全往返，未发生身体不适等突发问题，顺利完成了调研任务。但总的来看，在问卷质量控制方面仍存在一些问题和不足，现总结汇报如下：

一、控制问卷质量的问题与难点

一是部分问卷设计较为学术化和冗长，使得农户容易给出错误和简单的答案。这一部分问题主要发生在老年受访农户和新增受访农户身上。大多数被访者在调研开始时还可以正常问答，但由于不熟悉调研流程，随着调研时间推进和调研进度的深入，一些农户可能对问卷内容有些敏感，例如家庭收入等问题，虽然调研员做出了耐心解释，但还是存在少数不可避免的回答偏差。

二是少数调研员存在惯性思维，使得部分问卷答案趋同。调研初期，由于未能很好把握问题的访谈技巧，简单认为 A 户的情况与 B 户类似，或 A 村的情况与 B 村类似。在调研后期，出现了少数在农户回答前就已经填写了答案的情况。但实际上农户间差异很大。以农业生产投入为例，购买的种子品种不同、复合肥的 N－P－K 比例不同，导致投入费用和投入量都会有所不同。不能以惯性思维一概而论。

二、控制问卷质量的一些做法

一是在调研过程中，带队老师需要"流动监考"式跟踪访谈情况和进度。尽管调研员参加过预调研，但真正独立开展调研时仍会出现各种意想不到的问题。特别是在调研初期，需要在每位调研员访谈时停留驻足几分钟，听取调研员提问和农户回答的情况。在不打扰访谈的前提下，对出现的问题予以及时解决。

二是在非调研时间，调研团队坚持每日"头脑风暴"式集中讨论和反馈。我们团队利用乘车、午饭后的时间进行小问题的集中汇总和讨论，并在每晚进行集中反馈。虽然每天工作强度很大，但团队成员仍坚持问卷核查工作，对每一模块的问题逐一讨论汇总，总结交流提问方式和访谈技巧。这在调研初期尤为必要，有利于及时发现和解决问题。

三、提高问卷质量的几点思考

一是明确团队分工和责任制。问卷质量控制不是仅由带队老师负责，也不是由队长和副队长决定。要明确调研员是问卷质量控制的第一责任人，加强调研员岗前培训。在目前两天的实地培训基础上，进一步增加一对一模拟培训。保证调研员对各问卷模块有一个整体把握，对调研时长和节奏、访谈技巧有初步认知。也有利于减少问卷中出现前后矛盾等设计问题。

二是将每日讨论反馈做细做实。抓住空闲时间开展集中讨论和反馈，总结调研员遇到的共性和特殊性问题，引导调研员合理把握访谈进度和技巧。在落实每日三查"自查、互查、队长查"的基础上，对重点模块和问题要进行针对性讨论，并和大团队保持一致。注意保护调研员的工作情绪。对已发生的问题不能吹毛求疵，过分苛责，重点在于总结经验，避免在后续调研中出现类似问题。

实 践 感 悟
——质量控制

鲁思怡

华中农业大学经济管理学院　硕士研究生

调研活动是一个系统的过程，在进行实地调研的基础上，必要的质量控制是保证所获数据严谨准确的关键。由于调研人员与受访者沟通不顺畅、沟通环境限制，抑或是调研人员调研态度等问题，活动收集到的问卷质量需要严格把关质量。因此，此次调研设立了质控组，我也因此深入了解了问卷质控工作。在质控组刚成立时，面临着许多由于录音录屏收集的复杂性和质控组成员不熟悉实地调研情况等引发的各种问题。但是，在各带队老师的监督以及各成员对问卷进行学习后，调研人员的录音录屏质量得到了提升，质控成员的检查效度也得到了改善。在整个调研过程中，负责人设置了多重保障机制来确保后期数据的准确性。

首先，预调研阶段，带队老师和队员们就问卷进行了系统的教学，发现并解决相关问题。在整个调研过程中，各调研人员对问卷设计的逻辑与合理性进行了反复推敲。对于一些晦涩的问题，调研人员会在尊重事实的基础上对受访者的答案进行合理表述，以此来减少受访者的回答与问题真实意图不一致导致的"低质量"问题。

其次，在每日的调研活动结束后，每队会组织调研人员和质检员对当日的调查问卷进行"自查、互查、质检"。大家先会对自己的问卷进行检查，查看问卷有无漏填和错填，检查完后再由组内队员进行互查，对问题填写的合理性进行复核。自查与互查工作完成后，每队的质检员会再次确认将要上传的问卷，然后上传到平台。若质检员与后台人员发现问卷有错误或存在其他质量没有保证的问题，会退回给相应调研人员进行核查与修改。

最后，也就是质控阶段。为了更进一步保证问卷的质量，此次调研活动组织了质控组对每日的调研问卷进行质量监控。质控工作是对调研期间的问卷质量的后续监督与保障，需要做好调研员录屏任务分配、及时上传工作和质控小组监督工作。质控小组成员需要对每日的问卷录音录屏进行抽查，增强对调研人员的监督以及减少引导式提问等问题的产生。

此外，以上质量检查时遇到的相关质量问题还要得到有效的反馈，反映出来的个性问题反馈给相应队伍，共性问题则反映给整个调研队伍，以此使问题得到及时的修改与完善。

参加这次调研活动，我相信每位调研人员都收获颇多。我深切地感受到乡村振兴调研活动开展的艰辛与不易。从问卷的设计与修改、负责人与带队老师的组织、各队队员的工作执行到调研后的事后事项与数据处理等工作，都耗费了参与者们大量的精力。因此，质控人员更需要保证此次调研数据的可用性，做好自己的本职工作，让所有的努力都能体现其价值。同时，大家每天奔波在各个乡村开展调研实践，深入了解村民们的生活与生产现状，为实际解决"三农"问题、城市乡村共生共荣贡献了自己的力量。

"纸上得来终觉浅，绝知此事要躬行。"真正开展一项工作后，我才知道任何任务的完成都不是一蹴而就的，而是需要不断的试错与揣摩。此次质控组的工作对我来说是一个挑战，同时也是一次成长。我明白了凡事不能急躁、慢工出细活，把工作流程确立并完善好之后再分配给大家更能提升效率。此外，在实地调研中，我也掌握了一些与人沟通的技巧以及如何传递与获取自己想要的信息，这为我日后更好地融入社会积攒了经验。

走入农村 实现理论与实践的结合

刘笑天

华中农业大学经济管理学院 农业经济管理系

在此次三省调研活动中，我带领湖南二队深入邵阳市隆回县基层农村开展了农户入户调研工作。在走访过程中，我深刻感受到要实现中华民族伟大复兴，就必须坚持中国共产党的领导，走中国特色社会主义乡村振兴道路。此次调研搜集的数据与收获的经验，对参与活动的广大师生大有裨益，为将论文写在祖国的大地上打下坚实的基础。

一、团队准备

在团队抵达隆回县前一天，住宿、租车、协调村民时间等前站工作已准备就绪，保证了调研工作能够顺利进行。在团队抵达目的地后，县农业农村局邹旦中副局长与胡中常主任来到酒店探望调研队员，向同学们热情地介绍了全县的农业现状与发展愿景，引发了队员们对于农村改革振兴进行积极有益的探讨。恰巧，胡中常主任本科也毕业于华中农业大学，与他的交流让同学们感受到了浓浓校友情。在经过短暂的休整后，队员们的心已拧成一股绳，个个摩拳擦掌准备迎接正式的调研。

二、农村变化

调研队本着走入农村、走近农民、走进农业的初衷，深入农村进行田野调查，获得了大量有关农村发展的一手资料；与此同时，农村近几年日新月异的变化也让我们深刻感受到了乡村振兴道路的强劲势头和光明前景。农业方面，不仅产量在几年间得到明显提升，农产品品质也实现了前所未有的提高。这一方面意味着农户在国家的号召和带动下，正逐渐掌握更加科学的耕作方式，另一方面也体现出土地流转的效率不断提升，土地质量逐渐变好。同时，随着土地灌溉技术的不断改进，农村近几年来用于灌溉的水资源十分充沛，污水排放更加合规，这彰显了坚持走中国特色社会主义乡村振兴道路的重要性、科学性和先进性。在民生方面，几年间，农民从缺乏基本的社会保障到如今社会保险全覆盖，此外，农民微商势头不断发展壮大，快递到家覆盖率、农村诊所覆盖率等民生保障方面不断改善，大大提升了农村村民生活的幸福感和安全感。农户的饮食结构也随着越来越健康的生活理念与越来越优渥的生活条件而变得十分均衡，这充分体现了社会主义现代化农村建设对农村居民生活品质的影响。

三、金石小记

最后一天调研的金石桥镇距离县中心很远，团队一行人虽舟车劳顿，心情却始终很兴奋，我们既赞叹沿途雨中氤氲的秀丽村庄，也为看到的小桥流水人家的生态农村感到欣喜。团队到达调研地点后，因当地村民普通话普及程度不高，队员在与村民的沟通方面出现了较大困难。值得庆幸的是，村干部热情接待了我们，自发在调研队员身边做起了"专职翻译"，大家在和谐的氛围中高效完成了调研任务。

四、总结

团队在此次调研活动中，深入农村基层，掌握了当地农村发展和现代化农村建设相关的最新资料。调研队员也深刻认识到了乡村振兴过程中"三农"发生的新变化、新态势。同时也为三省调研数据建设提供了最新的研究范本，从细微处深度挖掘了乡村建设和乡村发展的真实数据。我们将所收集到的数据用于学术研究，为祖国继续深度实践乡村振兴提供技术性支持，真真切切为乡村振兴贡献一份力。

担任 ARMS 调研带队老师的一点心得

陈通

华中农业大学经济管理学院　市场营销系

　　这个暑假，我作为带队老师与 13 名同学一同在湖南耒阳开展了为期 3 天半的实地调研。华中三省农村调研虽然我们经济管理学院组织了很多年，但这次却是我个人的第一次参加。我参与的时间不长，但作为一个新手和半个外行，收获却很多。

一、富有经验和专业性的调研安排

　　其实我已经有段时间没参加过农村问卷调研，过往的调研经历给我的印象是农村调研要比城市调研难太多，比如沟通难、找人难，数据信度低等。但在这次调研中，我发现这些问题大多都得到了很好的解决。这得益于学院富有经验的调研安排。比如对于找人难的问题，由于调研是纵向调研，调研的农户已经是过去的调研活动固定下来的，在调研前，学生们手上已经有每个人的名字和联系方式，这样就确保了绝大多数人能够实现跟踪调查。为了维系这种长期的"合作关系"，调研人员除了会给农户一定的误工补贴，在日后还会给农户家里寄送一张挂历以维系感情，所以说现实的效果是就是大多数农户对调研人员的抵触性低、配合更流畅，甚至有些人还处成了朋友（注：有的同学是参加了几届的调研）。当然，除此之外更有效的措施是安排了"前站"人员，调研组会派一名同学作为前站提前调研队伍一天去调研的村子做好对接工作，与当地领导讲明我们的需求，并提前联系好要调研的农户，甚至连午饭他都提前了解清楚，这都极大地保证了调研的可靠性和效率。

二、具备责任感和综合素质的调研团队

　　一个调研小组的构成包括往年有经验的"老兵"和新加入的"新兵"。对于"新兵"的招募，前期做了充分的宣传和面试工作，但或许是宣传工作太有效了，据说在面试环节还刷掉了不少人。在调研员的分配上，老师们也是花了不少心思，又要保证男女平衡，又要保证学生的户籍和调研地点的匹配性，还要考虑学生的个人意愿。就为这些工作，老师们花了不止一个晚上聚在一起讨论、检查，足见他们的细心和准备工作的充分。在调研前，又请了设计问卷的

老师、往年有经验的"老兵"介绍调研中的细节和要注意的事项，并且还花了一整天的时间到武汉周边农户家中进行预调研。等这些训练有素的"战士"真正上场之后，确实显示出不俗的战斗力。主要表现在对调查问题熟悉、对农户的回答方式也很熟悉，几天下来，除了特殊状况，都能在规定时间内完成调研。对于个别特殊情况（如农户临时有事）在调研结束前中断的，负责的同学也会在晚上通过电话回访的方式将问卷补全。每天晚上调研小组都会在酒店大堂的休息区总结当天的调研情况，包括问卷的完成情况、财务情况，这通常也要花费1～2个小时。调研过程中，同学们积极主动，男生会很绅士地选择去居住较远的农户家调研，整个过程中大家互相关爱、互相扶持。

三、最后一点总结

几天的调研让我有两点大的感受：一是可爱的调研团队。可爱的老师们，老师们作为调研流程和问卷的设计者，始终是以科研的严谨性为标准开展工作，每个流程都要细致入微地反复确认，他们是真正的科研人。可爱的同学，工作时热情饱满，认真负责，团结友爱，工作后有说有笑、青春洋溢，与我还有一直跟随我们的当地租车师傅都处成了朋友。二是农业经济研究是会让人天然产生情怀的。已经不做"三农"研究有些时间了，但是当你再次接触这些问题的时候，很难不为之触动，记得当时某一个镇的书记专门把我留下，跟我认真地讲述了当地的经济困境还加了微信。当地地貌不适合大规模耕种，交通也不便利，镇里这两年种了许多茶树，打算靠茶油致富，但是茶油价格高，市场接受度又不高，茶油并不好卖。听了他的讲述，我当时多么希望自己能够说出一两条真正有用的建议，去帮助他们，但最后仅仅是在盛情难却下蹭了人家一顿饭（太惭愧了！）。最后，衷心祝愿华中农业大学经济管理学院华中三省ARMS调研开展得越来越好，能够扎根"三农"、继续开花结果！

但行好事　莫问前程

陈娴

华中农业大学经济管理学院　硕士研究生

　　时光飞逝，两年前第一次参加调研的场景还清晰地仿佛发生在昨天，眨眨眼就走到了毕业季。2020 年 11 月 23 日到 25 日，在肖小勇老师的带领下，我们一行 14 人到湖北建始县进行了为期 3 天的调研。2021 年 7 月 12 日到 20 日，在张泽宇老师和郑本荣老师的带领下，我们在河南确山县和新郑县完成了调研。2022 年 7 月 11 日到 19 日，在肖小勇老师的带领下，我们又一次来到了建始县进行调研，同时又前往当阳市开展了调研活动。通过这几次的调研，我不仅学习到了许多与农业农村相关的知识，也深深体会到了农民从事农业生产的辛苦，感受到了农民的热情和淳朴。

　　我第一次参加调研去的是建始县，调研的村庄都在海拔 1 000 多米的山上。因为当时住的地方是在山下的县城里面，所以每天从住处到调研地可能要一个半小时左右，村庄之间的距离也很远，同一个镇的两个村庄之间车程也有一个小时左右。早上六点多起床吃饭，吃完饭大家一起坐租的车到山上的村子里去调研，一共要完成 66 份调研问卷。我从小是在平原长大的，虽然曾在书里和荧幕上看到过对崎岖山路的描述，但是并没有很直观的感受，所以第一天去的时候，我没有吃晕车药，非常真实地体验了一下现实版"山路十八弯"。结果就是，车程才走了一半就已经吐得腰都直不起来，到了调研地之后也还是头晕得难受，导致那天上午状态很差，调研工作也没能顺利进行。所以从那天下午开始，包括在后来的调研中，我都会提前备好晕车药，在坐车之前按说明服用，避免出现第一次晕车的情况影响调研。

　　当时去的时候是冬天，山上下大雪，虽然雪景很美，但是因为结冰，山路更难走了，也更危险了。我印象最深刻的是有一个村子，几个农户家住在离村委会很远的山上，我们的车走到一半就走不了了，因为有一棵树被雪压歪了，挡住了本就狭窄的山路，所以我和两个同学就只能步行上山到农户家里调研。农户家住的地方在村子很高处，再往上走的时候其实已经没有修好的路了，只有黄泥路，泥和雪水交融，路况很不好。但好在大家都安全走到了农户家里，也顺利地完成了调研任务。农户们都十分热情和淳朴，我们的调研员一到，就热情地拉着我们到火炉边取暖，也很配合我们的调研工作。一开始的时候，我们的调研工作进行得很慢，一方面是因为很多调研员对当地方言不是很熟悉，另一方面大家也缺乏一些和农户进行沟通的技巧。调研问卷中的问题表述得都比较书面化，想要准确地传递问卷信息并得到有效的反馈，必须让农户听得懂且听得明白。所以每次调研完成之后，大家都会在车里或者在酒店里相互沟通交流，把自己每天在调研中遇到的一些沟通上的问题或者其他方面的困难说出来，大家一起想办法解决，也会有同学分享一些比较实用的沟通技巧，大家相互学习，共同进步。

此外，我们在调研的时候有这样一个村子，这个村子跟县城距离比较近，所以许多农户都在县城务工或者是直接搬到了县城里面居住，导致调研员们没办法入户调研。为了按时完成调研任务，肖老师和我们的调研员们商讨之后决定采用电话调研的方式来完成这个村子的调研工作。由于很多农户只有在下班以后才有时间接受访谈，导致调研员们常常要到晚上十点左右才能结束调研，然后再进行问卷的自查、互查等工作。相较于入户调研，电话调研的难度是更大的，因为完成一份完整的调研问卷需要将近两个小时，所以经常会遇到一些状况，比如农户临时有事需要提前挂断电话，这种情况下我们只能再约时间回拨过去，继续完成问卷。但是在入户调研的时候，如果遇到农户要下地干活，或者是要做饭，我们可以继续跟着他们去做问卷，农户也不会感到不耐烦。而且电话调研对沟通能力的要求也更高，因此在这个过程中大家的交流能力和表达能力也得到了进一步的锻炼和提升。

在第一次和第三次的调研中，我都担任了调研队的队长，相较于调研员，队长要承担一些额外的工作，比如分配调研任务、记录调研日志等，因此要合理安排自己的时间，除了完成调研任务之外，也要把其他的工作都按时完成。在分配调研任务的时候要考虑到每个调研员的特点和农户的特点，比如这个调研员会不会讲方言，农户家距离村委会远不远等。也会遇到一些需要临时换户的情况，比如某个农户家庭不再从事农业生产或是举家搬迁到了城市里面居住。如果和带队老师商量之后一旦决定了换户，就要联系村主任或者村支书重新抽取新的受访者。这些经历让我掌握了科学规范的社会调研方法，也锻炼了我的组织能力和时间管理能力。

参加的这几次调研让我感受到了各地农村之间地理和经济上的巨大差距，也看到了农村的发展和变化。我无数次被平凡的故事感动，被强大的精神感动，被质朴的情谊感动。我很难如实描述这些震撼，原来《活着》的故事并不只是文学创作，苦难之中的人依旧热爱生活。调研很苦也很累，但是大家都是快乐的。每一位带队老师都十分认真负责，尽可能地帮助大家解决出现的问题和困难，与我们同吃同住，遇到难走的山路也会陪着大家一起走，保障调研员们的安全。而我们的队友也都很耐心和可靠，虽然经常要查问卷查到深夜，或是等问卷做得慢的同学等到很晚，但没有任何人会因此抱怨或是不满，大家彼此关心，相互体谅，一起创造了很多难忘的回忆，也结下了深厚的友谊。

有一次在面试的时候跟一个教授讲了自己的调研经历，刚好他正在做一个农村电商的课题，想收集一些实地访谈的数据，所以沟通之后我成了这个项目的 Research Assistant。这个项目是香港中文大学、欧洲工商管理学院和南加州大学三位教授的一个合作课题，我的主要工作就是帮他们完成农村电商访谈数据的收集和分析。现在这份工作已经如期完成，我也拿到了一封非常宝贵的推荐信。我有时候想，我们在做一件事情之前其实很难评估它到底"有没有用"，最好的状态可能就是但行好事，莫问前程。

一些关于农村调研的小事

张凤玲

华中农业大学经济管理学院 硕士研究生

在这个七月，我和十几名伙伴一起前往湖北两县进行调研，这十几天的调研是我求学生涯中一段难忘的经历，我在其中受益良多。在此次调研里，我看到、遇到、感受到的几件小事在我记忆里如珍珠般温暖而闪耀，我想将其分享出来。

关于乡村，在这十几天的调研里，我见识了各式各样的农村：我们一行人那天坐在面包车上七拐八拐，历经了山路十八弯，走了将近一个小时路程好不容易才到达的一个村落，整个村的成员大部分都是留守的老弱妇孺，空心化极其严重，农户们的收入也大都是来自几分薄田；同样是需要历经波折才能到达的另外一个位于大山里的村子，却因为村里和企业合作开发了村里的景色，为其赋予了独特的来历与故事，开发了新景点、农家乐、采摘园等，整个村子一片欣欣向荣，旅游业为这个乡村注入了新鲜血液，传统村落也能焕发出新的生机。在此次调研过程中，作为北方人的我还在南方的乡村看到了一直在书本上提及的"稻虾共作"的养殖模式；见识到了整村齐搞大棚经济，合力从事蔬菜产业的成效，也明白了所谓的林下经济是如何运作的。纸上得来终觉浅，绝知此事要躬行，当我切切实实在农村见到这些书本上提及的提高土地单位面积效益，提高农户收入，助力乡村振兴的措施真正落到实处时，我对于我们农业院校一直在做的事情的意义，以及此次调研的重要性也有了新的体会。

关于农村基层干部，十几天里我与很多村干部打过了交道。我看到他们一次又一次贡献出摩托车后座，翻山越岭送队员去到被调研农户的家里；也看过他们不辞辛劳，冒着高温下车为我们挪开挡在调研前行路上的大石头；也遇到过他们严厉地批评那些缺少耐心，不愿意配合队员调研的农户；也很多次受到过他们热情的邀请，留在家里吃饭或去附近的景区游玩。正是因为有这些热情而又朴素的基层干部的配合，我们的调研才能更加顺利地进行。而在与村干部的交谈中，我们也领略到了基层工作的复杂性与长期性，也意识到了我国目前在乡村治理体系中尚存的不足。乡村振兴，人才是关键，而目前乡村人才总体发展水平与乡村振兴的要求还存在较大差距，要培养一支懂农业、爱农村、爱农民的"三农"工作队伍，任重而道远。

关于队员，我们整个小队十几个人在短短的十几天调研里并肩同行，早已亲如一家。因为调研地交通不便，小队的前站就绞尽脑汁利用各种交通工具，从出租车到摩托车，想方设法为我们接下来的调研解决困难，整个调研过程中从来没有让我们因为吃饭和住宿问题烦恼过。我们小队还有队员负责了整个团队的录音录屏的检查任务，几个人齐聚在一个酒店房间，或坐在床边或窝在地上，抱着平板电脑复查到午夜的时候，竟生出了惺惺相惜的情感。每天晚上例行开会的时候，大家齐聚在一起七嘴八舌讨论当天调研遇到的问题和收获的时候，每个人都既疲惫又兴奋，这大概就是因为在和有志之人做有意义之事，即使苦也是甜。

关于自己，在我脑袋一热举手承担调研小队的队长一职时，属实没想到之后需要记录如此多的账目，牺牲如此多的睡眠，需要与如此多的人沟通，得承担起如此多的责任。但是如果让我重新选择一次，我想我还是会义无反顾地举起手，怀着满腔热血带领着十几名队员踏上此次调研之路。我知道，此次调研之路也是我们的成长之路，我相信此次调研的经历将会在未来很长一段时间内继续发光发热。当我在未来面临难题时，也会想到这段经历，并且坚定地告诉自己：相信自己，你可以的。

参与华中三省农村调研的感悟

刘宇坤

华中农业大学经济管理学院 硕士研究生

转眼间，一个星期的调研工作结束了。一个星期的调研实习只是四年大学生活中的一瞬间，但对于我们来说却是千金难买的宝贵光阴，我们都十分珍惜这一难得的机会。这次的调研工作是对农户进行调查，一个星期的实习，留给我们许多宝贵的回忆，而这些经历犹如血液般融入我们的生命，成为我们成长的一部分，也是我们离开象牙塔前所迈出的最坚定的一步。

刚接触农村生活，或许还有许多的不适应，很多事情都是我们始料不及的，比如说难以和农民进行沟通。但是，只要我们平衡心态，以一颗平常心去面对个人得失，基层的磨砺将会成为我们成长过程中一笔巨大的财富，我们要时刻以华农人顽强不屈的精神鞭策自己"不经一番寒彻骨，怎得梅花扑鼻香"。只要摆正心态，始终保持理性的思考，透过现象看到事物的本质，学会在忍耐中坚持，才能在磨砺中炼就宝剑的锋利。

在调研过程中，作为调研员应该有"两心"："耐心""细心"。

首先是耐心。在农村生活中常常会发生磕磕碰碰的大事小事，这都是很正常的事，我们绝对不能因为事多、因为事小而心生反感，对之不闻不问，这都是极其错误的做法，矛盾发生了，不管其多么小又多么多，我们都要把它们当成自己的事情，必须尽心尽力地去化解。耐心地听群众述说他们的"小事情"，就是每一个调研员的"大事情"。

其次是细心。解决问题的关键是弄清楚事件的起因缘由，处理的问题越是烦琐复杂，了解事件的起因缘由的时候，就越需要细致细心的分析，把容易忽略的细节把握住，把细节和整体联系起来看问题，问题就能解决得较为圆满。

社会实践是我们大学生充分利用寒暑假的时间，以各种方式深入社会展开形式多样的各种实践活动。一方面，积极参加社会实践活动能够促进我们对社会的了解，提高自身对经济和社会发展现状的认识，实现书本知识与社会知识的更好结合，帮助我们树立正确的世界观和人生观。另一方面，当我们走出校园，踏入社会开始展现自我的时候，我们需要一定的社会经验，没有足够的经验，直接出来闯社会势必要吃很多的亏，但是当我们在校园的时候，大部分的时间都在学习，要想得到更多的经验，利用寒暑假的时间进行社会实践，无疑是最好的选择，而且，国家为全面推进素质教育，培养适应新世纪社会发展要求的全面发展型人才，必段加强爱国主义、社会主义教育，不断号召大学生积极投身社会实践，深入群众，了解社会，争做社会主义新青年。

"纸上得来终觉浅，绝知此事要躬行。"通过这次社会实践活动，自己亲自了解了农村的各方面情况，有了更深刻的认识，这不仅是一次实践，更是一次人生经历，是一生的宝贵财富。从中我确实学到了很多，觉得现在确实要好好读书，为将来更好地回报祖国、服务社会打下坚实的基础。

参 考 文 献

畅华仪，何可，张俊飚，2020. 挣扎与妥协：农村家庭缘何陷入能源贫困"陷阱"［J］. 中国人口·资源与环境，30（2）：11-20.

陈国生，倪长雨，张亨溢，2015. 人力资本投资与农村非农就业关系的实证研究——以湖南省为例［J］. 经济地理，35（5）：155-159.

陈宇，崔双，2021. 我国城镇管道燃气特许经营制度典型问题研究——以福建省典型问题为考察基点［J］. 中国石油大学学报（社会科学版），37（303）：33-39.

程昆，潘朝顺，黄亚雄，2006. 农村社会资本的特性、变化及其对农村非正规金融运行的影响［J］. 农业经济问题（6）：31-35，79.

程令国，张晔，刘志彪，2016. 农地确权促进了中国农村土地的流转吗？［J］. 管理世界（1）：88-98.

方黎明，刘贺邦，2019. 生活能源、农村居民的健康风险和能源扶贫［J］. 农业技术经济（7）：115-125.

傅秋子，黄益平，2018. 数字金融对农村金融需求的异质性影响——来自中国家庭金融调查与北京大学数字普惠金融指数的证据［J］. 金融研究（11）：68-84.

盖庆恩，朱喜，史清华，2014. 劳动力转移对中国农业生产的影响［J］. 经济学（季刊），13（3）：1147-1170.

郭峰，王靖一，王芳，等，2020. 测度中国数字普惠金融发展：指数编制与空间特征［J］. 经济学（季刊），19（4）：1401-1418.

黄梦思，孙剑，2016. 复合治理"挤出效应"对农产品营销渠道绩效的影响——以"农业龙头企业＋农户"模式为例［J］. 中国农村经济（4）：17-30，54.

黄益平，黄卓，2018. 中国的数字金融发展：现在与未来［J］. 经济学（季刊），17（4）：1489-1502.

姜璐，余露，薛冰，等，2019. 青海省家庭能源消费结构地域特征［J］. 经济地理，39（808）：146-152，176.

蒋乃华，卞智勇，2007. 社会资本对农村劳动力非农就业的影响——来自江苏的实证［J］. 管理世界（12）：158-159.

李傲群，李学婷，2019. 基于计划行为理论的农户农业废弃物循环利用意愿与行为研究——以农作物秸秆循环利用为例［J］. 干旱区资源与环境，33（12）：33-40.

李鑫，杨新军，陈佳，等，2015. 基于农户生计的乡村能源消费模式研究——以陕南金丝峡乡村旅游地为例［J］. 自然资源学报，30（3）：384-396.

廖华，2019. 中国农村居民生活用能现状、问题与应对［J］. 北京理工大学学报（社会科学版），21（2）：1-5.

刘志雄，2019. 京津冀农村地区传统生物质能源消费及其影响因素研究——以薪柴和秸秆为例 [J]. 中国农业资源与区划，40（11）：200 - 206.

帕萨·达斯古普特（Partha Dasgupta），伊斯梅尔·撒拉格尔丁（Ismail Serageldin），2005. 社会资本——一个多角度的观点 [M]. 张慧东，等译. 北京：中国人民大学出版社.

钱龙，洪名勇，2016. 非农就业、土地流转与农业生产效率变化——基于 CFPS 的实证分析 [J]. 中国农村经济（12）：2 - 16.

史清华，彭小辉，张锐，2014. 中国农村能源消费的田野调查——以晋黔浙三省 2 253 个农户调查为例 [J]. 管理世界（5）：80 - 92.

唐松，赖晓冰，黄锐，2019. 金融科技创新如何影响全要素生产率：促进还是抑制？——理论分析框架与区域实践 [J]. 中国软科学（7）：134 - 144.

唐松，伍旭川，祝佳，2020. 数字金融与企业技术创新——结构特征、机制识别与金融监管下的效应差异 [J]. 管理世界，36（5）：52 - 66，9.

谢绚丽，沈艳，张皓星，等，2018. 数字金融能促进创业吗？——来自中国的证据 [J]. 经济学（季刊），17（4）：1557 - 1580.

熊伟，付宗平，王鹏，2017. 论生态环境建设下农村能源供给侧改革的推进 [J]. 农村经济，422（12）：94 - 99.

张希良，黄晓丹，张达，等，2022. 碳中和目标下的能源经济转型路径与政策研究 [J]. 管理世界，38（1）：35 - 66.

张勋，万广华，张佳佳，等，2019. 数字经济、普惠金融与包容性增长 [J]. 经济研究，54（8）：71 - 86.

张勋，杨桐，汪晨，等，2020. 数字金融发展与居民消费增长：理论与中国实践 [J]. 管理世界，36（11）：48 - 63.

张永丽，金虎玲，2013. 农村人口和劳动力资源禀赋变动趋势 [J]. 经济学动态（9）：78 - 87.

赵雪雁，2012. 社会资本测量研究综述 [J]. 中国人口·资源与环境，22（7）：127 - 133.

朱启臻，2018. 当前乡村振兴的障碍因素及对策分析 [J]. 人民论坛·学术前沿（3）：19 - 25.

Chen Y.，Shen H.，Smith K. R.，et al.，2018. Estimating household air pollution exposures and health impacts from space heating in rural China [J]. Environment International (119)：117 - 124.

Dherani M.，Pope D.，Mascarenhas M.，et al.，2008. Indoor air pollution from unprocessed solid fuel use and pneumonia risk in children aged under five years：a systematic review and meta - analysis [J]. Bulletin of the World Health Organization，86（5）：390 - 398C.

Liu L.，Liu X.，Ma X.，et al.，2020. Analysis of the associations of indoor air pollution and tobacco use with morbidity of lung cancer in Xuanwei，China [J]. Science of the Total Environment (717)：135 - 232.

附录　2020—2022 年华中农业农村现代化调研参与人员名单

2020 年参与人员名单

参与教师（以姓氏拼音为序）

李谷成　芦旭然　彭　旋　青　平　肖邦明　肖小勇　熊　航　熊　毅　颜廷武
杨志海　游良志　镇志勇

参与学生（以姓氏拼音为序）

蔡啸宇　陈　娴　程惠民　方子珺　甘佳贝　高洪平　高　澜　辜香群　顾宇煊
郭嘉贤　侯明慧　胡　航　胡晓鹭　胡　颖　黄子倪　李承鸿　李俊姿　李雪莹
李远玲　李子薇　连其跃　梁　超　刘　畅　刘大鹏　刘福星　刘慧桢　刘　烁
刘雅晴　刘祎婷　隆　兰　卢梦尧　卢雅欣　马梦燕　马旖嫔　马蕴钦　毛付兴
孟　维　明　红　明若愚　牟沄芸　牛佳美　牛秋纯　彭静思　宋　超　童　康
童　婷　汪　昊　汪可欣　王　珂　王晓娅　王　颖　王志娜　魏彬彬　魏梦升
魏祖大　吴达敏　吴佳璇　吴跨灶　夏倩茹　肖子洁　邢云锋　徐　敏　鄢九红
闫　华　严诗雨　杨　浩　杨梦瑶　杨敏达　杨敏达　杨　鑫　袁嘉晨　袁　录
张　璐　张侣佳　张一凡　张　颖　张梓轩　赵　迪　周　洁　朱　润

2021 年参与人员名单

参与教师（以姓氏拼音为序）

郝晶辉　贺　娟　李谷成　闵　师　青　平　施龙中　熊　航　颜廷武　游良志
张泽宇　镇志勇　郑本荣

参与学生（以姓氏拼音为序）

蔡露萌　曾梦璐　陈娴　代梦婷　范文娴　费琪　冯威　高予臻　龚慧子
韩慧姣　侯明慧　孔婕　雷争元　李晗　李一行　李子薇　刘欢　刘湉湉
卢梦尧　罗银坪　马梦燕　毛付兴　牟若彤　任汉铖　苏慧莹　谭晓艳　汪梓言
王泽佗　魏文浩　徐澄　杨敏达　姚曼曼　于李洋　于雪珂　詹洋　张晓雯
赵方潇　赵龙强　郑雪静　周静　庄玉菲

2022 年参与人员名单

参与教师（以姓氏拼音为序）

陈通　郝晶辉　贺娟　李凡　李谷成　李学婷　刘笑天　芦旭然　青平
王玉泽　肖小勇　熊航　颜廷武　杨志海　游良志　张泽宇　镇志勇　郑宏运

参与学生（以姓氏拼音为序）

蔡琴　曾柯斐　陈娴　陈华星　陈慧琳　陈乐添　陈杨哲　陈卓琪　陈姿屹
程浩南　党庆　邓婷　邓薇　邓力奇　邓淑娟　都晶晶　范雅雯　范颖睿
范子璇　方鹏举　甘苗苗　高俊　高予臻　苟银珈　辜香群　顾芊　郭倩汝
韩旭　韩慧姣　侯玲遇　胡文杰　胡欣妍　胡懿硕　黄辰　黄帆　黄安缇
黄佳雯　黄秀婷　姜倩妮　姜雨昕　降天凯　柯雯洁　雷航宇　李霖　李童
李伟　李文　李想　李晗　李一行　李泽峰　刘倩　刘双　刘艳
刘佳辰　刘烺辰　刘梦洁　刘欣怡　刘伊蝶　刘颖琪　刘宇坤　隆兰　鲁思怡
罗蓉①　罗蓉②　罗贝戈　罗银坪　宁丽红　潘嘉蓓　秦德祥　任飞璇　任汉铖
石泉　石少峥　舒庚辰　宋沛煊　孙珂　孙斯坦　汤东　陶博　万周菲
汪路捷　王苗　王瑞　王杏　王海艳　王梦诗　王宁柯　王荣荣　王孝文
王笑天　王新燕　王毓雯　王泽佗　卫漪　吴曦　吴光麒　吴汉辉　吴奕彤
吴雨凡　夏涌　向小林　项琴　项明庆　许悦　许晨光　许克绍　姚欣杨
余冠博　袁含笑　詹洋　张瑞　张天　张炎　张传生　张风玲　张家欣
张静阳　张小梅　张欣雨　张亚鑫　张一丹　赵睿佳　赵雅琴　郑方瑜　钟佩君
钟王雪铃　周静　周思　周娉婷　周旭寅　朱梦露　邹欣源

---

① 华中农业大学
② 邵阳学院